中华人民共和国会计法培训用书

中华人民共和国会计法

全国人民代表大会常务委员会 颁布

立信会计出版社
LIXIN ACCOUNTING PUBLISHING HOUSE

图书在版编目（CIP）数据

中华人民共和国会计法 / 全国人民代表大会常务委员会颁布 . -- 上海：立信会计出版社，2024.8.
ISBN 978-7-5429-7719-9

Ⅰ. D922.26

中国国家版本馆 CIP 数据核字第 2024SP9029 号

责任编辑　毕芸芸

中华人民共和国会计法
ZHONGHUA RENMIN GONGHEGUO KUAIJIFA

出版发行	立信会计出版社		
地　　址	上海市中山西路 2230 号	邮政编码	200235
电　　话	（021）64411389	传　　真	（021）64411325
网　　址	www.lixinaph.com	电子邮箱	lxaph@sh163.net
网上书店	www.shlx.net	电　　话	（021）64411071
经　　销	各地新华书店		

印　　刷	北京鑫海金澳胶印有限公司
开　　本	710 毫米 ×1000 毫米　1/16
印　　张	18.5
字　　数	254 千字
版　　次	2024 年 8 月第 1 版
印　　次	2024 年 8 月第 1 次
书　　号	ISBN 978-7-5429-7719-9/D
定　　价	68.00 元

如有印订差错，请与本社联系调换

中华人民共和国主席令

第二十八号

《全国人民代表大会常务委员会关于修改〈中华人民共和国会计法〉的决定》已由中华人民共和国第十四届全国人民代表大会常务委员会第十次会议于 2024 年 6 月 28 日通过,现予公布,自 2024 年 7 月 1 日起施行。

中华人民共和国主席　习近平

2024 年 6 月 28 日

CONTENTS 目 录

全国人民代表大会常务委员会关于修改《中华人民共和国会计法》的决定 ··· 1

中华人民共和国会计法 ·· 5

 第一章　总则 ·· 5

 第二章　会计核算 ·· 7

 第三章　会计监督 ·· 10

 第四章　会计机构和会计人员 ························· 12

 第五章　法律责任 ·· 13

 第六章　附则 ·· 15

附录　会计基础工作规范 ······································ 16

 会计档案管理办法 ··· 37

 会计人员管理办法 ··· 46

 会计专业技术人员继续教育规定 ····················· 49

 代理记账管理办法 ··· 56

 代理记账基础工作规范（试行）······················· 63

 总会计师条例 ·· 84

 中华人民共和国发票管理办法 ························· 89

 中华人民共和国发票管理办法实施细则 ············ 97

 人民币银行结算账户管理办法 ······················· 104

1

电子商业汇票业务管理办法……………………………………………… 121
关于进一步加强财会监督工作的意见…………………………………… 137
关于新时代加强和改进代理记账工作的意见…………………………… 145
会计改革与发展"十四五"规划纲要…………………………………… 150
推动变革融合　实现提质增效　合力推动会计事业再上新台阶
　　——《会计改革与发展"十四五"规划纲要》系列解读之一 …… 169
深化政府及非营利组织会计改革　夯实现代财政制度基础
　　——《会计改革与发展"十四五"规划纲要》系列解读之二 …… 180
推动改革创新　提高服务效能　实现企业会计准则体系建设与实施高质量
　　发展——《会计改革与发展"十四五"规划纲要》系列解读之三……192
规范秩序　优化服务　促进注册会计师行业持续健康发展
　　——《会计改革与发展"十四五"规划纲要》系列解读之四 …… 204
加强新时代会计人才队伍建设　为高质量发展提供有力支撑
　　——《会计改革与发展"十四五"规划纲要》系列解读之五 …… 215
加快会计数字化转型　支撑会计职能拓展　推动会计信息化工作向更高
　　水平迈进——《会计改革与发展"十四五"规划纲要》系列解读之六 …… 228
强化法治理念　完善法制体系　依法推进会计改革与发展
　　——《会计改革与发展"十三五"规划纲要》系列解读之七 …… 240
扎实推进企业和行政事业单位内部控制建设　为推进国家治理体系和治理
　　能力现代化提供重要支撑——《会计改革与发展"十四五"规划纲要》
　　系列解读之八……………………………………………………… 250
全面深化管理会计应用　积极推动会计职能拓展
　　——《会计改革与发展"十四五"规划纲要》系列解读之九 …… 259
加强会计理论与实务研究　推动经济社会高质量发展
　　——《会计改革与发展"十四五"规划纲要》系列解读之十 …… 270
全面参与会计国际治理　持续深化会计国际合作
　　——《会计改革与发展"十四五"规划纲要》系列解读之十一 …… 281

全国人民代表大会常务委员会关于修改《中华人民共和国会计法》的决定

（2024年6月28日第十四届全国人民代表大会常务委员会第十次会议通过）

第十四届全国人民代表大会常务委员会第十次会议决定对《中华人民共和国会计法》作如下修改：

一、第二条增加一款，作为第一款："会计工作应当贯彻落实党和国家路线方针政策、决策部署，维护社会公共利益，为国民经济和社会发展服务。"

二、将第八条第三款单列一条，作为第四十九条，修改为："中央军事委员会有关部门可以依照本法和国家统一的会计制度制定军队实施国家统一的会计制度的具体办法，抄送国务院财政部门。"

第八条增加一款，作为第三款："国家加强会计信息化建设，鼓励依法采用现代信息技术开展会计工作，具体办法由国务院财政部门会同有关部门制定。"

三、将第十条、第二十五条合并，作为第十条，修改为："各单位应当对下列经济业务事项办理会计手续，进行会计核算：

"（一）资产的增减和使用；

"（二）负债的增减；

"（三）净资产（所有者权益）的增减；

"（四）收入、支出、费用、成本的增减；

"（五）财务成果的计算和处理；

"（六）需要办理会计手续、进行会计核算的其他事项。"

四、将第二十条第二款修改为："向不同的会计资料使用者提供的财务会计报告，其编制依据应当一致。有关法律、行政法规规定财务会计报告须经注册会计师审计的，注册会计师及其所在的会计师事务所出具的审计报告应当随同财务会计报告一并提供。"

五、将第二十三条修改为："各单位对会计凭证、会计账簿、财务会计报告和其他会计资料应当建立档案，妥善保管。会计档案的保管期限、销毁、安全保护等具体管理办法，由国务院财政部门会同有关部门制定。"

六、将第三章并入第二章，删去第二十四条。

七、将第二十七条改为第二十五条，在"各单位应当建立、健全本单位内部会计监督制度"后增加"并将其纳入本单位内部控制制度"。

增加一项，作为第五项："（五）国务院财政部门规定的其他要求"。

八、将第三十三条改为第三十一条，修改为："财政、审计、税务、金融管理等部门应当依照有关法律、行政法规规定的职责，对有关单位的会计资料实施监督检查，并出具检查结论。

"财政、审计、税务、金融管理等部门应当加强监督检查协作，有关监督检查部门已经作出的检查结论能够满足其他监督检查部门履行本部门职责需要的，其他监督检查部门应当加以利用，避免重复查账。"

九、将第三十六条改为第三十四条，第一款修改为："各单位应当根据会计业务的需要，依法采取下列一种方式组织本单位的会计工作：

"（一）设置会计机构；

"（二）在有关机构中设置会计岗位并指定会计主管人员；

"（三）委托经批准设立从事会计代理记账业务的中介机构代理记账；

"（四）国务院财政部门规定的其他方式。"

将第二款中的"国有资产"修改为"国有资本"。

十、将第四十二条改为第四十条，第一款第一自然段修改为："违反本法规定，有下列行为之一的，由县级以上人民政府财政部门责令限期改正，给予警告、通报批评，对单位可以并处二十万元以下的罚款，对其直接负责的主管人员和其他直接责任人员可以处五万元以下的罚款；情节严重的，对单位可以并处二十万元以上一百万元以下的罚款，对其直接负责的主管人员和其他直接责任人员可以处五万元以上五十万元以下的罚款；属于公职人员的，还应当依法给予处分："

十一、将第四十三条、第四十四条合并，作为第四十一条，修改为："伪造、变造会计凭证、会计账簿，编制虚假财务会计报告，隐匿或者故意销毁依法应当保存的会计凭证、会计账簿、财务会计报告的，由县级以上人民政府财政部门责令限期改正，给予警告、通报批评，没收违法所得，违法所得二十万元以上的，对单位可以并处违法所得一倍以上十倍以下的罚款，没有违法所得或者违法所得不足二十万元的，可以并处二十万元以上二百万元以下的罚款；对其直接负责的主管人员和其他直接责任人员可以处十万元以上五十万元以下的罚款，情节严重的，可以处五十万元以上二百万元以下的罚款；属于公职人员的，还应当依法给予处分；其中的会计人员，五年内不得从事会计工作；构成犯罪的，依法追究刑事责任。"

十二、将第四十五条改为第四十二条，修改为："授意、指使、强令会计机构、会计人员及其他人员伪造、变造会计凭证、会计账簿，编制虚假财务会计报告或者隐匿、故意销毁依法应当保存的会计凭证、会计账簿、财务会计报告的，由县级以上人民政府财政部门给予警告、通报批评，可以并处二十万元以上一百万元以下的罚款；情节严重的，可以并处一百万元以上五百万元以下的罚款；属于公职人员的，还应当依法给予处分；构成犯罪的，依法追究刑事责任。"

十三、增加一条，作为第四十六条："违反本法规定，但具有《中华人民共和国行政处罚法》规定的从轻、减轻或者不予处罚情形的，依照其规定从轻、减轻或者不予处罚。"

十四、将第四十九条改为第四十七条，增加一款，作为第一款："因违反本法规定受到处罚的，按照国家有关规定记入信用记录。"

十五、对部分条文作以下修改：

（一）将第二十六条改为第二十四条，其中的"公司、企业"修改为"各单位"，"所有者权益"修改为"净资产（所有者权益）"。

（二）将第三十四条改为第三十二条，其中的"国家秘密和商业秘密"修改为"国家秘密、工作秘密、商业秘密、个人隐私、个人信息"。

（三）将第三十九条改为第三十七条，在"提高业务素质"后增加"严格遵守国家有关保密规定"。

（四）将第四十六条改为第四十三条，其中的"构成犯罪的，依法追究刑事责任；尚不构成犯罪的，由其所在单位或者有关单位依法给予行政处分"修改为"依法给予处分；构成犯罪的，依法追究刑事责任"。

（五）将第四十七条改为第四十四条，其中的"泄露国家秘密、商业秘密，构成犯罪的，依法追究刑事责任；尚不构成犯罪的，依法给予行政处分"修改为"泄露国家秘密、工作秘密、商业秘密、个人隐私、个人信息的，依法给予处分；构成犯罪的，依法追究刑事责任"。

（六）将第四十八条改为第四十五条，删去其中的"第三十条"；"由所在单位或者有关单位依法给予行政处分"修改为"依法给予处分"。

（七）将相关条文中的"帐"修改为"账"。

本决定自2024年7月1日起施行。

《中华人民共和国会计法》根据本决定作相应修改并对条文顺序作相应调整，重新公布。

中华人民共和国会计法

（1985年1月21日第六届全国人民代表大会常务委员会第九次会议通过　根据1993年12月29日第八届全国人民代表大会常务委员会第五次会议《关于修改〈中华人民共和国会计法〉的决定》第一次修正　1999年10月31日第九届全国人民代表大会常务委员会第十二次会议修订　根据2017年11月4日第十二届全国人民代表大会常务委员会第三十次会议《关于修改〈中华人民共和国会计法〉等十一部法律的决定》第二次修正　根据2024年6月28日第十四届全国人民代表大会常务委员会第十次会议《关于修改〈中华人民共和国会计法〉的决定》第三次修正）

目　录

第一章　总则

第二章　会计核算

第三章　会计监督

第四章　会计机构和会计人员

第五章　法律责任

第六章　附则

第一章　总　则

第一条　为了规范会计行为，保证会计资料真实、完整，加强经济管理和财务管理，提高经济效益，维护社会主义市场经济秩序，制定本法。

第二条 会计工作应当贯彻落实党和国家路线方针政策、决策部署，维护社会公共利益，为国民经济和社会发展服务。

国家机关、社会团体、公司、企业、事业单位和其他组织（以下统称单位）必须依照本法办理会计事务。

第三条 各单位必须依法设置会计账簿，并保证其真实、完整。

第四条 单位负责人对本单位的会计工作和会计资料的真实性、完整性负责。

第五条 会计机构、会计人员依照本法规定进行会计核算，实行会计监督。

任何单位或者个人不得以任何方式授意、指使、强令会计机构、会计人员伪造、变造会计凭证、会计账簿和其他会计资料，提供虚假财务会计报告。

任何单位或者个人不得对依法履行职责、抵制违反本法规定行为的会计人员实行打击报复。

第六条 对认真执行本法，忠于职守，坚持原则，做出显著成绩的会计人员，给予精神的或者物质的奖励。

第七条 国务院财政部门主管全国的会计工作。

县级以上地方各级人民政府财政部门管理本行政区域内的会计工作。

第八条 国家实行统一的会计制度。国家统一的会计制度由国务院财政部门根据本法制定并公布。

国务院有关部门可以依照本法和国家统一的会计制度制定对会计核算和会计监督有特殊要求的行业实施国家统一的会计制度的具体办法或者补充规定，报国务院财政部门审核批准。

国家加强会计信息化建设，鼓励依法采用现代信息技术开展会计工作，具体办法由国务院财政部门会同有关部门制定。

第二章 会 计 核 算

第九条 各单位必须根据实际发生的经济业务事项进行会计核算，填制会计凭证，登记会计账簿，编制财务会计报告。

任何单位不得以虚假的经济业务事项或者资料进行会计核算。

第十条 各单位应当对下列经济业务事项办理会计手续，进行会计核算：

（一）资产的增减和使用；

（二）负债的增减；

（三）净资产（所有者权益）的增减；

（四）收入、支出、费用、成本的增减；

（五）财务成果的计算和处理；

（六）需要办理会计手续、进行会计核算的其他事项。

第十一条 会计年度自公历1月1日起至12月31日止。

第十二条 会计核算以人民币为记账本位币。

业务收支以人民币以外的货币为主的单位，可以选定其中一种货币作为记账本位币，但是编报的财务会计报告应当折算为人民币。

第十三条 会计凭证、会计账簿、财务会计报告和其他会计资料，必须符合国家统一的会计制度的规定。

使用电子计算机进行会计核算的，其软件及其生成的会计凭证、会计账簿、财务会计报告和其他会计资料，也必须符合国家统一的会计制度的规定。

任何单位和个人不得伪造、变造会计凭证、会计账簿及其他会计资料，不得提供虚假的财务会计报告。

第十四条 会计凭证包括原始凭证和记账凭证。

办理本法第十条所列的经济业务事项，必须填制或者取得原始凭证并及时送交会计机构。

会计机构、会计人员必须按照国家统一的会计制度的规定对原始凭证进行审核，对不真实、不合法的原始凭证有权不予接受，并向单位负责人报告；对记载不准确、不完整的原始凭证予以退回，并要求按照国家统一的会计制度的规定更正、补充。

原始凭证记载的各项内容均不得涂改；原始凭证有错误的，应当由出具单位重开或者更正，更正处应当加盖出具单位印章。原始凭证金额有错误的，应当由出具单位重开，不得在原始凭证上更正。

记账凭证应当根据经过审核的原始凭证及有关资料编制。

第十五条　会计账簿登记，必须以经过审核的会计凭证为依据，并符合有关法律、行政法规和国家统一的会计制度的规定。会计账簿包括总账、明细账、日记账和其他辅助性账簿。

会计账簿应当按照连续编号的页码顺序登记。会计账簿记录发生错误或者隔页、缺号、跳行的，应当按照国家统一的会计制度规定的方法更正，并由会计人员和会计机构负责人（会计主管人员）在更正处盖章。

使用电子计算机进行会计核算的，其会计账簿的登记、更正，应当符合国家统一的会计制度的规定。

第十六条　各单位发生的各项经济业务事项应当在依法设置的会计账簿上统一登记、核算，不得违反本法和国家统一的会计制度的规定私设会计账簿登记、核算。

第十七条　各单位应当定期将会计账簿记录与实物、款项及有关资料相互核对，保证会计账簿记录与实物及款项的实有数额相符、会计账簿记录与会计凭证的有关内容相符、会计账簿之间相对应的记录相符、会计账簿记录与会计报表的有关内容相符。

第十八条　各单位采用的会计处理方法，前后各期应当一致，不得随意变更；确有必要变更的，应当按照国家统一的会计制度的规定变更，并将变更的原因、情况及影响在财务会计报告中说明。

第十九条　单位提供的担保、未决诉讼等或有事项，应当按照国家统一的会计制度的规定，在财务会计报告中予以说明。

第二十条　财务会计报告应当根据经过审核的会计账簿记录和有关资料编制，并符合本法和国家统一的会计制度关于财务会计报告的编制要求、提供对象和提供期限的规定；其他法律、行政法规另有规定的，从其规定。

向不同的会计资料使用者提供的财务会计报告，其编制依据应当一致。有关法律、行政法规规定财务会计报告须经注册会计师审计的，注册会计师及其所在的会计师事务所出具的审计报告应当随同财务会计报告一并提供。

第二十一条　财务会计报告应当由单位负责人和主管会计工作的负责人、会计机构负责人（会计主管人员）签名并盖章；设置总会计师的单位，还须由总会计师签名并盖章。

单位负责人应当保证财务会计报告真实、完整。

第二十二条　会计记录的文字应当使用中文。在民族自治地方，会计记录可以同时使用当地通用的一种民族文字。在中华人民共和国境内的外商投资企业、外国企业和其他外国组织的会计记录可以同时使用一种外国文字。

第二十三条　各单位对会计凭证、会计账簿、财务会计报告和其他会计资料应当建立档案，妥善保管。会计档案的保管期限、销毁、安全保护等具体管理办法，由国务院财政部门会同有关部门制定。

第二十四条　各单位进行会计核算不得有下列行为：

（一）随意改变资产、负债、净资产（所有者权益）的确认标准或者计量方法，虚列、多列、不列或者少列资产、负债、净资产（所有者权益）；

（二）虚列或者隐瞒收入，推迟或者提前确认收入；

（三）随意改变费用、成本的确认标准或者计量方法，虚列、多列、不列或者少列费用、成本；

（四）随意调整利润的计算、分配方法，编造虚假利润或者隐瞒利润；

（五）违反国家统一的会计制度规定的其他行为。

第三章 会 计 监 督

第二十五条　各单位应当建立、健全本单位内部会计监督制度，并将其纳入本单位内部控制制度。单位内部会计监督制度应当符合下列要求：

（一）记账人员与经济业务事项和会计事项的审批人员、经办人员、财物保管人员的职责权限应当明确，并相互分离、相互制约；

（二）重大对外投资、资产处置、资金调度和其他重要经济业务事项的决策和执行的相互监督、相互制约程序应当明确；

（三）财产清查的范围、期限和组织程序应当明确；

（四）对会计资料定期进行内部审计的办法和程序应当明确；

（五）国务院财政部门规定的其他要求。

第二十六条　单位负责人应当保证会计机构、会计人员依法履行职责，不得授意、指使、强令会计机构、会计人员违法办理会计事项。

会计机构、会计人员对违反本法和国家统一的会计制度规定的会计事项，有权拒绝办理或者按照职权予以纠正。

第二十七条　会计机构、会计人员发现会计账簿记录与实物、款项及有关资料不相符的，按照国家统一的会计制度的规定有权自行处理的，应当及时处理；无权处理的，应当立即向单位负责人报告，请求查明原因，作出处理。

第二十八条　任何单位和个人对违反本法和国家统一的会计制度规定的行为，有权检举。收到检举的部门有权处理的，应当依法按照职责分工及时处理；无权处理的，应当及时移送有权处理的部门处理。收到检举的部门、负责处理的部门应当为检举人保密，不得将检举人姓名和检举材料转给被检举单位和被检举人个人。

第二十九条　有关法律、行政法规规定，须经注册会计师进行审计的单位，应当向受委托的会计师事务所如实提供会计凭证、会计账簿、财务会报告和其他会计资料以及有关情况。

任何单位或者个人不得以任何方式要求或者示意注册会计师及其所在的会计师事务所出具不实或者不当的审计报告。

财政部门有权对会计师事务所出具审计报告的程序和内容进行监督。

第三十条　财政部门对各单位的下列情况实施监督：

（一）是否依法设置会计账簿；

（二）会计凭证、会计账簿、财务会计报告和其他会计资料是否真实、完整；

（三）会计核算是否符合本法和国家统一的会计制度的规定；

（四）从事会计工作的人员是否具备专业能力、遵守职业道德。

在对前款第（二）项所列事项实施监督，发现重大违法嫌疑时，国务院财政部门及其派出机构可以向与被监督单位有经济业务往来的单位和被监督单位开立账户的金融机构查询有关情况，有关单位和金融机构应当给予支持。

第三十一条　财政、审计、税务、金融管理等部门应当依照有关法律、行政法规规定的职责，对有关单位的会计资料实施监督检查，并出具检查结论。

财政、审计、税务、金融管理等部门应当加强监督检查协作，有关监督检查部门已经作出的检查结论能够满足其他监督检查部门履行本部门职责需要的，其他监督检查部门应当加以利用，避免重复查账。

第三十二条　依法对有关单位的会计资料实施监督检查的部门及其工作人员对在监督检查中知悉的国家秘密、工作秘密、商业秘密、个人隐私、个人信息负有保密义务。

第三十三条　各单位必须依照有关法律、行政法规的规定，接受有关监督检查部门依法实施的监督检查，如实提供会计凭证、会计账簿、财务会计报告和其他会计资料以及有关情况，不得拒绝、隐匿、谎报。

第四章　会计机构和会计人员

第三十四条　各单位应当根据会计业务的需要，依法采取下列一种方式组织本单位的会计工作：

（一）设置会计机构；

（二）在有关机构中设置会计岗位并指定会计主管人员；

（三）委托经批准设立从事会计代理记账业务的中介机构代理记账；

（四）国务院财政部门规定的其他方式。

国有的和国有资本占控股地位或者主导地位的大、中型企业必须设置总会计师。总会计师的任职资格、任免程序、职责权限由国务院规定。

第三十五条　会计机构内部应当建立稽核制度。

出纳人员不得兼任稽核、会计档案保管和收入、支出、费用、债权债务账目的登记工作。

第三十六条　会计人员应当具备从事会计工作所需要的专业能力。

担任单位会计机构负责人（会计主管人员）的，应当具备会计师以上专业技术职务资格或者从事会计工作三年以上经历。

本法所称会计人员的范围由国务院财政部门规定。

第三十七条　会计人员应当遵守职业道德，提高业务素质，严格遵守国家有关保密规定。对会计人员的教育和培训工作应当加强。

第三十八条　因有提供虚假财务会计报告，做假账，隐匿或者故意销毁会计凭证、会计账簿、财务会计报告，贪污，挪用公款，职务侵占等与会计职务有关的违法行为被依法追究刑事责任的人员，不得再从事会计工作。

第三十九条　会计人员调动工作或者离职，必须与接管人员办清交接手续。

一般会计人员办理交接手续，由会计机构负责人（会计主管人员）监交；会计机构负责人（会计主管人员）办理交接手续，由单位负责人监交，必要时主管单位可以派人会同监交。

第五章 法 律 责 任

第四十条 违反本法规定，有下列行为之一的，由县级以上人民政府财政部门责令限期改正，给予警告、通报批评，对单位可以并处二十万元以下的罚款，对其直接负责的主管人员和其他直接责任人员可以处五万元以下的罚款；情节严重的，对单位可以并处二十万元以上一百万元以下的罚款，对其直接负责的主管人员和其他直接责任人员可以处五万元以上五十万元以下的罚款；属于公职人员的，还应当依法给予处分：

（一）不依法设置会计账簿的；

（二）私设会计账簿的；

（三）未按照规定填制、取得原始凭证或者填制、取得的原始凭证不符合规定的；

（四）以未经审核的会计凭证为依据登记会计账簿或者登记会计账簿不符合规定的；

（五）随意变更会计处理方法的；

（六）向不同的会计资料使用者提供的财务会计报告编制依据不一致的；

（七）未按照规定使用会计记录文字或者记账本位币的；

（八）未按照规定保管会计资料，致使会计资料毁损、灭失的；

（九）未按照规定建立并实施单位内部会计监督制度或者拒绝依法实施监督或者不如实提供有关会计资料及有关情况的；

（十）任用会计人员不符合本法规定的。

有前款所列行为之一，构成犯罪的，依法追究刑事责任。

会计人员有第一款所列行为之一，情节严重的，五年内不得从事会计工作。

有关法律对第一款所列行为的处罚另有规定的，依照有关法律的规定办理。

第四十一条 伪造、变造会计凭证、会计账簿，编制虚假财务会计报告，隐匿或者故意销毁依法应当保存的会计凭证、会计账簿、财务会计报告的，由县级以上人民政府财政部门责令限期改正，给予警告、通报批评，没收违法所得，违法所得二十万元以上的，对单位可以并处违法所得一倍以上十倍以下的罚款，没有违法所得或者违法所得不足二十万元的，可以并处二十万元以上二百万元以下的罚款；对其直接负责的主管人员和其他直接责任人员可以处十万元以上五十万元以下的罚款，情节严重的，可以处五十万元以上二百万元以下的罚款；属于公职人员的，还应当依法给予处分；其中的会计人员，五年内不得从事会计工作；构成犯罪的，依法追究刑事责任。

第四十二条 授意、指使、强令会计机构、会计人员及其他人员伪造、变造会计凭证、会计账簿，编制虚假财务会计报告或者隐匿、故意销毁依法应当保存的会计凭证、会计账簿、财务会计报告的，由县级以上人民政府财政部门给予警告、通报批评，可以并处二十万元以上一百万元以下的罚款；情节严重的，可以并处一百万元以上五百万元以下的罚款；属于公职人员的，还应当依法给予处分；构成犯罪的，依法追究刑事责任。

第四十三条 单位负责人对依法履行职责、抵制违反本法规定行为的会计人员以降级、撤职、调离工作岗位、解聘或者开除等方式实行打击报复，依法给予处分；构成犯罪的，依法追究刑事责任。对受打击报复的会计人员，应当恢复其名誉和原有职务、级别。

第四十四条 财政部门及有关行政部门的工作人员在实施监督管理中滥用职权、玩忽职守、徇私舞弊或者泄露国家秘密、工作秘密、商业秘密、个人隐私、个人信息的，依法给予处分；构成犯罪的，依法追究刑事责任。

第四十五条 违反本法规定，将检举人姓名和检举材料转给被检举单位和被检举人个人的，依法给予处分。

第四十六条 违反本法规定，但具有《中华人民共和国行政处罚法》规定的从轻、减轻或者不予处罚情形的，依照其规定从轻、减轻或者不予处罚。

第四十七条 因违反本法规定受到处罚的，按照国家有关规定记入信用记录。

违反本法规定，同时违反其他法律规定的，由有关部门在各自职权范围内依法进行处罚。

第六章 附　　则

第四十八条 本法下列用语的含义：

单位负责人，是指单位法定代表人或者法律、行政法规规定代表单位行使职权的主要负责人。

国家统一的会计制度，是指国务院财政部门根据本法制定的关于会计核算、会计监督、会计机构和会计人员以及会计工作管理的制度。

第四十九条 中央军事委员会有关部门可以依照本法和国家统一的会计制度制定军队实施国家统一的会计制度的具体办法，抄送国务院财政部门。

第五十条 个体工商户会计管理的具体办法，由国务院财政部门根据本法的原则另行规定。

第五十一条 本法自2000年7月1日起施行。

附录

会计基础工作规范

（1996年6月17日财会字〔1996〕19号公布 根据2019年3月14日《财政部关于修改〈代理记账管理办法〉等2部部门规章的决定》修改）

第一章 总 则

第一条 为了加强会计基础工作，建立规范的会计工作秩序，提高会计工作水平，根据《中华人民共和国会计法》的有关规定，制定本规范。

第二条 国家机关、社会团体、企业、事业单位、个体工商户和其他组织的会计基础工作，应当符合本规范的规定。

第三条 各单位应当依据有关法律、法规和本规范的规定，加强会计基础工作，严格执行会计法规制度，保证会计工作依法有序地进行。

第四条 单位领导人对本单位的会计基础工作负有领导责任。

第五条 各省、自治区、直辖市财政厅（局）要加强对会计基础工作的管理和指导，通过政策引导、经验交流、监督检查等措施，促进基层单位加强会计基础工作，不断提高会计工作水平。

国务院各业务主管部门根据职责权限管理本部门的会计基础工作。

第二章 会计机构和会计人员

第一节 会计机构设置和会计人员配备

第六条 各单位应当根据会计业务的需要设置会计机构；不具备单独设

置会计机构条件的，应当在有关机构中配备专职会计人员。

事业行政单位会计机构的设置和会计人员的配备，应当符合国家统一事业行政单位会计制度的规定。

设置会计机构，应当配备会计机构负责人；在有关机构中配备专职会计人员，应当在专职会计人员中指定会计主管人员。

会计机构负责人、会计主管人员的任免，应当符合《中华人民共和国会计法》和有关法律的规定。

第七条　会计机构负责人、会计主管人员应当具备下列基本条件：

（一）坚持原则，廉洁奉公；

（二）具备会计师以上专业技术职务资格或者从事会计工作不少于三年；

（三）熟悉国家财经法律、法规、规章和方针、政策，掌握本行业业务管理的有关知识；

（四）有较强的组织能力；

（五）身体状况能够适应本职工作的要求。

第八条　没有设置会计机构或者配备会计人员的单位，应当根据《代理记账管理办法》的规定，委托会计师事务所或者持有代理记账许可证书的代理记账机构进行代理记账。

第九条　大、中型企业、事业单位、业务主管部门应当根据法律和国家有关规定设置总会计师。总会计师由具有会计师以上专业技术资格的人员担任。

总会计师行使《总会计师条例》规定的职责、权限。

总会计师的任命（聘任）、免职（解聘）依照《总会计师条例》和有关法律的规定办理。

第十条　各单位应当根据会计业务需要配备会计人员，督促其遵守职业道德和国家统一的会计制度。

第十一条　各单位应当根据会计业务需要设置会计工作岗位。

会计工作岗位一般可分为：会计机构负责人或者会计主管人员，出纳，财产物资核算，工资核算，成本费用核算，财务成果核算，资金核算，往来结算，总账报表，稽核，档案管理等。开展会计电算化和管理会计的单位，可以根据需要设置相应工作岗位，也可以与其他工作岗位相结合。

第十二条　会计工作岗位，可以一人一岗、一人多岗或者一岗多人。但出纳人员不得兼管稽核、会计档案保管和收入、费用、债权债务账目的登记工作。

第十三条　会计人员的工作岗位应当有计划地进行轮换。

第十四条　会计人员应当具备必要的专业知识和专业技能，熟悉国家有关法律、法规、规章和国家统一会计制度，遵守职业道德。

会计人员应当按照国家有关规定参加会计业务的培训。各单位应当合理安排会计人员的培训，保证会计人员每年有一定时间用于学习和参加培训。

第十五条　各单位领导人应当支持会计机构、会计人员依法行使职权；对忠于职守、坚持原则、做出显著成绩的会计机构、会计人员，应当给予精神的和物质的奖励。

第十六条　国家机关、国有企业、事业单位任用会计人员应当实行回避制度。

单位领导人的直系亲属不得担任本单位的会计机构负责人、会计主管人员。会计机构负责人、会计主管人员的直系亲属不得在本单位会计机构中担任出纳工作。

需要回避的直系亲属为：夫妻关系、直系血亲关系、三代以内旁系血亲以及配偶亲关系。

第二节　会计人员职业道德

第十七条　会计人员在会计工作中应当遵守职业道德，树立良好的职业品质、严谨的工作作风，严守工作纪律，努力提高工作效率和工作质量。

第十八条　会计人员应当热爱本职工作，努力钻研业务，使自己的知识和技能适应所从事工作的要求。

第十九条 会计人员应当熟悉财经法律、法规、规章和国家统一会计制度，并结合会计工作进行广泛宣传。

第二十条 会计人员应当按照会计法律、法规和国家统一会计制度规定的程序和要求进行会计工作，保证所提供的会计信息合法、真实、准确、及时、完整。

第二十一条 会计人员办理会计事务应当实事求是、客观公正。

第二十二条 会计人员应当熟悉本单位的生产经营和业务管理情况，运用掌握的会计信息和会计方法，为改善单位内部管理、提高经济效益服务。

第二十三条 会计人员应当保守本单位的商业秘密。除法律规定和单位领导人同意外，不能私自向外界提供或者泄露单位的会计信息。

第二十四条 财政部门、业务主管部门和各单位应当定期检查会计人员遵守职业道德的情况，并作为会计人员晋升、晋级、聘任专业职务、表彰奖励的重要考核依据。

会计人员违反职业道德的，由所在单位进行处理。

第三节 会计工作交接

第二十五条 会计人员工作调动或者因故离职，必须将本人所经管的会计工作全部移交给接替人员。没有办清交接手续的，不得调动或者离职。

第二十六条 接替人员应当认真接管移交工作，并继续办理移交的未了事项。

第二十七条 会计人员办理移交手续前，必须及时做好以下工作：

（一）已经受理的经济业务尚未填制会计凭证的，应当填制完毕。

（二）尚未登记的账目，应当登记完毕，并在最后一笔余额后加盖经办人员印章。

（三）整理应该移交的各项资料，对未了事项写出书面材料。

（四）编制移交清册，列明应当移交的会计凭证、会计账簿、会计报表、印章、现金、有价证券、支票簿、发票、文件、其他会计资料和物品等内容；实行会计电算化的单位，从事该项工作的移交人员还应当在移交清册中列明会计软件及密码、会计软件数据磁盘（磁带等）及有关资料、实物等内容。

第二十八条　会计人员办理交接手续，必须有监交人负责监交。一般会计人员交接，由单位会计机构负责人、会计主管人员负责监交；会计机构负责人、会计主管人员交接，由单位领导人负责监交，必要时可由上级主管部门派人会同监交。

第二十九条　移交人员在办理移交时，要按移交清册逐项移交；接替人员要逐项核对点收。

（一）现金、有价证券要根据会计账簿有关记录进行点交。库存现金、有价证券必须与会计账簿记录保持一致。不一致时，移交人员必须限期查清。

（二）会计凭证、会计账簿、会计报表和其他会计资料必须完整无缺。如有短缺，必须查清原因，并在移交清册中注明，由移交人员负责。

（三）银行存款账户余额要与银行对账单核对，如不一致，应当编制银行存款余额调节表调节相符，各种财产物资和债权债务的明细账户余额要与总账有关账户余额核对相符；必要时，要抽查个别账户的余额，与实物核对相符，或者与往来单位、个人核对清楚。

（四）移交人员经管的票据、印章和其他实物等，必须交接清楚；移交人员从事会计电算化工作的，要对有关电子数据在实际操作状态下进行交接。

第三十条　会计机构负责人、会计主管人员移交时，还必须将全部财务会计工作、重大财务收支和会计人员的情况等，向接替人员详细介绍。对需要移交的遗留问题，应当写出书面材料。

第三十一条　交接完毕后，交接双方和监交人员要在移交清册上签名或者盖章。并应在移交清册上注明：单位名称，交接日期，交接双方和监交人员的职务、姓名，移交清册页数以及需要说明的问题和意见等。

移交清册一般应当填制一式三份，交接双方各执一份，存档一份。

第三十二条 接替人员应当继续使用移交的会计账簿，不得自行另立新账，以保持会计记录的连续性。

第三十三条 会计人员临时离职或者因病不能工作且需要接替或者代理的，会计机构负责人、会计主管人员或者单位领导人必须指定有关人员接替或者代理，并办理交接手续。

临时离职或者因病不能工作的会计人员恢复工作的，应当与接替或者代理人员办理交接手续。

移交人员因病或者其他特殊原因不能亲自办理移交的，经单位领导人批准，可由移交人员委托他人代办移交，但委托人应当承担本规范第三十五条规定的责任。

第三十四条 单位撤销时，必须留有必要的会计人员，会同有关人员办理清理工作，编制决算。未移交前，不得离职。接收单位和移交日期由主管部门确定。

单位合并、分立的，其会计工作交接手续比照上述有关规定办理。

第三十五条 移交人员对所移交的会计凭证、会计账簿、会计报表和其他有关资料的合法性、真实性承担法律责任。

第三章　会　计　核　算

第一节　会计核算一般要求

第三十六条 各单位应当按照《中华人民共和国会计法》和国家统一会计制度的规定建立会计账册，进行会计核算，及时提供合法、真实、准确、完整的会计信息。

第三十七条 各单位发生的下列事项，应当及时办理会计手续、进行会计核算：

（一）款项和有价证券的收付；

（二）财物的收发、增减和使用；

（三）债权债务的发生和结算；

（四）资本、基金的增减；

（五）收入、支出、费用、成本的计算；

（六）财务成果的计算和处理；

（七）其他需要办理会计手续、进行会计核算的事项。

第三十八条 各单位的会计核算应当以实际发生的经济业务为依据，按照规定的会计处理方法进行，保证会计指标的口径一致、相互可比和会计处理方法的前后各期相一致。

第三十九条 会计年度自公历1月1日起至12月31日止。

第四十条 会计核算以人民币为记账本位币。

收支业务以外国货币为主的单位，也可以选定某种外国货币作为记账本位币，但是编制的会计报表应当折算为人民币反映。

境外单位向国内有关部门编报的会计报表，应当折算为人民币反映。

第四十一条 各单位根据国家统一会计制度的要求，在不影响会计核算要求、会计报表指标汇总和对外统一会计报表的前提下，可以根据实际情况自行设置和使用会计科目。

事业行政单位会计科目的设置和使用，应当符合国家统一事业行政单位会计制度的规定。

第四十二条 会计凭证、会计账簿、会计报表和其他会计资料的内容和要求必须符合国家统一会计制度的规定，不得伪造、变造会计凭证和会计账簿，不得设置账外账，不得报送虚假会计报表。

第四十三条 各单位对外报送的会计报表格式由财政部统一规定。

第四十四条 实行会计电算化的单位，对使用的会计软件及其生成的会计凭证、会计账簿、会计报表和其他会计资料的要求，应当符合财政部关于会计电算化的有关规定。

第四十五条 各单位的会计凭证、会计账簿、会计报表和其他会计资料，应当建立档案，妥善保管。会计档案建档要求、保管期限、销毁办法等依据《会计档案管理办法》的规定进行。

实行会计电算化的单位，有关电子数据、会计软件资料等应当作为会计档案进行管理。

第四十六条 会计记录的文字应当使用中文，少数民族自治地区可以同时使用少数民族文字。中国境内的外商投资企业、外国企业和其他外国经济组织也可以同时使用某种外国文字。

第二节 填制会计凭证

第四十七条 各单位办理本规范第三十七条规定的事项，必须取得或者填制原始凭证，并及时送交会计机构。

第四十八条 原始凭证的基本要求是：

（一）原始凭证的内容必须具备：凭证的名称；填制凭证的日期；填制凭证单位名称或者填制人姓名；经办人员的签名或者盖章；接受凭证单位名称；经济业务内容；数量、单价和金额。

（二）从外单位取得的原始凭证，必须盖有填制单位的公章；从个人取得的原始凭证，必须有填制人员的签名或者盖章。自制原始凭证必须有经办单位领导人或者其指定的人员签名或者盖章。对外开出的原始凭证，必须加盖本单位公章。

（三）凡填有大写和小写金额的原始凭证，大写与小写金额必须相符。购买实物的原始凭证，必须有验收证明。支付款项的原始凭证，必须有收款单位和收款人的收款证明。

（四）一式几联的原始凭证，应当注明各联的用途，只能以一联作为报销凭证。

一式几联的发票和收据，必须用双面复写纸（发票和收据本身具备复写纸功能的除外）套写，并连续编号。作废时应当加盖"作废"戳记，连同存根一起保存，不得撕毁。

（五）发生销货退回的，除填制退货发票外，还必须有退货验收证明；退款时，必须取得对方的收款收据或者汇款银行的凭证，不得以退货发票代替收据。

（六）职工公出借款凭据，必须附在记账凭证之后。收回借款时，应当另开收据或者退还借据副本，不得退还原借款收据。

（七）经上级有关部门批准的经济业务，应当将批准文件作为原始凭证附件。如果批准文件需要单独归档的，应当在凭证上注明批准机关名称、日期和文件字号。

第四十九条　原始凭证不得涂改、挖补。发现原始凭证有错误的，应当由开出单位重开或者更正，更正处应当加盖开出单位的公章。

第五十条　会计机构、会计人员要根据审核无误的原始凭证填制记账凭证。

记账凭证可以分为收款凭证、付款凭证和转账凭证，也可以使用通用记账凭证。

第五十一条　记账凭证的基本要求是：

（一）记账凭证的内容必须具备：填制凭证的日期；凭证编号；经济业务摘要；会计科目；金额；所附原始凭证张数；填制凭证人员、稽核人员、记账人员、会计机构负责人、会计主管人员签名或者盖章。收款和付款记账凭证还应当由出纳人员签名或者盖章。

以自制的原始凭证或者原始凭证汇总表代替记账凭证的，也必须具备记账凭证应有的项目。

（二）填制记账凭证时，应当对记账凭证进行连续编号。一笔经济业务需要填制两张以上记账凭证的，可以采用分数编号法编号。

（三）记账凭证可以根据每一张原始凭证填制，或者根据若干张同类原始凭证汇总填制，也可以根据原始凭证汇总表填制。但不得将不同内容和类别的原始凭证汇总填制在一张记账凭证上。

（四）除结账和更正错误的记账凭证可以不附原始凭证外，其他记账凭证必须附有原始凭证。如果一张原始凭证涉及几张记账凭证，可以把原始凭证附在一张主要的记账凭证后面，并在其他记账凭证上注明附有该原始凭证的记账凭证的编号或者附原始凭证复印件。

一张原始凭证所列支出需要几个单位共同负担的，应当将其他单位负担的部分，开给对方原始凭证分割单，进行结算。原始凭证分割单必须具备原始凭证的基本内容：凭证名称、填制凭证日期、填制凭证单位名称或者填制人姓名、经办人的签名或者盖章、接受凭证单位名称、经济业务内容、数量、单价、金额和费用分摊情况等。

（五）如果在填制记账凭证时发生错误，应当重新填制。

已经登记入账的记账凭证，在当年内发现填写错误时，可以用红字填写一张与原内容相同的记账凭证，在摘要栏注明"注销某月某日某号凭证"字样，同时再用蓝字重新填制一张正确的记账凭证，注明"订正某月某日某号凭证"字样。如果会计科目没有错误，只是金额错误，也可以将正确数字与错误数字之间的差额，另编一张调整的记账凭证，调增金额用蓝字，调减金额用红字。发现以前年度记账凭证有错误的，应当用蓝字填制一张更正的记账凭证。

（六）记账凭证填制完经济业务事项后，如有空行，应当自金额栏最后一笔金额数字下的空行处至合计数上的空行处划线注销。

第五十二条　填制会计凭证，字迹必须清晰、工整，并符合下列要求：

（一）阿拉伯数字应当一个一个地写，不得连笔写。阿拉伯金额数字前面应当书写货币币种符号或者货币名称简写和币种符号。币种符号与阿拉伯金额数字之间不得留有空白。凡阿拉伯数字前写有币种符号的，数字后面不再写货币单位。

（二）所有以元为单位（其他货币种类为货币基本单位，下同）的阿拉伯数字，除表示单价等情况外，一律填写到角分；无角分的，角位和分位可写"00"，或者符号"——"；有角无分的，分位应当写"0"，不得用符号"——"代替。

（三）汉字大写数字金额如零、壹、贰、叁、肆、伍、陆、柒、捌、玖、拾、佰、仟、万、亿等，一律用正楷或者行书体书写，不得用0、一、二、三、四、五、六、七、八、九、十等简化字代替，不得任意自造简化字。大写金额数字到元或者角为止的，在"元"或者"角"字之后应当写"整"字或者"正"字；大写金额数字有分的，分字后面不写"整"或者"正"字。

（四）大写金额数字前未印有货币名称的，应当加填货币名称，货币名称与金额数字之间不得留有空白。

（五）阿拉伯金额数字中间有"0"时，汉字大写金额要写"零"字；阿拉伯数字金额中间连续有几个"0"时，汉字大写金额中可以只写一个"零"字；阿拉伯金额数字元位是"0"，或者数字中间连续有几个"0"、元位也是"0"但角位不是"0"时，汉字大写金额可以只写一个"零"字，也可以不写"零"字。

第五十三条 实行会计电算化的单位，对于机制记账凭证，要认真审核，做到会计科目使用正确，数字准确无误。打印出的机制记账凭证要加盖制单人员、审核人员、记账人员及会计机构负责人、会计主管人员印章或者签字。

第五十四条 各单位会计凭证的传递程序应当科学、合理，具体办法由各单位根据会计业务需要自行规定。

第五十五条 会计机构、会计人员要妥善保管会计凭证。

（一）会计凭证应当及时传递，不得积压。

（二）会计凭证登记完毕后，应当按照分类和编号顺序保管，不得散乱丢失。

（三）记账凭证应当连同所附的原始凭证或者原始凭证汇总表，按照编号顺序，折叠整齐，按期装订成册，并加具封面，注明单位名称、年度、月份和起讫日期、凭证种类、起讫号码，由装订人在装订线封签外签名或者盖章。

对于数量过多的原始凭证，可以单独装订保管，在封面上注明记账凭证日期、编号、种类，同时在记账凭证上注明"附件另订"和原始凭证名称及编号。

各种经济合同、存出保证金收据以及涉外文件等重要原始凭证，应当另编目录，单独登记保管，并在有关的记账凭证和原始凭证上相互注明日期和编号。

（四）原始凭证不得外借，其他单位如因特殊原因需要使用原始凭证时，经本单位会计机构负责人、会计主管人员批准，可以复制。向外单位提供的原始凭证复制件，应当在专设的登记簿上登记，并由提供人员和收取人员共同签名或者盖章。

（五）从外单位取得的原始凭证如有遗失，应当取得原开出单位盖有公章的证明，并注明原来凭证的号码、金额和内容等，由经办单位会计机构负责人、会计主管人员和单位领导人批准后，才能代作原始凭证。如果确实无法取得证明的，如火车、轮船、飞机票等凭证，由当事人写出详细情况，由经办单位会计机构负责人、会计主管人员和单位领导人批准后，代作原始凭证。

第三节　登记会计账簿

第五十六条　各单位应当按照国家统一会计制度的规定和会计业务的需要设置会计账簿。会计账簿包括总账、明细账、日记账和其他辅助性账簿。

第五十七条　现金日记账和银行存款日记账必须采用订本式账簿。不得用银行对账单或者其他方法代替日记账。

第五十八条　实行会计电算化的单位，用计算机打印的会计账簿必须连续编号，经审核无误后装订成册，并由记账人员和会计机构负责人、会计主管人员签字或者盖章。

第五十九条　启用会计账簿时，应当在账簿封面上写明单位名称和账簿名称。在账簿扉页上应当附启用表，内容包括：启用日期、账簿页数、记账人员和会计机构负责人、会计主管人员姓名，并加盖名章和单位公章。记账人员或者会计机构负责人、会计主管人员调动工作时，应当注明交接日期、接办人员或者监交人员姓名，并由交接双方人员签名或者盖章。

启用订本式账簿，应当从第一页到最后一页顺序编定页数，不得跳页、缺号。使用活页式账页，应当按账户顺序编号，并须定期装订成册。装订后再按实际使用的账页顺序编定页码。另加目录，记明每个账户的名称和页次。

第六十条 会计人员应当根据审核无误的会计凭证登记会计账簿。登记账簿的基本要求是：

（一）登记会计账簿时，应当将会计凭证日期、编号、业务内容摘要、金额和其他有关资料逐项记入账内，做到数字准确、摘要清楚、登记及时、字迹工整。

（二）登记完毕后，要在记账凭证上签名或者盖章，并注明已经登账的符号，表示已经记账。

（三）账簿中书写的文字和数字上面要留有适当空格，不要写满格；一般应占格距的二分之一。

（四）登记账簿要用蓝黑墨水或者碳素墨水书写，不得使用圆珠笔（银行的复写账簿除外）或者铅笔书写。

（五）下列情况，可以用红色墨水记账：

1. 按照红字冲账的记账凭证，冲销错误记录；

2. 在不设借贷等栏的多栏式账页中，登记减少数；

3. 在三栏式账户的余额栏前，如未印明余额方向的，在余额栏内登记负数余额；

4. 根据国家统一会计制度的规定可以用红字登记的其他会计记录。

（六）各种账簿按页次顺序连续登记，不得跳行、隔页。如果发生跳行、隔页，应当将空行、空页划线注销，或者注明"此行空白""此页空白"字样，并由记账人员签名或者盖章。

（七）凡需要结出余额的账户，结出余额后，应当在"借或贷"等栏内写明"借"或者"贷"等字样。没有余额的账户，应当在"借或贷"等栏内写"平"字，并在余额栏内用"Q"表示。

现金日记账和银行存款日记账必须逐日结出余额。

（八）每一账页登记完毕结转下页时，应当结出本页合计数及余额，写在本页最后一行和下页第一行有关栏内，并在摘要栏内注明"过次页"和"承前页"字样；也可以将本页合计数及金额只写在下页第一行有关栏内，并在摘要栏内注明"承前页"字样。

对需要结计本月发生额的账户，结计"过次页"的本页合计数应当为自本月初起至本页末止的发生额合计数；对需要结计本年累计发生额的账户，结计"过次页"的本页合计数应当为自年初起至本页末止的累计数；对既不需要结计本月发生额也不需要结计本年累计发生额的账户，可以只将每页末的余额结转次页。

第六十一条　账簿记录发生错误，不准涂改、挖补、刮擦或者用药水消除字迹，不准重新抄写，必须按照下列方法进行更正：

（一）登记账簿时发生错误，应当将错误的文字或者数字划红线注销，但必须使原有字迹仍可辨认；然后在划线上方填写正确的文字或者数字，并由记账人员在更正处盖章。对于错误的数字，应当全部划红线更正，不得只更正其中的错误数字。对于文字错误，可只划去错误的部分。

（二）由于记账凭证错误而使账簿记录发生错误，应当按更正的记账凭证登记账簿。

第六十二条　各单位应当定期对会计账簿记录的有关数字与库存实物、货币资金、有价证券、往来单位或者个人等进行相互核对，保证账证相符、账账相符、账实相符。对账工作每年至少进行一次。

（一）账证核对。核对会计账簿记录与原始凭证、记账凭证的时间、凭证字号、内容、金额是否一致，记账方向是否相符。

（二）账账核对。核对不同会计账簿之间的账簿记录是否相符，包括：总账有关账户的余额核对，总账与明细账核对，总账与日记账核对，会计部门的财产物资明细账与财产物资保管和使用部门的有关明细账核对等。

（三）账实核对。核对会计账簿记录与财产等实有数额是否相符。包括：现金日记账账面余额与现金实际库存数相核对；银行存款日记账账面余额定期与银行对账单相核对；各种财物明细账账面余额与财物实存数额相核对；各种应收、应付款明细账账面余额与有关债务、债权单位或者个人核对等。

第六十三条 各单位应当按照规定定期结账。

（一）结账前，必须将本期内所发生的各项经济业务全部登记入账。

（二）结账时，应当结出每个账户的期末余额。需要结出当月发生额的，应当在摘要栏内注明"本月合计"字样，并在下面通栏划单红线。需要结出本年累计发生额的，应当在摘要栏内注明"本年累计"字样，并在下面通栏划单红线；12月末的"本年累计"就是全年累计发生额。全年累计发生额下面应当通栏划双红线。年度终了结账时，所有总账账户都应当结出全年发生额和年末余额。

（三）年度终了，要把各账户的余额结转到下一会计年度，并在摘要栏注明"结转下年"字样；在下一会计年度新建有关会计账簿的第一行余额栏内填写上年结转的余额，并在摘要栏注明"上年结转"字样。

第四节 编制财务报告

第六十四条 各单位必须按照国家统一会计制度的规定，定期编制财务报告。

财务报告包括会计报表及其说明。会计报表包括会计报表主表、会计报表附表、会计报表附注。

第六十五条 各单位对外报送的财务报告应当根据国家统一会计制度规定的格式和要求编制。

单位内部使用的财务报告，其格式和要求由各单位自行规定。

第六十六条 会计报表应当根据登记完整、核对无误的会计账簿记录和其他有关资料编制，做到数字真实、计算准确、内容完整、说明清楚。

任何人不得篡改或者授意、指使、强令他人篡改会计报表的有关数字。

第六十七条 会计报表之间、会计报表各项目之间，凡有对应关系的数字，应当相互一致。本期会计报表与上期会计报表之间有关的数字应当相互衔接。如果不同会计年度会计报表中各项目的内容和核算方法有变更的，应当在年度会计报表中加以说明。

第六十八条 各单位应当按照国家统一会计制度的规定认真编写会计报表附注及其说明，做到项目齐全，内容完整。

第六十九条 各单位应当按照国家规定的期限对外报送财务报告。

对外报送的财务报告，应当依次编写页码，加具封面，装订成册，加盖公章。封面上应当注明：单位名称，单位地址，财务报告所属年度、季度、月度，送出日期，并由单位领导人、总会计师、会计机构负责人、会计主管人员签名或者盖章。

单位领导人对财务报告的合法性、真实性负法律责任。

第七十条 根据法律和国家有关规定应当对财务报告进行审计的，财务报告编制单位应当先行委托注册会计师进行审计，并将注册会计师出具的审计报告随同财务报告按照规定的期限报送有关部门。

第七十一条 如果发现对外报送的财务报告有错误，应当及时办理更正手续。除更正本单位留存的财务报告外，并应同时通知接受财务报告的单位更正。错误较多的，应当重新编报。

第四章 会 计 监 督

第七十二条 各单位的会计机构、会计人员对本单位的经济活动进行会计监督。

第七十三条 会计机构、会计人员进行会计监督的依据是：

（一）财经法律、法规、规章；

（二）会计法律、法规和国家统一会计制度；

（三）各省、自治区、直辖市财政厅（局）和国务院业务主管部门根据《中华人民共和国会计法》和国家统一会计制度制定的具体实施办法或者补充规定；

（四）各单位根据《中华人民共和国会计法》和国家统一会计制度制定的单位内部会计管理制度；

（五）各单位内部的预算、财务计划、经济计划、业务计划等。

第七十四条 会计机构、会计人员应当对原始凭证进行审核和监督。

对不真实、不合法的原始凭证，不予受理。对弄虚作假、严重违法的原始凭证，在不予受理的同时，应当予以扣留，并及时向单位领导人报告，请求查明原因，追究当事人的责任。

对记载不准确、不完整的原始凭证，予以退回，要求经办人员更正、补充。

第七十五条 会计机构、会计人员对伪造、变造、故意毁灭会计账簿或者账外设账行为，应当制止和纠正；制止和纠正无效的，应当向上级主管单位报告，请求作出处理。

第七十六条 会计机构、会计人员应当对实物、款项进行监督，督促建立并严格执行财产清查制度。发现账簿记录与实物、款项不符时，应当按照国家有关规定进行处理。超出会计机构、会计人员职权范围的，应当立即向本单位领导报告，请求查明原因，作出处理。

第七十七条 会计机构、会计人员对指使、强令编造、篡改财务报告行为，应当制止和纠正；制止和纠正无效的，应当向上级主管单位报告，请求处理。

第七十八条 会计机构、会计人员应当对财务收支进行监督。

（一）对审批手续不全的财务收支，应当退回，要求补充、更正。

（二）对违反规定不纳入单位统一会计核算的财务收支，应当制止和纠正。

（三）对违反国家统一的财政、财务、会计制度规定的财务收支，不予办理。

（四）对认为是违反国家统一的财政、财务、会计制度规定的财务收支，应当制止和纠正；制止和纠正无效的，应当向单位领导人提出书面意见请求处理。

单位领导人应当在接到书面意见起十日内作出书面决定，并对决定承担责任。

（五）对违反国家统一的财政、财务、会计制度规定的财务收支，不予制止和纠正，又不向单位领导人提出书面意见的，也应当承担责任。

（六）对严重违反国家利益和社会公众利益的财务收支，应当向主管单位或者财政、审计、税务机关报告。

第七十九条　会计机构、会计人员对违反单位内部会计管理制度的经济活动，应当制止和纠正；制止和纠正无效的，向单位领导人报告，请求处理。

第八十条　会计机构、会计人员应当对单位制定的预算、财务计划、经济计划、业务计划的执行情况进行监督。

第八十一条　各单位必须依照法律和国家有关规定接受财政、审计、税务等机关的监督，如实提供会计凭证、会计账簿、会计报表和其他会计资料以及有关情况、不得拒绝、隐匿、谎报。

第八十二条　按照法律规定应当委托注册会计师进行审计的单位，应当委托注册会计师进行审计，并配合注册会计师的工作，如实提供会计凭证、会计账簿、会计报表和其他会计资料以及有关情况，不得拒绝、隐匿、谎报，不得示意注册会计师出具不当的审计报告。

第五章　内部会计管理制度

第八十三条　各单位应当根据《中华人民共和国会计法》和国家统一会

计制度的规定，结合单位类型和内容管理的需要，建立健全相应的内部会计管理制度。

第八十四条　各单位制定内部会计管理制度应当遵循下列原则：

（一）应当执行法律、法规和国家统一的财务会计制度。

（二）应当体现本单位的生产经营、业务管理的特点和要求。

（三）应当全面规范本单位的各项会计工作，建立健全会计基础，保证会计工作的有序进行。

（四）应当科学、合理，便于操作和执行。

（五）应当定期检查执行情况。

（六）应当根据管理需要和执行中的问题不断完善。

第八十五条　各单位应当建立内部会计管理体系。主要内容包括：单位领导人、总会计师对会计工作的领导职责；会计部门及其会计机构负责人、会计主管人员的职责、权限；会计部门与其他职能部门的关系；会计核算的组织形式等。

第八十六条　各单位应当建立会计人员岗位责任制度。主要内容包括：会计人员的工作岗位设置；各会计工作岗位的职责和标准；各会计工作岗位的人员和具体分工；会计工作岗位轮换办法；对各会计工作岗位的考核办法。

第八十七条　各单位应当建立账务处理程序制度。主要内容包括：会计科目及其明细科目的设置和使用；会计凭证的格式、审核要求和传递程序；会计核算方法；会计账簿的设置；编制会计报表的种类和要求；单位会计指标体系。

第八十八条　各单位应当建立内部牵制制度。主要内容包括：内部牵制制度的原则；组织分工；出纳岗位的职责和限制条件；有关岗位的职责和权限。

第八十九条　各单位应当建立稽核制度。主要内容包括：稽核工作的组织形式和具体分工；稽核工作的职责、权限；审核会计凭证和复核会计账簿、会计报表的方法。

第九十条 各单位应当建立原始记录管理制度。主要内容包括：原始记录的内容和填制方法；原始记录的格式；原始记录的审核；原始记录填制人的责任；原始记录签署、传递、汇集要求。

第九十一条 各单位应当建立定额管理制度。主要内容包括：定额管理的范围；制定和修订定额的依据、程序和方法；定额的执行；定额考核和奖惩办法等。

第九十二条 各单位应当建立计量验收制度。主要内容包括：计量检测手段和方法；计量验收管理的要求；计量验收人员的责任和奖惩办法。

第九十三条 各单位应当建立财产清查制度。主要内容包括：财产清查的范围；财产清查的组织；财产清查的期限和方法；对财产清查中发现问题的处理办法；对财产管理人员的奖惩办法。

第九十四条 各单位应当建立财务收支审批制度。主要内容包括：财务收支审批人员和审批权限；财务收支审批程序；财务收支审批人员的责任。

第九十五条 实行成本核算的单位应当建立成本核算制度。主要内容包括：成本核算的对象；成本核算的方法和程序；成本分析等。

第九十六条 各单位应当建立财务会计分析制度。主要内容包括：财务会计分析的主要内容；财务会计分析的基本要求和组织程序；财务会计分析的具体方法；财务会计分析报告的编写要求等。

第六章 附 则

第九十七条 本规范所称国家统一会计制度，是指由财政部制定，或者财政部与国务院有关部门联合制定，或者经财政部审核批准的在全国范围内统一执行的会计规章、准则、办法等规范性文件。

本规范所称会计主管人员，是指不设置会计机构、只在其他机构中设置专职会计人员的单位行使会计机构负责人职权的人员。

本规范第三章第二节和第三节关于填制会计凭证、登记会计账簿的规定，除特别指出外，一般适用于手工记账。实行会计电算化的单位，填制会计凭证和登记会计账簿的有关要求，应当符合财政部关于会计电算化的有关规定。

第九十八条　各省、自治区、直辖市财政厅（局）、国务院各业务主管部门可以根据本规范的原则，结合本地区、本部门的具体情况，制定具体实施办法，报财政部备案。

第九十九条　本规范由财政部负责解释、修改。

第一百条　本规范自公布之日起实施。1984年4月24日财政部发布的《会计人员工作规则》同时废止。

会计档案管理办法

（2015年12月11日中华人民共和国财政部　国家档案局令第79号公布）

第一条　为了加强会计档案管理，有效保护和利用会计档案，根据《中华人民共和国会计法》《中华人民共和国档案法》等有关法律和行政法规，制定本办法。

第二条　国家机关、社会团体、企业、事业单位和其他组织（以下统称单位）管理会计档案适用本办法。

第三条　本办法所称会计档案是指单位在进行会计核算等过程中接收或形成的，记录和反映单位经济业务事项的，具有保存价值的文字、图表等各种形式的会计资料，包括通过计算机等电子设备形成、传输和存储的电子会计档案。

第四条　财政部和国家档案局主管全国会计档案工作，共同制定全国统一的会计档案工作制度，对全国会计档案工作实行监督和指导。

县级以上地方人民政府财政部门和档案行政管理部门管理本行政区域内的会计档案工作，并对本行政区域内会计档案工作实行监督和指导。

第五条　单位应当加强会计档案管理工作，建立和完善会计档案的收集、整理、保管、利用和鉴定销毁等管理制度，采取可靠的安全防护技术和措施，保证会计档案的真实、完整、可用、安全。

单位的档案机构或者档案工作人员所属机构（以下统称单位档案管理机

构）负责管理本单位的会计档案。单位也可以委托具备档案管理条件的机构代为管理会计档案。

第六条 下列会计资料应当进行归档：

（一）会计凭证，包括原始凭证、记账凭证；

（二）会计账簿，包括总账、明细账、日记账、固定资产卡片及其他辅助性账簿；

（三）财务会计报告，包括月度、季度、半年度、年度财务会计报告；

（四）其他会计资料，包括银行存款余额调节表、银行对账单、纳税申报表、会计档案移交清册、会计档案保管清册、会计档案销毁清册、会计档案鉴定意见书及其他具有保存价值的会计资料。

第七条 单位可以利用计算机、网络通信等信息技术手段管理会计档案。

第八条 同时满足下列条件的，单位内部形成的属于归档范围的电子会计资料可仅以电子形式保存，形成电子会计档案：

（一）形成的电子会计资料来源真实有效，由计算机等电子设备形成和传输；

（二）使用的会计核算系统能够准确、完整、有效接收和读取电子会计资料，能够输出符合国家标准归档格式的会计凭证、会计账簿、财务会计报表等会计资料，设定了经办、审核、审批等必要的审签程序；

（三）使用的电子档案管理系统能够有效接收、管理、利用电子会计档案，符合电子档案的长期保管要求，并建立了电子会计档案与相关联的其他纸质会计档案的检索关系；

（四）采取有效措施，防止电子会计档案被篡改；

（五）建立电子会计档案备份制度，能够有效防范自然灾害、意外事故和人为破坏的影响；

（六）形成的电子会计资料不属于具有永久保存价值或者其他重要保存价值的会计档案。

第九条 满足本办法第八条规定条件,单位从外部接收的电子会计资料附有符合《中华人民共和国电子签名法》规定的电子签名的,可仅以电子形式归档保存,形成电子会计档案。

第十条 单位的会计机构或会计人员所属机构(以下统称单位会计管理机构)按照归档范围和归档要求,负责定期将应当归档的会计资料整理立卷,编制会计档案保管清册。

第十一条 当年形成的会计档案,在会计年度终了后,可由单位会计管理机构临时保管一年,再移交单位档案管理机构保管。因工作需要确需推迟移交的,应当经单位档案管理机构同意。

单位会计管理机构临时保管会计档案最长不超过三年。临时保管期间,会计档案的保管应当符合国家档案管理的有关规定,且出纳人员不得兼管会计档案。

第十二条 单位会计管理机构在办理会计档案移交时,应当编制会计档案移交清册,并按照国家档案管理的有关规定办理移交手续。

纸质会计档案移交时应当保持原卷的封装。电子会计档案移交时应当将电子会计档案及其元数据一并移交,且文件格式应当符合国家档案管理的有关规定。特殊格式的电子会计档案应当与其读取平台一并移交。

单位档案管理机构接收电子会计档案时,应当对电子会计档案的准确性、完整性、可用性、安全性进行检测,符合要求的才能接收。

第十三条 单位应当严格按照相关制度利用会计档案,在进行会计档案查阅、复制、借出时履行登记手续,严禁篡改和损坏。

单位保存的会计档案一般不得对外借出。确因工作需要且根据国家有关规定必须借出的,应当严格按照规定办理相关手续。

会计档案借用单位应当妥善保管和利用借入的会计档案,确保借入会计档案的安全完整,并在规定时间内归还。

第十四条 会计档案的保管期限分为永久、定期两类。定期保管期限一般分为10年和30年。

会计档案的保管期限，从会计年度终了后的第一天算起。

第十五条　各类会计档案的保管期限原则上应当按照本办法附表执行，本办法规定的会计档案保管期限为最低保管期限。

单位会计档案的具体名称如有同本办法附表所列档案名称不相符的，应当比照类似档案的保管期限办理。

第十六条　单位应当定期对已到保管期限的会计档案进行鉴定，并形成会计档案鉴定意见书。经鉴定，仍需继续保存的会计档案，应当重新划定保管期限；对保管期满，确无保存价值的会计档案，可以销毁。

第十七条　会计档案鉴定工作应当由单位档案管理机构牵头，组织单位会计、审计、纪检监察等机构或人员共同进行。

第十八条　经鉴定可以销毁的会计档案，应当按照以下程序销毁：

（一）单位档案管理机构编制会计档案销毁清册，列明拟销毁会计档案的名称、卷号、册数、起止年度、档案编号、应保管期限、已保管期限和销毁时间等内容。

（二）单位负责人、档案管理机构负责人、会计管理机构负责人、档案管理机构经办人、会计管理机构经办人在会计档案销毁清册上签署意见。

（三）单位档案管理机构负责组织会计档案销毁工作，并与会计管理机构共同派员监销。监销人在会计档案销毁前，应当按照会计档案销毁清册所列内容进行清点核对；在会计档案销毁后，应当在会计档案销毁清册上签名或盖章。

电子会计档案的销毁还应当符合国家有关电子档案的规定，并由单位档案管理机构、会计管理机构和信息系统管理机构共同派员监销。

第十九条　保管期满但未结清的债权债务会计凭证和涉及其他未了事项的会计凭证不得销毁，纸质会计档案应当单独抽出立卷，电子会计档案单独转存，保管到未了事项完结时为止。

单独抽出立卷或转存的会计档案，应当在会计档案鉴定意见书、会计档案销毁清册和会计档案保管清册中列明。

第二十条　单位因撤销、解散、破产或其他原因而终止的，在终止或办理注销登记手续之前形成的会计档案，按照国家档案管理的有关规定处置。

第二十一条　单位分立后原单位存续的，其会计档案应当由分立后的存续方统一保管，其他方可以查阅、复制与其业务相关的会计档案。

单位分立后原单位解散的，其会计档案应当经各方协商后由其中一方代管或按照国家档案管理的有关规定处置，各方可以查阅、复制与其业务相关的会计档案。

单位分立中未结清的会计事项所涉及的会计凭证，应当单独抽出由业务相关方保存，并按照规定办理交接手续。

单位因业务移交其他单位办理所涉及的会计档案，应当由原单位保管，承接业务单位可以查阅、复制与其业务相关的会计档案。对其中未结清的会计事项所涉及的会计凭证，应当单独抽出由承接业务单位保存，并按照规定办理交接手续。

第二十二条　单位合并后原各单位解散或者一方存续其他方解散的，原各单位的会计档案应当由合并后的单位统一保管。单位合并后原各单位仍存续的，其会计档案仍应当由原各单位保管。

第二十三条　建设单位在项目建设期间形成的会计档案，需要移交给建设项目接受单位的，应当在办理竣工财务决算后及时移交，并按照规定办理交接手续。

第二十四条　单位之间交接会计档案时，交接双方应当办理会计档案交接手续。

移交会计档案的单位，应当编制会计档案移交清册，列明应当移交的会计档案名称、卷号、册数、起止年度、档案编号、应保管期限和已保管期限等内容。

交接会计档案时，交接双方应当按照会计档案移交清册所列内容逐项交接，并由交接双方的单位有关负责人负责监督。交接完毕后，交接双方经办人和监督人应当在会计档案移交清册上签名或盖章。

电子会计档案应当与其元数据一并移交，特殊格式的电子会计档案应当与其读取平台一并移交。档案接受单位应当对保存电子会计档案的载体及其技术环境进行检验，确保所接收电子会计档案的准确、完整、可用和安全。

第二十五条　单位的会计档案及其复制件需要携带、寄运或者传输至境外的，应当按照国家有关规定执行。

第二十六条　单位委托中介机构代理记账的，应当在签订的书面委托合同中，明确会计档案的管理要求及相应责任。

第二十七条　违反本办法规定的单位和个人，由县级以上人民政府财政部门、档案行政管理部门依据《中华人民共和国会计法》《中华人民共和国档案法》等法律法规处理处罚。

第二十八条　预算、计划、制度等文件材料，应当执行文书档案管理规定，不适用本办法。

第二十九条　不具备设立档案机构或配备档案工作人员条件的单位和依法建账的个体工商户，其会计档案的收集、整理、保管、利用和鉴定销毁等参照本办法执行。

第三十条　各省、自治区、直辖市、计划单列市人民政府财政部门、档案行政管理部门，新疆生产建设兵团财务局、档案局，国务院各业务主管部门，中国人民解放军总后勤部，可以根据本办法制定具体实施办法。

第三十一条　本办法由财政部、国家档案局负责解释，自 2016 年 1 月 1 日起施行。1998 年 8 月 21 日财政部、国家档案局发布的《会计档案管理办法》（财会字〔1998〕32 号）同时废止。

附表：1. 企业和其他组织会计档案保管期限表
　　　2. 财政总预算、行政单位、事业单位和税收会计档案保管期限表

附表1

企业和其他组织会计档案保管期限表

序号	档案名称	保管期限	备注
一	会计凭证		
1	原始凭证	30年	
2	记账凭证	30年	
二	会计账簿		
3	总账	30年	
4	明细账	30年	
5	日记账	30年	
6	固定资产卡片		固定资产报废清理后保管5年
7	其他辅助性账簿	30年	
三	财务会计报告		
8	月度、季度、半年度财务会计报告	10年	
9	年度财务会计报告	永久	
四	其他会计资料		
10	银行存款余额调节表	10年	
11	银行对账单	10年	
12	纳税申报表	10年	
13	会计档案移交清册	30年	
14	会计档案保管清册	永久	
15	会计档案销毁清册	永久	
16	会计档案鉴定意见书	永久	

附表 2

财政总预算、行政单位、事业单位和税收会计档案保管期限表

序号	档案名称	保管期限			备注
		财政总预算	行政单位事业单位	税收会计	
一	会计凭证				
1	国家金库编送的各种报表及缴库退库凭证	10年		10年	
2	各收入机关编送的报表	10年			
3	行政单位和事业单位的各种会计凭证		30年		包括：原始凭证、记账凭证和传票汇总表
4	财政总预算拨款凭证和其他会计凭证	30年			包括：拨款凭证和其他会计凭证
二	会计账簿				
5	日记账		30年	30年	
6	总账	30年	30年	30年	
7	税收日记账（总账）			30年	
8	明细分类、分户账或登记簿	30年	30年	30年	
9	行政单位和事业单位固定资产卡片				固定资产报废清理后保管5年
三	财务会计报告				
10	政府综合财务报告	永久			下级财政、本级部门和单位报送的保管2年
11	部门财务报告		永久		所属单位报送的保管2年
12	财政总决算	永久			下级财政、本级部门和单位报送的保管2年
13	部门决算		永久		所属单位报送的保管2年

续表

序号	档案名称	保管期限			备注
		财政总预算	行政单位事业单位	税收会计	
14	税收年报（决算）			永久	
15	国家金库年报（决算）	10年			
16	基本建设拨、贷款年报（决算）	10年			
17	行政单位和事业单位会计月、季度报表		10年		所属单位报送的保管2年
18	税收会计报表			10年	所属税务机关报送的保管2年
四	其他会计资料				
19	银行存款余额调节表	10年	10年		
20	银行对账单	10年	10年	10年	
21	会计档案移交清册	30年	30年	30年	
22	会计档案保管清册	永久	永久	永久	
23	会计档案销毁清册	永久	永久	永久	
24	会计档案鉴定意见书	永久	永久	永久	

注：税务机关的税务经费会计档案保管期限，按行政单位会计档案保管期限规定办理。

会计人员管理办法

（财会〔2018〕33号印发）

第一条 为加强会计人员管理，规范会计人员行为，根据《中华人民共和国会计法》及相关法律法规的规定，制定本办法。

第二条 会计人员，是指根据《中华人民共和国会计法》的规定，在国家机关、社会团体、企业、事业单位和其他组织（以下统称单位）中从事会计核算、实行会计监督等会计工作的人员。

会计人员包括从事下列具体会计工作的人员：

（一）出纳；

（二）稽核；

（三）资产、负债和所有者权益（净资产）的核算；

（四）收入、费用（支出）的核算；

（五）财务成果（政府预算执行结果）的核算；

（六）财务会计报告（决算报告）编制；

（七）会计监督；

（八）会计机构内会计档案管理；

（九）其他会计工作。

担任单位会计机构负责人（会计主管人员）、总会计师的人员，属于会计人员。

第三条 会计人员从事会计工作，应当符合下列要求：

（一）遵守《中华人民共和国会计法》和国家统一的会计制度等法律法规；

（二）具备良好的职业道德；

（三）按照国家有关规定参加继续教育；

（四）具备从事会计工作所需要的专业能力。

第四条 会计人员具有会计类专业知识，基本掌握会计基础知识和业务技能，能够独立处理基本会计业务，表明具备从事会计工作所需要的专业能力。

单位应当根据国家有关法律法规和本办法有关规定，判断会计人员是否具备从事会计工作所需要的专业能力。

第五条 单位应当根据《中华人民共和国会计法》等法律法规和本办法有关规定，结合会计工作需要，自主任用（聘用）会计人员。

单位任用（聘用）的会计机构负责人（会计主管人员）、总会计师，应当符合《中华人民共和国会计法》《总会计师条例》等法律法规和本办法有关规定。

单位应当对任用（聘用）的会计人员及其从业行为加强监督和管理。

第六条 因发生与会计职务有关的违法行为被依法追究刑事责任的人员，单位不得任用（聘用）其从事会计工作。

因违反《中华人民共和国会计法》有关规定受到行政处罚五年内不得从事会计工作的人员，处罚期届满前，单位不得任用（聘用）其从事会计工作。

本条第一款和第二款规定的违法人员行业禁入期限，自其违法行为被认定之日起计算。

第七条 单位应当根据有关法律法规、内部控制制度要求和会计业务需要设置会计岗位，明确会计人员职责权限。

第八条 县级以上地方人民政府财政部门、新疆生产建设兵团财政局、中央军委后勤保障部、中共中央直属机关事务管理局、国家机关事务管理局应当采用随机抽取检查对象、随机选派执法检查人员的方式，依法对单位任用（聘用）会计人员及其从业情况进行管理和监督检查，并将监督检查情况及结果及时向社会公开。

第九条 依法成立的会计人员自律组织，应当依据有关法律法规和其章程规定，指导督促会员依法从事会计工作，对违反有关法律法规、会计职业道德和其章程的会员进行惩戒。

第十条 各省、自治区、直辖市、计划单列市财政厅（局），新疆生产建设兵团财政局，中央军委后勤保障部、中共中央直属机关事务管理局、国家机关事务管理局可以根据本办法制定具体实施办法，报财政部备案。

第十一条 本办法自 2019 年 1 月 1 日起施行。

会计专业技术人员继续教育规定

（财会〔2018〕10号印发）

第一章 总 则

第一条 为了规范会计专业技术人员继续教育，保障会计专业技术人员合法权益，不断提高会计专业技术人员素质，根据《中华人民共和国会计法》和《专业技术人员继续教育规定》（人力资源社会保障部令第25号），制定本规定。

第二条 国家机关、企业、事业单位以及社会团体等组织（以下称单位）具有会计专业技术资格的人员，或不具有会计专业技术资格但从事会计工作的人员（以下简称会计专业技术人员）继续教育，适用本规定。

第三条 会计专业技术人员继续教育应当紧密结合经济社会和会计行业发展要求，以能力建设为核心，突出针对性、实用性，兼顾系统性、前瞻性，为经济社会和会计行业发展提供人才保证和智力支持。

第四条 会计专业技术人员继续教育工作应当遵循下列基本原则：

（一）以人为本，按需施教。会计专业技术人员继续教育面向会计专业技术人员，引导会计专业技术人员更新知识、拓展技能，完善知识结构、全面提高素质。

（二）突出重点，提高能力。把握会计行业发展趋势和会计专业技术人员从业基本要求，引导会计专业技术人员树立诚信理念、提高职业道德和业务素质，全面提升专业胜任能力。

（三）加强指导，创新机制。统筹教育资源，引导社会力量参与继续教育，不断丰富继续教育内容，创新继续教育方式，提高继续教育质量，形成政府部门规划指导、社会力量积极参与、用人单位支持配合的会计专业技术人员继续教育新格局。

第五条 用人单位应当保障本单位会计专业技术人员参加继续教育的权利。

会计专业技术人员享有参加继续教育的权利和接受继续教育的义务。

第六条 具有会计专业技术资格的人员应当自取得会计专业技术资格的次年开始参加继续教育，并在规定时间内取得规定学分。

不具有会计专业技术资格但从事会计工作的人员应当自从事会计工作的次年开始参加继续教育，并在规定时间内取得规定学分。

第二章 管 理 体 制

第七条 财政部负责制定全国会计专业技术人员继续教育政策，会同人力资源社会保障部监督指导全国会计专业技术人员继续教育工作的组织实施，人力资源社会保障部负责对全国会计专业技术人员继续教育工作进行综合管理和统筹协调。

除本规定另有规定外，县级以上地方人民政府财政部门、人力资源社会保障部门共同负责本地区会计专业技术人员继续教育工作。

第八条 新疆生产建设兵团按照财政部、人力资源社会保障部有关规定，负责所属单位的会计专业技术人员继续教育工作。中共中央直属机关事务管理局、国家机关事务管理局（以下统称中央主管单位）按照财政部、人力资源社会保障部有关规定，分别负责中央在京单位的会计专业技术人员继续教育工作。

第三章 内容与形式

第九条 会计专业技术人员继续教育内容包括公需科目和专业科目。

公需科目包括专业技术人员应当普遍掌握的法律法规、政策理论、职业道德、技术信息等基本知识，专业科目包括会计专业技术人员从事会计工作应当掌握的财务会计、管理会计、财务管理、内部控制与风险管理、会计信息化、会计职业道德、财税金融、会计法律法规等相关专业知识。

财政部会同人力资源社会保障部根据会计专业技术人员能力框架，定期发布继续教育公需科目指南、专业科目指南，对会计专业技术人员继续教育内容进行指导。

第十条 会计专业技术人员可以自愿选择参加继续教育的形式。会计专业技术人员继续教育的形式有：

（一）参加县级以上地方人民政府财政部门、人力资源社会保障部门，新疆生产建设兵团财政局、人力资源社会保障局，中共中央直属机关事务管理局，国家机关事务管理局（以下统称继续教育管理部门）组织的会计专业技术人员继续教育培训、高端会计人才培训、全国会计专业技术资格考试等会计相关考试、会计类专业会议等；

（二）参加会计继续教育机构或用人单位组织的会计专业技术人员继续教育培训；

（三）参加国家教育行政主管部门承认的中专以上（含中专，下同）会计类专业学历（学位）教育；承担继续教育管理部门或行业组织（团体）的会计类研究课题，或在有国内统一刊号（CN）的经济、管理类报刊上发表会计类论文；公开出版会计类书籍；参加注册会计师、资产评估师、税务师等继续教育培训；

（四）继续教育管理部门认可的其他形式。

第十一条 会计专业技术人员继续教育采用的课程、教学方法，应当适应会计工作要求和特点。同时，积极推广网络教育等方式，提高继续教育教学和管理的信息化水平。

第四章　学　分　管　理

第十二条　会计专业技术人员参加继续教育实行学分制管理，每年参加继续教育取得的学分不少于90学分。其中，专业科目一般不少于总学分的三分之二。

会计专业技术人员参加继续教育取得的学分，在全国范围内当年度有效，不得结转以后年度。

第十三条　参加本规定第十条规定形式的继续教育，其学分计量标准如下：

（一）参加全国会计专业技术资格考试等会计相关考试，每通过一科考试或被录取的，折算为90学分；

（二）参加会计类专业会议，每天折算为10学分；

（三）参加国家教育行政主管部门承认的中专以上会计类专业学历（学位）教育，通过当年度一门学习课程考试或考核的，折算为90学分；

（四）独立承担继续教育管理部门或行业组织（团体）的会计类研究课题，课题结项的，每项研究课题折算为90学分；与他人合作完成的，每项研究课题的课题主持人折算为90学分，其他参与人每人折算为60学分；

（五）独立在有国内统一刊号（CN）的经济、管理类报刊上发表会计类论文的，每篇论文折算为30学分；与他人合作发表的，每篇论文的第一作者折算为30学分，其他作者每人折算为10学分；

（六）独立公开出版会计类书籍的，每本会计类书籍折算为90学分；与他人合作出版的，每本会计类书籍的第一作者折算为90学分，其他作者每人折算为60学分；

（七）参加其他形式的继续教育，学分计量标准由各省、自治区、直辖市、计划单列市财政厅（局）（以下称省级财政部门）、新疆生产建设兵团财政局会同本地区人力资源社会保障部门、中央主管单位制定。

第十四条　对会计专业技术人员参加继续教育情况实行登记管理。

用人单位应当对会计专业技术人员参加继续教育的种类、内容、时间和考试考核结果等情况进行记录，并在培训结束后及时按照要求将有关情况报送所在地县级以上地方人民政府财政部门、新疆生产建设兵团财政局或中央主管单位。

省级财政部门、新疆生产建设兵团财政局、中央主管单位应当建立会计专业技术人员继续教育信息管理系统，对会计专业技术人员参加继续教育取得的学分进行登记，如实记载会计专业技术人员接受继续教育情况。

继续教育登记可以采用以下方式：

（一）会计专业技术人员参加继续教育管理部门组织的继续教育和会计相关考试，县级以上地方人民政府财政部门、新疆生产建设兵团财政局或中央主管单位应当直接为会计专业技术人员办理继续教育事项登记；

（二）会计专业技术人员参加会计继续教育机构或用人单位组织的继续教育，县级以上地方人民政府财政部门、新疆生产建设兵团财政局或中央主管单位应当根据会计继续教育机构或用人单位报送的会计专业技术人员继续教育信息，为会计专业技术人员办理继续教育事项登记；

（三）会计专业技术人员参加继续教育采取上述（一）、（二）以外其他形式的，应当在年度内登录所属县级以上地方人民政府财政部门、新疆生产建设兵团财政局或中央主管单位指定网站，按要求上传相关证明材料，申请办理继续教育事项登记；也可持相关证明材料向所属继续教育管理部门申请办理继续教育事项登记。

第五章　会计继续教育机构管理

第十五条　会计继续教育机构必须同时符合下列条件：

（一）具备承担继续教育相适应的教学设施，面授教育机构还应有相应的教学场所；

（二）拥有与承担继续教育相适应的师资队伍和管理力量；

（三）制定完善的教学计划、管理制度和其他相关制度；

（四）能够完成所承担的继续教育任务，保证教学质量；

（五）符合有关法律法规的规定。

应当充分发挥国家会计学院、会计行业组织（团体）、各类继续教育培训基地（中心）等在开展会计专业技术人员继续教育方面的主渠道作用，鼓励、引导高等院校、科研院所等单位参与会计专业技术人员继续教育工作。

第十六条　会计继续教育机构应当认真实施继续教育教学计划，向社会公开继续教育的范围、内容、收费项目及标准等情况。

第十七条　会计继续教育机构应当按照专兼职结合的原则，聘请具有丰富实践经验、较高理论水平的业务骨干和专家学者，建立继续教育师资库。

第十八条　会计继续教育机构应当建立健全继续教育培训档案，根据考试或考核结果如实出具会计专业技术人员参加继续教育的证明，并在培训结束后及时按照要求将有关情况报送所在地县级以上地方人民政府财政部门、新疆生产建设兵团财政局或中央主管单位。

第十九条　会计继续教育机构不得有下列行为：

（一）采取虚假、欺诈等不正当手段招揽生源；

（二）以会计专业技术人员继续教育名义组织旅游或者进行其他高消费活动；

（三）以会计专业技术人员继续教育名义乱收费或者只收费不培训。

第六章　考核与评价

第二十条　用人单位应当建立本单位会计专业技术人员继续教育与使用、晋升相衔接的激励机制，将参加继续教育情况作为会计专业技术人员考核评价、岗位聘用的重要依据。

会计专业技术人员参加继续教育情况，应当作为聘任会计专业技术职务或者申报评定上一级资格的重要条件。

第二十一条　继续教育管理部门应当加强对会计专业技术人员参加继续教育情况的考核与评价，并将考核、评价结果作为参加会计专业技术资格考试或评审、先进会计工作者评选、高端会计人才选拔等的依据之一，并纳入其信用信息档案。

对未按规定参加继续教育或者参加继续教育未取得规定学分的会计专业技术人员，继续教育管理部门应当责令其限期改正。

第二十二条　继续教育管理部门应当依法对会计继续教育机构、用人单位执行本规定的情况进行监督。

第二十三条　继续教育管理部门应当定期组织或者委托第三方评估机构对所在地会计继续教育机构进行教学质量评估，评估结果作为承担下年度继续教育任务的重要参考。

第二十四条　会计继续教育机构发生本规定第十九条行为，继续教育管理部门应当责令其限期改正，并依法依规进行处理。

第七章　附　　则

第二十五条　中央军委后勤保障部会计专业技术人员继续教育工作，参照本规定执行。

第二十六条　省级财政部门、新疆生产建设兵团财政局可会同本地区人力资源社会保障部门根据本规定制定具体实施办法，报财政部、人力资源社会保障部备案。

中央主管单位可根据本规定制定具体实施办法，报财政部、人力资源社会保障部备案。

第二十七条　本规定自2018年7月1日起施行。财政部2013年8月27日印发的《会计人员继续教育规定》（财会〔2013〕18号）同时废止。

代理记账管理办法

（2016年2月16日财政部令第80号公布　根据2019年3月14日《财政部关于修改〈代理记账管理办法〉等2部部门规章的决定》修改）

第一条　为了加强代理记账资格管理，规范代理记账活动，促进代理记账行业健康发展，根据《中华人民共和国会计法》等法律、行政法规，制定本办法。

第二条　代理记账资格的申请、取得和管理，以及代理记账机构从事代理记账业务，适用本办法。

本办法所称代理记账机构是指依法取得代理记账资格，从事代理记账业务的机构。

本办法所称代理记账是指代理记账机构接受委托办理会计业务。

第三条　除会计师事务所以外的机构从事代理记账业务，应当经县级以上地方人民政府财政部门（以下简称审批机关）批准，领取由财政部统一规定样式的代理记账许可证书。具体审批机关由省、自治区、直辖市、计划单列市人民政府财政部门确定。

会计师事务所及其分所可以依法从事代理记账业务。

第四条　申请代理记账资格的机构应当同时具备以下条件：

（一）为依法设立的企业；

（二）专职从业人员不少于3名；

（三）主管代理记账业务的负责人具有会计师以上专业技术职务资格或者从事会计工作不少于三年，且为专职从业人员；

（四）有健全的代理记账业务内部规范。

代理记账机构从业人员应当具有会计类专业基础知识和业务技能，能够独立处理基本会计业务，并由代理记账机构自主评价认定。

本条第一款所称专职从业人员是指仅在一个代理记账机构从事代理记账业务的人员。

第五条　申请代理记账资格的机构，应当向所在地的审批机关提交申请及下列材料，并对提交材料的真实性负责：

（一）统一社会信用代码；

（二）主管代理记账业务的负责人具备会计师以上专业技术职务资格或者从事会计工作不少于三年的书面承诺；

（三）专职从业人员在本机构专职从业的书面承诺；

（四）代理记账业务内部规范。

第六条　审批机关审批代理记账资格应当按照下列程序办理：

（一）申请人提交的申请材料不齐全或不符合规定形式的，应当在5日内一次告知申请人需要补正的全部内容，逾期不告知的，自收到申请材料之日起即视为受理；申请人提交的申请材料齐全、符合规定形式的，或者申请人按照要求提交全部补正申请材料的，应当受理申请。

（二）受理申请后应当按照规定对申请材料进行审核，并自受理申请之日起10日内作出批准或者不予批准的决定。10日内不能作出决定的，经本审批机关负责人批准可延长10日，并应当将延长期限的理由告知申请人。

（三）作出批准决定的，应当自作出决定之日起10日内向申请人发放代理记账许可证书，并向社会公示。审批机关进行全覆盖例行检查，发现实际情况与承诺内容不符的，依法撤销审批并给予处罚。

（四）作出不予批准决定的，应当自作出决定之日起10日内书面通知申请人。书面通知应当说明不予批准的理由，并告知申请人享有依法申请行政复议或者提起行政诉讼的权利。

第七条　申请人应当自取得代理记账许可证书之日起20日内通过企业信用信息公示系统向社会公示。

第八条 代理记账机构名称、主管代理记账业务的负责人发生变更，设立或撤销分支机构，跨原审批机关管辖地迁移办公地点的，应当自作出变更决定或变更之日起30日内依法向审批机关办理变更登记，并应当自变更登记完成之日起20日内通过企业信用信息公示系统向社会公示。

代理记账机构变更名称的，应当向审批机关领取新的代理记账许可证书，并同时交回原代理记账许可证书。

代理记账机构跨原审批机关管辖地迁移办公地点的，迁出地审批机关应当及时将代理记账机构的相关信息及材料移交迁入地审批机关。

第九条 代理记账机构设立分支机构的，分支机构应当及时向其所在地的审批机关办理备案登记。

分支机构名称、主管代理记账业务的负责人发生变更的，分支机构应当按照要求向其所在地的审批机关办理变更登记。

代理记账机构应当在人事、财务、业务、技术标准、信息管理等方面对其设立的分支机构进行实质性的统一管理，并对分支机构的业务活动、执业质量和债务承担法律责任。

第十条 未设置会计机构或配备会计人员的单位，应当委托代理记账机构办理会计业务。

第十一条 代理记账机构可以接受委托办理下列业务：

（一）根据委托人提供的原始凭证和其他相关资料，按照国家统一的会计制度的规定进行会计核算，包括审核原始凭证、填制记账凭证、登记会计账簿、编制财务会计报告等；

（二）对外提供财务会计报告；

（三）向税务机关提供税务资料；

（四）委托人委托的其他会计业务。

第十二条 委托人委托代理记账机构代理记账，应当在相互协商的基础上，订立书面委托合同。委托合同除应具备法律规定的基本条款外，应当明确下列内容：

（一）双方对会计资料真实性、完整性各自应当承担的责任；

（二）会计资料传递程序和签收手续；

（三）编制和提供财务会计报告的要求；

（四）会计档案的保管要求及相应的责任；

（五）终止委托合同应当办理的会计业务交接事宜。

第十三条　委托人应当履行下列义务：

（一）对本单位发生的经济业务事项，应当填制或者取得符合国家统一的会计制度规定的原始凭证；

（二）应当配备专人负责日常货币收支和保管；

（三）及时向代理记账机构提供真实、完整的原始凭证和其他相关资料；

（四）对于代理记账机构退回的，要求按照国家统一的会计制度的规定进行更正、补充的原始凭证，应当及时予以更正、补充。

第十四条　代理记账机构及其从业人员应当履行下列义务：

（一）遵守有关法律、法规和国家统一的会计制度的规定，按照委托合同办理代理记账业务；

（二）对在执行业务中知悉的商业秘密予以保密；

（三）对委托人要求其作出不当的会计处理，提供不实的会计资料，以及其他不符合法律、法规和国家统一的会计制度行为的，予以拒绝；

（四）对委托人提出的有关会计处理相关问题予以解释。

第十五条　代理记账机构为委托人编制的财务会计报告，经代理记账机构负责人和委托人负责人签名并盖章后，按照有关法律、法规和国家统一的会计制度的规定对外提供。

第十六条　代理记账机构应当于每年4月30日之前，向审批机关报送下列材料：

（一）代理记账机构基本情况表（附表）；

（二）专职从业人员变动情况。

代理记账机构设立分支机构的，分支机构应当于每年4月30日之前向其所在地的审批机关报送上述材料。

第十七条　县级以上人民政府财政部门对代理记账机构及其从事代理记

账业务情况实施监督，随机抽取检查对象、随机选派执法检查人员，并将抽查情况及查处结果依法及时向社会公开。

对委托代理记账的企业因违反财税法律、法规受到处理处罚的，县级以上人民政府财政部门应当将其委托的代理记账机构列入重点检查对象。

对其他部门移交的代理记账违法行为线索，县级以上人民政府财政部门应当及时予以查处。

第十八条 公民、法人或者其他组织发现有违反本办法规定的代理记账行为，可以依法向县级以上人民政府财政部门进行举报，县级以上人民政府财政部门应当依法进行处理。

第十九条 代理记账机构采取欺骗、贿赂等不正当手段取得代理记账资格的，由审批机关撤销其资格，并对代理记账机构及其负责人给予警告，记入会计领域违法失信记录，根据有关规定实施联合惩戒，并向社会公告。

第二十条 代理记账机构在经营期间达不到本办法规定的资格条件的，审批机关发现后，应当责令其在60日内整改；逾期仍达不到规定条件的，由审批机关撤销其代理记账资格。

第二十一条 代理记账机构有下列情形之一的，审批机关应当办理注销手续，收回代理记账许可证书并予以公告：

（一）代理记账机构依法终止的；

（二）代理记账资格被依法撤销或撤回的；

（三）法律、法规规定的应当注销的其他情形。

第二十二条 代理记账机构违反本办法第七条、第八条、第九条、第十四条、第十六条规定，由县级以上人民政府财政部门责令其限期改正，拒不改正的，将代理记账机构及其负责人列入重点关注名单，并向社会公示，提醒其履行有关义务；情节严重的，由县级以上人民政府财政部门按照有关法律、法规给予行政处罚，并向社会公示。

第二十三条 代理记账机构及其负责人、主管代理记账业务负责人及其从业人员违反规定出具虚假申请材料或者备案材料的，由县级以上人民政府财政部门给予警告，记入会计领域违法失信记录，根据有关规定实施联合惩戒，并向社会公告。

第二十四条　代理记账机构从业人员在办理业务中违反会计法律、法规和国家统一的会计制度的规定，造成委托人会计核算混乱、损害国家和委托人利益的，由县级以上人民政府财政部门依据《中华人民共和国会计法》等有关法律、法规的规定处理。

代理记账机构有前款行为的，县级以上人民政府财政部门应当责令其限期改正，并给予警告；有违法所得的，可以处违法所得3倍以下罚款，但最高不得超过3万元；没有违法所得的，可以处1万元以下罚款。

第二十五条　委托人向代理记账机构隐瞒真实情况或者委托人会同代理记账机构共同提供虚假会计资料的，应当承担相应法律责任。

第二十六条　未经批准从事代理记账业务的单位或者个人，由县级以上人民政府财政部门按照《中华人民共和国行政许可法》及有关规定予以查处。

第二十七条　级以上人民政府财政部门及其工作人员在代理记账资格管理过程中，滥用职权、玩忽职守、徇私舞弊的，依法给予行政处分；涉嫌犯罪的，移送司法机关处理。

第二十八条　代理记账机构依法成立的行业组织，应当维护会员合法权益，建立会员诚信档案，规范会员代理记账行为，推动代理记账信息化建设。

代理记账行业组织应当接受县级以上人民政府财政部门的指导和监督。

第二十九条　本办法规定的"5日""10日""20日""30日"均指工作日。

第三十条　省级人民政府财政部门可以根据本办法制定具体实施办法，报财政部备案。

第三十一条　外商投资企业申请代理记账资格，从事代理记账业务按照本办法和其他有关规定办理。

第三十二条　本办法自2016年5月1日起施行，财政部2005年1月22日发布的《代理记账管理办法》（财政部令第27号）同时废止。

附表

代理记账机构基本情况表

_____年度

代理记账机构（分支机构）基本信息				
代理记账许可证书编号		发证日期		
机构名称		组织形式		
注册号 / 统一社会信用代码		成立日期		
注册资本 / 出资总额（万元）		企业类型		
办公地址（与注册地不一致时填写实际办公地址）		邮政编码		
机构负责人姓名		机构负责人身份证号		
股东 / 合伙人数量		机构人员数量		
联系人姓名		联系电话		
传真号码		电子邮箱		
本年度业务总收入（万元）		其中：代理记账业务收入（万元）		
代理客户数量		分支机构数量		
专职从业人员信息				
代理记账业务负责人姓名	身份证号	会计专业技术资格证书管理号		会计专业技术资格等级
		是否具有三年以上从事会计工作的经历		备注
		□是 　□否		需附书面承诺书
其他专职从业人员姓名	身份证号	备注		
		需附书面承诺书		

我机构保证本表所填内容全部属实

代理记账机构负责人签名（或签章）：
代理记账机构盖章
年　月　日

注：1."组织形式"栏根据以下选择填写：有限责任公司、股份有限公司、分公司、非公司企业法人、企业非法人分支机构、个人独资企业、普通合伙企业、特殊普通合伙企业、有限合伙企业。

2."企业类型"栏根据以下选择填写：内资企业、外商投资企业、港澳商投资企业、台商投资企业。

3.分支机构填写时，代理记账许可证书编号及发证日期填写总部机构的证书信息；表中部分栏目对分支机构不适用的，分支机构可不用填写。

代理记账基础工作规范（试行）

（财会〔2023〕27号印发）

第一章 总 则

第一条 为加强代理记账基础工作，规范代理记账机构开展代理记账业务，保障代理记账服务质量，根据《中华人民共和国会计法》《代理记账管理办法》《会计基础工作规范》《会计档案管理办法》等相关法律法规，制定本规范。

第二条 本规范适用于代理记账机构接受委托办理代理记账业务。

第三条 代理记账机构应当严格执行有关法律法规，提高代理记账业务规范水平，保证会计信息质量。

第四条 代理记账机构开展代理记账业务应当遵守本规范，至少履行下列基本程序：业务承接、工作计划、资料交接、会计核算、质量控制、档案管理等。

代理记账机构开展相关工作时，可以根据有关法律法规等规定，结合具体情况运用专业判断作出相应处理。

第二章 业 务 承 接

第五条 业务承接包括了解委托人基本情况和签订代理记账业务委托合同。

了解委托人基本情况，是指对委托人所处外部环境及所在行业的一般了解和对委托人内部情况的具体了解。

代理记账业务委托合同（以下简称委托合同），是指代理记账机构与委托人共同签订的，据以确认委托与受托关系，明确委托目的、委托范围及双方责任与义务等事项的书面协议。

第六条　代理记账机构应当了解委托人基本情况，初步调查委托人经营管理状况，查询市场监管和税务相关政务网站公开信息，并与委托人就约定事项进行商议，经充分评估业务风险后，结合自身专业胜任能力确定是否承接此项业务。

第七条　代理记账机构拟承接代理记账业务的，应当在开展工作前，与委托人就代理记账业务约定条款协商一致，并签订委托合同。

第八条　委托合同除应符合有关法律法规的一般性规定外，至少还应包括以下内容：

（一）委托业务范围及其他预期目标；

（二）会计资料传递程序和签收手续，终止委托合同应当办理的会计业务交接事宜，包括使用信息系统交付财务数据的约定；

（三）双方对会计资料真实性、完整性、合法性各自应当承担的责任，会计档案的保管要求及相应的责任；

（四）委托业务的收费；

（五）委托合同的有效期间；

（六）签约时间；

（七）违约责任；

（八）解决争议的方法；

（九）签约双方认为应约定的其他事项。

第九条　代理记账机构应当对委托合同统一编号，并及时归档。

第三章　工　作　计　划

第十条　代理记账机构为完成代理记账工作，达到预期目标，在具体开展代理记账业务前应当编制工作计划。

第十一条 代理记账机构应当根据自身业务规模和风险评估情况界定重大项目的判定标准，一般是代理记账业务的影响比较大或金额比较大。通常情况下，代理记账业务经分析判断可能会引起风险显著增加的，则视为影响比较大；业务金额预计占机构全年代理记账业务收入的2%及以上的，则视为金额比较大。代理记账机构可结合自身实际对上述比例作出合理调减，以控制经营风险。

第十二条 编制工作计划应当考虑以下因素：

（一）合同约定条款；

（二）委托业务是否为重大项目；

（三）委托人所属行业及特点，业务性质及复杂程度、组织结构、经营情况及经营风险；

（四）委托人执行的会计准则制度，以及以前年度的会计核算情况；

（五）委托人会计原始凭证及相关会计资料归集、整理、交接的环境及条件；

（六）委托人对会计信息的需求；

（七）代理记账机构从业人员（以下简称从业人员）及其技能的要求。

第十三条 工作计划一般应包括以下基本内容：

（一）委托人基本情况，包括委托人所属行业及特点、会计准则制度的选用、以前年度会计核算情况等；

（二）业务小组成员及职责分工；

（三）初次资料交接情况，包括初次资料交接的内容、参与人员、时间及地点等；

（四）初次建账情况及安排，包括初次建账的内容、人员安排及时间等；

（五）工作进度及时间安排，包括各阶段的执行人及执行日期，原始凭证等会计资料的交接方式及时间、记账完成时间、出具会计报表时间、会计档案移交时间等；

（六）根据委托人情况，其他应当考虑的事项。

非首次为委托人办理代理记账业务，工作计划无需包含初次资料交接情况、初次建账情况及安排等内容。对于简易业务，可以根据实际需要简化工作计划。

第十四条 工作计划应附委托合同及其他相关资料一并交由项目负责人员或质量控制人员审核批准。重大项目的工作计划，一般还应经业务负责人审核批准。

第十五条 工作计划应重点审核以下事项：

（一）时间安排是否合理；

（二）从业人员的选派与分工是否恰当；

（三）合同约定的预期目标能否实现。

第十六条 代理记账业务开展过程中，应当在必要时对工作计划作出调整。调整后的工作计划应按照第十四条规定的程序和权限审批。

第四章　资　料　交　接

第十七条 资料交接指代理记账机构初次接受委托、日常开展工作、终止委托关系后与委托人等有关单位，根据约定进行的会计资料交接工作。

第十八条 代理记账机构初次接受委托与终止委托关系时，移交人员应当整理需要移交的各项资料，编制移交清册，列明移交的会计凭证、会计账簿、会计报表、其他会计资料、相关文件及物品等内容。对未了事项应当予以书面说明。

移交人员应按移交清册逐项移交，接收人员应逐项核对点收，并由交接双方的有关负责人负责监督。交接完毕后，交接双方经办人和监交人应在移交清册上签名或者盖章。并应在移交清册上注明：单位名称；交接日期；交接双方经办人和监交人的职务、姓名；移交清册页数以及需要说明的问题和意见等。

移交清册一式两份，交接双方各执一份，代理记账机构留存的一份应当归档保管。

第十九条　初次接受委托时应重点关注以下方面：

（一）会计凭证、会计账簿、会计报表和其他会计资料必须完整无缺，如有短缺，应当查清原因，并明确相关责任；

（二）银行存款账户余额要与银行对账单核对，如不一致，应当编制银行存款余额调节表调节相符，各种财产物资和债权债务的明细账户余额应与总账及会计报表有关账户余额核对相符，纳税申报表数据应与账面数据核对相符，必要时可抽查个别账户的余额，确保账实核对一致；

（三）重大债权债务形成原因及未完结的税务事项；

（四）需要移交的票据、印章、密钥等实物，应书面列明，交接清楚；

（五）需要移交的相关系统、平台的登录方式以及对应的账号、口令等，应书面列明，交接清楚。

第二十条　代理记账机构应当按照约定，定期了解委托人的经营事项，并接收委托人移交的原始凭证等会计资料。

代理记账机构应当对收到的原始凭证进行审核和监督。对不真实、不合法的原始凭证，不予受理。对记载不准确、不完整的原始凭证，予以退回，要求委托人更正、补充。

第二十一条　日常交接时应当填写原始凭证交接表，列明原始凭证的种类、数量等内容，交接双方应当逐项清点核对，并履行必要的确认手续。交接表一式两份，交接双方各执一份，代理记账机构留存的一份应当归档保管。

通过信息化手段进行电子凭证交接的，应形成电子凭证交接单，并确保交接记录真实有效、交接内容有据可查。

第五章 会 计 核 算

第二十二条 代理记账机构应当根据委托人提供的原始凭证等会计资料，按照国家统一的会计制度进行会计核算，包括审核原始凭证、填制记账凭证、登记会计账簿、编制财务会计报告等。

第二十三条 代理记账机构记账凭证的编制及装订，会计账簿的登记及装订，以及财务会计报告的编制等应当遵循《会计基础工作规范》的规定。

第二十四条 代理记账机构采用信息化方式为委托人办理代理记账业务的，使用的会计软件及其生成的会计凭证、会计账簿、会计报表和其他会计资料，应当符合财政部对于会计信息化工作的有关规定。

第六章 质 量 控 制

第二十五条 代理记账机构应当建立并执行符合机构实际的内部控制制度，根据业务规模和内部机构设置情况，至少设置项目负责人员、质量控制人员、业务负责人等岗位。

同一项目的项目负责人员和质量控制人员不得为同一人。

项目负责人员指具体负责代理记账业务的人员。

质量控制人员指对项目负责人员形成的工作成果进行审查复核的人员。

业务负责人指代理记账机构中主管代理记账业务的负责人。

第二十六条 代理记账机构应当根据业务性质及复杂程度，综合考虑从业人员的专业水平、会计工作年限和执业经历等，将工作委派给具有相应专业胜任能力的人员。

委派的人员应当符合回避制度，确保独立客观执业。

第二十七条 代理记账机构应当建立健全复核制度，至少执行一级复核程序，明确复核时间、方式及人员安排。对于重大项目，应当至少执行二级复核程序。

代理记账机构应当定期以抽查等形式，由质量控制人员或业务负责人对未经二级复核的业务进行审查。

第二十八条 代理记账机构应当及时对相关人员的工作成果进行复核，确保：

（一）代理记账业务按照工作计划进行；

（二）代理记账业务的过程及结果被适当记录；

（三）预期目标可实现；

（四）会计核算工作符合国家统一的会计制度等规定；

（五）会计档案按规定妥善保管，并顺利交接。

第二十九条 代理记账机构应当建立健全与委托人的沟通机制。

初次接受委托时，应当与委托人有关人员进行充分交流，并进行必要的指导和培训，以进一步明确双方的责任，确保各项工作顺利开展。至少包括以下方面：

（一）应当定期归集、整理、移交的会计资料的范围及要求；

（二）会计档案及其他有关资料的交接流程、时间节点、人员安排及要求；

（三）代理记账业务流程；

（四）会计政策等会计核算有关的重要事项；

（五）其他需要沟通的事项。

第三十条 代理记账机构应当建立健全内部信息与沟通机制，明确信息的收集、处理和传递程序，确保内部各部门、各不兼容岗位间的沟通和反馈，发现问题应及时报告并采取应对措施。

第三十一条 代理记账机构应当建立健全客户投诉管理制度，投诉受理人应对投诉及时处理，并反馈处理过程和结果。

第三十二条 委托人负责人与代理记账机构负责人应当对财务报告的真实性、合法性承担相应的法律责任。

第三十三条 从业人员工作调动或者离职，应当与指定接管人员按规定及时办清交接手续。从业人员办理交接手续，必须有监交人负责监交，不得出现自我监交的情形。业务负责人办理交接手续，由代理记账机构负责人监交。

第七章　人　员　管　理

第三十四条 从业人员应当具备下列资格条件和专业胜任能力：

（一）具有会计类专业基础知识和业务技能，能够独立处理基本会计业务；

（二）熟悉国家财经、税收法律、法规、规章和方针、政策，掌握本行业业务管理的有关知识；

（三）恪守会计人员职业道德规范；

（四）《代理记账管理办法》等规定的其他执业要求。

第三十五条 从业人员开展代理记账业务时，应当遵循以下原则：

（一）遵守法律法规等有关规定，严格按照委托合同开展代理记账业务；

（二）对工作中知悉的商业秘密、个人信息予以保密；

（三）对委托人要求其作出不当的会计处理，提供不实的会计资料，以及其他违法违规行为的，应当拒绝办理；

（四）依法向财政部门报告委托人的违法违规行为。

第三十六条 代理记账机构应当通过提供专业培训、加强职业道德教育、支持督促参加会计人员继续教育、建立职业能力提升激励机制等方式，确保全体从业人员达到履行其职责所需要的专业胜任能力，以应有的职业态度开展代理记账业务。

第三十七条 从业人员应当自觉按照有关规定，及时完成会计人员继续教育。

第八章 档案管理

第三十八条 代理记账机构应当建立健全会计档案管理制度，对当年开展代理记账业务过程中具有保存价值的会计资料，应当按照归档要求，定期整理立卷，装订成册，编制会计档案保管清册，并指定专人保管。

开展会计信息化工作的代理记账机构，应当同时将具有保存价值的电子会计资料及其元数据作为会计档案进行管理。

第三十九条 委托人会计档案的查阅、复制、借出等应当经过授权和审批，履行登记手续。除法律授权外，未经委托人同意，代理记账机构不得将委托人会计档案交由其他单位及人员使用。

第四十条 会计年度终了，代理记账机构应当按照约定，将形成的会计档案移交给委托人。编制的会计档案移交清册中应当列明移交的会计档案名称、卷号、册数、起止年度、档案编号和保管期限等内容。

交接会计档案时，交接双方应当按照会计档案移交清册所列内容逐项交接，由交接双方有关负责人负责监督。交接完毕后，交接双方经办人和监交人应当在会计档案移交清册上签名或盖章。移交清册一式两份，交接双方各执一份，代理记账机构留存的一份应当归档保管。

电子会计档案应当与其元数据一并移交，特殊格式电子会计档案，应与其读取平台一并移交或转换为通用格式后移交。

第四十一条 受托继续保管会计档案的，代理记账机构应当按照《会计档案管理办法》等有关规定妥善保管，保证会计档案的真实、完整、可用、安全。

第九章 附则

第四十二条 违反本规范中涉及《中华人民共和国会计法》《代理记账管理办法》《会计基础工作规范》《会计档案管理办法》等规定的单位和个人，

由县级以上人民政府财政部门依据相关法律法规进行处理。

第四十三条 会计师事务所及分所从事代理记账业务应当遵守本规范。

第四十四条 本规范由财政部负责解释。

第四十五条 本规范自 2024 年 1 月 1 日起施行。

附：1. 代理记账业务委托合同（参考范例）

2. 代理记账业务工作计划（参考范例）

3. 资料交接手册（参考范例）

4. 原始凭证交接表（参考范例）

5. 会计档案移交清册（参考范例）

附1：

代理记账业务委托合同（参考范例）

委托方：　　　　　　　　　　　　　　　（以下简称甲方）

受托方：　　　　　　　　　　　　　　　（以下简称乙方）

一、委托业务范围

乙方接受甲方委托，对甲方____年____月____日至____年____月____日期间内的经济业务进行代理记账。

（同时为甲方提供代理纳税申报服务，包括：□月度或季度增值税申报；□月度或季度企业所得税预缴申报；□月度个人所得税申报；□年度企业所得税汇算清缴；□年度个人所得税申报；□财税咨询服务；□代开发票；□其他业务：_____。）

二、甲方的责任和义务

（一）甲方的每项经济业务，必须填制或者取得符合国家统一会计制度规定的原始凭证。

（二）甲方应归集和整理有关经济业务的原始凭证和其他资料，并于每月____日前提供给乙方。甲方对所提供资料的完整性、真实性、合法性负责，不得虚报、瞒报收入和支出。

（三）甲方应建立健全与本企业相适应的内部控制制度，保证资产的安全和完整。

（四）甲方应当配备专人负责日常货币资金的收支和保管。

（五）涉及存货核算的，甲方负责存货的管理与盘点，应建立存货的管理制度，定期清查盘点存货，编制存货的入库凭证、出库凭证、库存明细账及每月各类存货的收发存明细表，并及时提供给乙方。甲方对上述资料的真实性和完整性负责，并保证库存物资的安全和完整。

（六）甲方应在法律允许的范围内开展经济业务，遵守会计法、税法等法律法规的规定，不得授意和指使乙方违法办理会计事项。

（七）对于乙方退回的、要求甲方按照国家统一的会计制度规定进行更正、补充的原始凭证，甲方应当及时予以更正、补充。

（八）甲方应积极配合乙方开展代理记账业务，对乙方提出的合理建议应积极采纳。

（九）甲方应制定合理的会计资料传递程序，及时将原始凭证等会计资料交乙方，做好会计资料的签收工作。

（十）会计年度终了后，乙方将会计档案移交甲方，由甲方负责保管会计档案，保证会计档案的安全和完整。

（十一）甲方委托乙方开具销售发票的，应符合税收相关法律法规，不得要求乙方虚开发票。

（十二）甲方应按本协议书规定及时足额支付代理记账服务费。

（十三）甲方应保证在规定的纳税期，银行账户有足额的存款缴纳税费款。

三、乙方的责任和义务

（一）乙方根据甲方所提供的原始凭证和其他资料，按照国家统一会计制度的规定进行会计核算，包括审核原始凭证、填制记账凭证、登记会计账簿、按时编制和提供财务会计报告。

（二）乙方应严格按照税收相关法律法规，在规定的申报期内为甲方及时、准确地办理纳税申报业务。

（三）涉及存货核算的，根据甲方提供的存货入库凭证、出库凭证、每月各类存货的收发存明细表，乙方进行成本结转。

（四）乙方应协助甲方完善内部控制，加强内部管理，针对内部控制薄弱环节提出合理的建议。

（五）乙方应协助甲方制定合理的会计资料传递程序，积极配合甲方做好会计资料的签收手续。在代理记账过程中，应妥善保管会计资料。

（六）乙方应按时将当年应归档的会计资料整理、装订后形成会计档案，于会计年度终了后交甲方保管。未办理交接手续前，由乙方负责保管。

（七）委托协议终止时，乙方应与甲方办理会计业务交接事宜。

（八）乙方接受委托为甲方开具销售发票的，应按照税收法律法规要求为甲方提供代开发票服务，不得代为虚开发票。

（九）乙方对开展业务过程中知悉的商业秘密、个人信息负有保密义务。

（十）对甲方提出的有关会计处理的相关问题，乙方应当予以正确解释。

四、责任划分

（一）乙方是在甲方提供相关资料的基础上进行会计核算，因甲方提供的记账依据不实、未按协议约定及时提供记账依据或其他过错导致委托事项出现差错或未能按时完成委托事项，由此造成的后果，由甲方承担。

（二）因乙方的过错导致委托事项出现差错或未能按时完成委托事项，由此造成的后果，由乙方承担。

五、协议的终止

（一）协议期满，本协议自然终止，双方如欲续约，须另定协议。

（二）经双方协商一致后，可提前终止协议。

六、代理记账服务费

甲方应支付乙方：

代理记账服务费每月（人民币）＿＿＿＿＿＿元（¥＿＿＿＿＿），合计（人民币）_____元（¥_____）；

代理记账服务费支付方式：_____；乙方账号信息：_____；

其他费用：_____，（人民币）_____元（¥_____）；于合同生效日起____日内一次付清。

七、违约责任

（一）如一方未履行协议规定的责任和义务，另一方可提前终止协议，终止前须提前20天告知对方；如未履行责任和义务方给另一方造成损失的，应另支付赔偿费用。

（二）在另一方正常履行相关责任和义务的情况下，一方未征得另一方同意，单方面终止本协议的，须向另一方支付违约金，违约金的金额为_____，造成损失的，应另支付赔偿费用。

八、其他约定

（一）本协议的补充条款、附件及补充协议均为本协议不可分割的部分。本协议补充条款、补充协议与本协议不一致的，以补充条款、补充协议为准。

（二）本协议的未尽事宜及本协议在履行过程中需变更的事宜，双方应通过订立变更协议进行约定。

（三）甲乙双方在履行本协议过程中发生争议，应协商解决。协商不能解决的，向_____仲裁委员会申请仲裁/依法向人民法院起诉。

本协议自双方签字之日起生效。本协议一式两份，双方各执一份。

委托方：　　　　　　　　　　　　受托方：

（盖章）　　　　　　　　　　　　（盖章）

法定代表人：　　　　　　　　　　法定代表人：

联系人：	联系人：
地址：	地址：
邮编：	邮编：
电话：	电话：
签约日期：　年　月　日	签约日期：　年　月　日

附2：

代理记账业务工作计划（参考范例）

编制人：　　　　　　　编制日期：　　年　　月　　日

编号：

客户基本情况	
客户名称	
经营地址	邮政编码
统一社会信用代码	
行业分类	□建筑业；□房地产业；□货物运输业；□货运代理业； □制造业；□租赁和商务服务业；□社会服务业；□仓储业； □批发零售业；□计算机信息服务业； □其他行业（　　　　　　　　　　　　　　）
主要税种及税率	□增值税一般纳税人（税率：　%）；□增值税小规模纳税人（税率：　%）； 企业所得税（□查账征收，□核定征收）；□城建税（税率：　%）； 个人所得税（生产经营所得）（□查账征收，□核定征收）； □个人所得税（综合所得）；□消费税（税率：　%）； □其他
主管税务机关	税收管理员　　　　　　电话
客户主要负责人	联系电话
客户联系人	姓名　　　　　　　　　手机号码 邮箱　　　　　　　　　固定电话
委托业务内容	□代理记账业务；□月度或季度增值税申报；□月度或季度企业所得税预缴申报；□月度个人所得税申报；□年度企业所得税汇算清缴；□年度个人所得税申报；□财税咨询服务；□其他业务：
备注	
工作计划	
业务小组成员	项目负责人： 小组其他成员： 签约起始日期：　　　年　　月　　日
会计准则制度	□企业会计准则；□小企业会计准则；□其他

续表

以前年度会计核算情况				
初次资料交接	交接内容			
	我方人员		客户方人员	
	计划交接时间			
初次建账	执行人		预计完成日期	
每月原始凭证交接	交接方式		计划交接时间	
	我方人员		客户方人员	
每月记账	执行人		计划完成日期	
每月出具会计报表	执行人		计划完成日期	
每月会计凭证整理装订	执行人		计划完成日期	
会计账册打印装订	执行人		计划完成日期	
会计凭证移交客户	执行人		计划完成日期	
会计账册移交客户	执行人		计划完成日期	
其他事项				
工作计划变更记录				

工作计划审核意见：

审核人： 审核日期：

附 3：

资料交接手册（参考范例）

×××代理记账有限公司接受＿＿＿＿＿＿＿＿＿＿＿＿＿＿＿＿（委托人）委托，于＿＿＿年＿＿＿日＿＿＿日起为委托人办理代理记账业务，现对委托人的会计事项办理交接手续。

一、交接地点及日期

交接地点：

交接日期：　　　年　　月　　日

二、交接人员

移交人：＿＿＿＿＿，工作单位：＿＿＿＿＿＿＿＿＿，职位：＿＿＿＿＿；

接管人：＿＿＿＿＿，工作单位：＿＿＿＿＿＿＿＿＿，职位：＿＿＿＿＿；

监交人：＿＿＿＿＿，工作单位：＿＿＿＿＿＿＿＿＿，职位：＿＿＿＿＿。

三、交接内容

（一）核对及检查

项目	是否相符	备注
总账与明细账是否相符	□相符；□不相符	
账表是否相符	□相符；□不相符	
固定资产台账或明细表记载的固定资产原值及累计折旧与财务账表是否相符	□相符；□不相符	
银行账户与银行对账单是否调节相符	□相符；□不相符	
现金账实是否相符	□相符；□不相符	
纳税申报表与相关账户是否相符	□相符；□不相符	
其他（根据客户自身情况）	□相符；□不相符	

（二）资料交接清单

项目	数量	内容
记账凭证		
账册		
财务报表		
纳税申报表		
银行对账单及余额调节表		

四、交接前后工作责任的划分

____年____月____日前委托人会计核算的责任事项由原会计人员（机构）_____负责，____年____月____日后委托人会计核算的责任事项由××××代理记账有限公司负责。以上交接事项均经交接双方确认无误。

五、其他说明事项

****

本交接手册一式两份，每份共____页，代理记账机构存档一份，委托人一份。

移交人：　　　　　　接管人：　　　　　　监交人：

附4：

原始凭证交接表（参考范例）

_____（委托人）：

在本次交接中，本公司收到贵单位如下原始凭证及相关会计资料。

原始凭证所属时间：　　年　　月

种类	份数	备注
开出的增值税发票记账联		
开出的普通发票记账联		
收到的增值税发票（发票联）		
收到的增值税发票（抵扣联）		
收到的其他发票（发票联）		
银行对账单		
银行进账凭证		
银行付款凭证		
工资单		
社保单据、公积金单据		
费用报销凭证		
其他类：		

移交人：　　　　　　　　　　　接管人：

交接日期：　　年　　月　　日

附5：

会计档案移交清册（参考范例）

_____（委托人）：

在本次交接中，本公司□将如下会计资料移交给贵单位 \ □收到贵单位移交的如下会计资料。（在选项中打"√"）

一、会计凭证	册数	凭证号码区间
年　　月		
年　　月		
年　　月		
年　　月		
年　　月		
年　　月		

二、账册	册数	所属期间
总账		
明细账		

三、会计报表	份数	所属期间
资产负债表		
利润表		
现金流量表		
四、纳税申报表	份数	所属期间
五、其他		

移交人：　　　　　接管人：　　　　　监交人：

交接日期：　　年　　月　　日

总会计师条例

（1990年12月31日中华人民共和国国务院令第72号发布 根据2011年1月8日《国务院关于废止和修改部分行政法规的决定》修订）

第一章 总 则

第一条 为了确定总会计师的职权和地位，发挥总会计师在加强经济管理、提高经济效益中的作用，制定本条例。

第二条 全民所有制大、中型企业设置总会计师；事业单位和业务主管部门根据需要，经批准可以设置总会计师。

总会计师的设置、职权、任免和奖惩，依照本条例的规定执行。

第三条 总会计师是单位行政领导成员，协助单位主要行政领导人工作，直接对单位主要行政领导人负责。

第四条 凡设置总会计师的单位，在单位行政领导成员中，不设与总会计师职权重叠的副职。

第五条 总会计师组织领导本单位的财务管理、成本管理、预算管理、会计核算和会计监督等方面的工作，参与本单位重要经济问题的分析和决策。

第六条 总会计师具体组织本单位执行国家有关财经法律、法规、方针、政策和制度，保护国家财产。

总会计师的职权受国家法律保护。单位主要行政领导人应当支持并保障总会计师依法行使职权。

第二章 总会计师的职责

第七条 总会计师负责组织本单位的下列工作：

（一）编制和执行预算、财务收支计划、信贷计划，拟订资金筹措和使用方案，开辟财源，有效地使用资金；

（二）进行成本费用预测、计划、控制、核算、分析和考核，督促本单位有关部门降低消耗、节约费用、提高经济效益；

（三）建立、健全经济核算制度，利用财务会计资料进行经济活动分析；

（四）承办单位主要行政领导人交办的其他工作。

第八条 总会计师负责对本单位财会机构的设置和会计人员的配备、会计专业职务的设置和聘任提出方案；组织会计人员的业务培训和考核；支持会计人员依法行使职权。

第九条 总会计师协助单位主要行政领导人对企业的生产经营、行政事业单位的业务发展以及基本建设投资等问题作出决策。

总会计师参与新产品开发、技术改造、科技研究、商品（劳务）价格和工资奖金等方案的制定；参与重大经济合同和经济协议的研究、审查。

第三章 总会计师的权限

第十条 总会计师对违反国家财经法律、法规、方针、政策、制度和有可能在经济上造成损失、浪费的行为，有权制止或者纠正。制止或者纠正无效时，提请单位主要行政领导人处理。

单位主要行政领导人不同意总会计师对前款行为的处理意见的，总会计师应当依照《中华人民共和国会计法》的有关规定执行。

第十一条 总会计师有权组织本单位各职能部门、直属基层组织的经济核算、财务会计和成本管理方面的工作。

第十二条　总会计师主管审批财务收支工作。除一般的财务收支可以由总会计师授权的财会机构负责人或者其他指定人员审批外，重大的财务收支，须经总会计师审批或者由总会计师报单位主要行政领导人批准。

第十三条　预算、财务收支计划、成本和费用计划、信贷计划、财务专题报告、会计决算报表，须经总会计师签署。

涉及财务收支的重大业务计划、经济合同、经济协议等，在单位内部须经总会计师会签。

第十四条　会计人员的任用、晋升、调动、奖惩，应当事先征求总会计师的意见。财会机构负责人或者会计主管人员的人选，应当由总会计师进行业务考核，依照有关规定审批。

第四章　任免与奖惩

第十五条　企业的总会计师由本单位主要行政领导人提名，政府主管部门任命或者聘任；免职或者解聘程序与任命或者聘任程序相同。

事业单位和业务主管部门的总会计师依照干部管理权限任命或者聘任；免职或者解聘程序与任命或者聘任程序相同。

第十六条　总会计师必须具备下列条件：

（一）坚持社会主义方向，积极为社会主义建设和改革开放服务；

（二）坚持原则，廉洁奉公；

（三）取得会计师任职资格后，主管一个单位或者单位内一个重要方面的财务会计工作时间不少于3年；

（四）有较高的理论政策水平，熟悉国家财经法律、法规、方针、政策和制度，掌握现代化管理的有关知识；

（五）具备本行业的基本业务知识，熟悉行业情况，有较强的组织领导能力；

（六）身体健康，能胜任本职工作。

第十七条　总会计师在工作中成绩显著，有下列情形之一的，依照国家有关企业职工或者国家行政机关工作人员奖惩的规定给予奖励：

（一）在加强财务会计管理，应用现代化会计方法和技术手段，提高财务管理水平和经济效益方面，取得显著成绩的；

（二）在组织经济核算，挖掘增产节约、增收节支潜力，加速资金周转，提高资金使用效果方面，取得显著成绩的；

（三）在维护国家财经纪律，抵制违法行为，保护国家财产，防止或者避免国家财产遭受重大损失方面，有突出贡献的；

（四）在廉政建设方面，事迹突出的；

（五）有其他突出成就或者模范事迹的。

第十八条　总会计师在工作中有下列情形之一的，应当区别情节轻重，依照国家有关企业职工或者国家行政机关工作人员奖惩的规定给予处分：

（一）违反法律、法规、方针、政策和财经制度，造成财会工作严重混乱的；

（二）对偷税漏税，截留应当上交国家的收入，滥发奖金、补贴，挥霍浪费国家资财，损害国家利益的行为，不抵制、不制止、不报告，致使国家利益遭受损失的；

（三）在其主管的工作范围内发生严重失误，或者由于玩忽职守，致使国家利益遭受损失的；

（四）以权谋私，弄虚作假，徇私舞弊，致使国家利益遭受损失，或者造成恶劣影响的；

（五）有其他渎职行为和严重错误的。

总会计师有前款所列行为，情节严重，构成犯罪的，由司法机关依法追究刑事责任。

第十九条　单位主要行政领导人阻碍总会计师行使职权的，以及对其打击报复或者变相打击报复的，上级主管单位应当根据情节给予行政处分。情节严重，构成犯罪的，由司法机关依法追究刑事责任。

第五章 附　　则

第二十条　城乡集体所有制企业事业单位需要设置总会计师的，参照本条例执行。

第二十一条　各省、自治区、直辖市，国务院各部门可以根据本条例的规定，结合本地区、本部门的实际情况制定实施办法。

第二十二条　本条例由财政部负责解释。

第二十三条　本条例自发布之日起施行。1963年10月18日国务院批转国家经济委员会、财政部《关于国营工业、交通企业设置总会计师的几项规定（草案）》、1978年9月12日国务院发布的《会计人员职权条例》中有关总会计师的规定同时废止。

中华人民共和国发票管理办法

（1993年12月12日国务院批准　1993年12月23日财政部令第6号发布　根据2010年12月20日《国务院关于修改〈中华人民共和国发票管理办法〉的决定》第一次修订　根据2019年3月2日《国务院关于修改部分行政法规的决定》第二次修订　根据2023年7月20日《国务院关于修改和废止部分行政法规的决定》第三次修订）

第一章　总　　则

第一条　为了加强发票管理和财务监督，保障国家税收收入，维护经济秩序，根据《中华人民共和国税收征收管理法》，制定本办法。

第二条　在中华人民共和国境内印制、领用、开具、取得、保管、缴销发票的单位和个人（以下称印制、使用发票的单位和个人），必须遵守本办法。

第三条　本办法所称发票，是指在购销商品、提供或者接受服务以及从事其他经营活动中，开具、收取的收付款凭证。

发票包括纸质发票和电子发票。电子发票与纸质发票具有同等法律效力。国家积极推广使用电子发票。

第四条　发票管理工作应当坚持和加强党的领导，为经济社会发展服务。

国务院税务主管部门统一负责全国的发票管理工作。省、自治区、直辖市税务机关依据职责做好本行政区域内的发票管理工作。

财政、审计、市场监督管理、公安等有关部门在各自的职责范围内，配合税务机关做好发票管理工作。

第五条　发票的种类、联次、内容、编码规则、数据标准、使用范围等具体管理办法由国务院税务主管部门规定。

第六条　对违反发票管理法规的行为，任何单位和个人可以举报。税务机关应当为检举人保密，并酌情给予奖励。

第二章　发票的印制

第七条　增值税专用发票由国务院税务主管部门确定的企业印制；其他发票，按照国务院税务主管部门的规定，由省、自治区、直辖市税务机关确定的企业印制。禁止私自印制、伪造、变造发票。

第八条　印制发票的企业应当具备下列条件：

（一）取得印刷经营许可证和营业执照；

（二）设备、技术水平能够满足印制发票的需要；

（三）有健全的财务制度和严格的质量监督、安全管理、保密制度。

税务机关应当按照政府采购有关规定确定印制发票的企业。

第九条　印制发票应当使用国务院税务主管部门确定的全国统一的发票防伪专用品。禁止非法制造发票防伪专用品。

第十条　发票应当套印全国统一发票监制章。全国统一发票监制章的式样和发票版面印刷的要求，由国务院税务主管部门规定。发票监制章由省、自治区、直辖市税务机关制作。禁止伪造发票监制章。

发票实行不定期换版制度。

第十一条　印制发票的企业按照税务机关的统一规定，建立发票印制管理制度和保管措施。

发票监制章和发票防伪专用品的使用和管理实行专人负责制度。

第十二条　印制发票的企业必须按照税务机关确定的式样和数量印制发票。

第十三条　发票应当使用中文印制。民族自治地方的发票，可以加印当地一种通用的民族文字。有实际需要的，也可以同时使用中外两种文字印制。

第十四条　各省、自治区、直辖市内的单位和个人使用的发票，除增值税专用发票外，应当在本省、自治区、直辖市内印制；确有必要到外省、自治区、直辖市印制的，应当由省、自治区、直辖市税务机关商印制地省、自治区、直辖市税务机关同意后确定印制发票的企业。

禁止在境外印制发票。

第三章　发票的领用

第十五条　需要领用发票的单位和个人，应当持设立登记证件或者税务登记证件，以及经办人身份证明，向主管税务机关办理发票领用手续。领用纸质发票的，还应当提供按照国务院税务主管部门规定式样制作的发票专用章的印模。主管税务机关根据领用单位和个人的经营范围、规模和风险等级，在5个工作日内确认领用发票的种类、数量以及领用方式。

单位和个人领用发票时，应当按照税务机关的规定报告发票使用情况，税务机关应当按照规定进行查验。

第十六条　需要临时使用发票的单位和个人，可以凭购销商品、提供或者接受服务以及从事其他经营活动的书面证明、经办人身份证明，直接向经营地税务机关申请代开发票。依照税收法律、行政法规规定应当缴纳税款的，税务机关应当先征收税款，再开具发票。税务机关根据发票管理的需要，可以按照国务院税务主管部门的规定委托其他单位代开发票。

禁止非法代开发票。

第十七条　临时到本省、自治区、直辖市以外从事经营活动的单位或者个人，应当凭所在地税务机关的证明，向经营地税务机关领用经营地的发票。

临时在本省、自治区、直辖市以内跨市、县从事经营活动领用发票的办法，由省、自治区、直辖市税务机关规定。

第四章　发票的开具和保管

第十八条　销售商品、提供服务以及从事其他经营活动的单位和个人，对外发生经营业务收取款项，收款方应当向付款方开具发票；特殊情况下，由付款方向收款方开具发票。

第十九条　所有单位和从事生产、经营活动的个人在购买商品、接受服务以及从事其他经营活动支付款项，应当向收款方取得发票。取得发票时，不得要求变更品名和金额。

第二十条　不符合规定的发票，不得作为财务报销凭证，任何单位和个人有权拒收。

第二十一条　开具发票应当按照规定的时限、顺序、栏目，全部联次一次性如实开具，开具纸质发票应当加盖发票专用章。

任何单位和个人不得有下列虚开发票行为：

（一）为他人、为自己开具与实际经营业务情况不符的发票；

（二）让他人为自己开具与实际经营业务情况不符的发票；

（三）介绍他人开具与实际经营业务情况不符的发票。

第二十二条　安装税控装置的单位和个人，应当按照规定使用税控装置开具发票，并按期向主管税务机关报送开具发票的数据。

使用非税控电子器具开具发票的，应当将非税控电子器具使用的软件程序说明资料报主管税务机关备案，并按照规定保存、报送开具发票的数据。

单位和个人开发电子发票信息系统自用或者为他人提供电子发票服务的，应当遵守国务院税务主管部门的规定。

第二十三条　任何单位和个人应当按照发票管理规定使用发票，不得有下列行为：

（一）转借、转让、介绍他人转让发票、发票监制章和发票防伪专用品；

（二）知道或者应当知道是私自印制、伪造、变造、非法取得或者废止的发票而受让、开具、存放、携带、邮寄、运输；

（三）拆本使用发票；

（四）扩大发票使用范围；

（五）以其他凭证代替发票使用；

（六）窃取、截留、篡改、出售、泄露发票数据。

税务机关应当提供查询发票真伪的便捷渠道。

第二十四条　除国务院税务主管部门规定的特殊情形外，纸质发票限于领用单位和个人在本省、自治区、直辖市内开具。

省、自治区、直辖市税务机关可以规定跨市、县开具纸质发票的办法。

第二十五条　除国务院税务主管部门规定的特殊情形外，任何单位和个人不得跨规定的使用区域携带、邮寄、运输空白发票。

禁止携带、邮寄或者运输空白发票出入境。

第二十六条　开具发票的单位和个人应当建立发票使用登记制度，配合税务机关进行身份验证，并定期向主管税务机关报告发票使用情况。

第二十七条　开具发票的单位和个人应当在办理变更或者注销税务登记的同时，办理发票的变更、缴销手续。

第二十八条　开具发票的单位和个人应当按照国家有关规定存放和保管发票，不得擅自损毁。已经开具的发票存根联，应当保存5年。

第五章　发票的检查

第二十九条　税务机关在发票管理中有权进行下列检查：

（一）检查印制、领用、开具、取得、保管和缴销发票的情况；

（二）调出发票查验；

（三）查阅、复制与发票有关的凭证、资料；

（四）向当事各方询问与发票有关的问题和情况；

（五）在查处发票案件时，对与案件有关的情况和资料，可以记录、录音、录像、照像和复制。

第三十条　印制、使用发票的单位和个人，必须接受税务机关依法检查，如实反映情况，提供有关资料，不得拒绝、隐瞒。

税务人员进行检查时，应当出示税务检查证。

第三十一条　税务机关需要将已开具的发票调出查验时，应当向被查验的单位和个人开具发票换票证。发票换票证与所调出查验的发票有同等的效力。被调出查验发票的单位和个人不得拒绝接受。

税务机关需要将空白发票调出查验时，应当开具收据；经查无问题的，应当及时返还。

第三十二条　单位和个人从中国境外取得的与纳税有关的发票或者凭证，税务机关在纳税审查时有疑义的，可以要求其提供境外公证机构或者注册会计师的确认证明，经税务机关审核认可后，方可作为记账核算的凭证。

第六章　罚　则

第三十三条　违反本办法的规定，有下列情形之一的，由税务机关责令改正，可以处1万元以下的罚款；有违法所得的予以没收：

（一）应当开具而未开具发票，或者未按照规定的时限、顺序、栏目，全部联次一次性开具发票，或者未加盖发票专用章的；

（二）使用税控装置开具发票，未按期向主管税务机关报送开具发票的数据的；

（三）使用非税控电子器具开具发票，未将非税控电子器具使用的软件程序说明资料报主管税务机关备案，或者未按照规定保存、报送开具发票的数据的；

（四）拆本使用发票的；

（五）扩大发票使用范围的；

（六）以其他凭证代替发票使用的；

（七）跨规定区域开具发票的；

（八）未按照规定缴销发票的；

（九）未按照规定存放和保管发票的。

第三十四条 跨规定的使用区域携带、邮寄、运输空白发票，以及携带、邮寄或者运输空白发票出入境的，由税务机关责令改正，可以处1万元以下的罚款；情节严重的，处1万元以上3万元以下的罚款；有违法所得的予以没收。

丢失发票或者擅自损毁发票的，依照前款规定处罚。

第三十五条 违反本办法的规定虚开发票的，由税务机关没收违法所得；虚开金额在1万元以下的，可以并处5万元以下的罚款；虚开金额超过1万元的，并处5万元以上50万元以下的罚款；构成犯罪的，依法追究刑事责任。

非法代开发票的，依照前款规定处罚。

第三十六条 私自印制、伪造、变造发票，非法制造发票防伪专用品，伪造发票监制章，窃取、截留、篡改、出售、泄露发票数据的，由税务机关没收违法所得，没收、销毁作案工具和非法物品，并处1万元以上5万元以下的罚款；情节严重的，并处5万元以上50万元以下的罚款；构成犯罪的，依法追究刑事责任。

前款规定的处罚，《中华人民共和国税收征收管理法》有规定的，依照其规定执行。

第三十七条 有下列情形之一的，由税务机关处1万元以上5万元以下的罚款；情节严重的，处5万元以上50万元以下的罚款；有违法所得的予以没收：

（一）转借、转让、介绍他人转让发票、发票监制章和发票防伪专用品的；

（二）知道或者应当知道是私自印制、伪造、变造、非法取得或者废止的发票而受让、开具、存放、携带、邮寄、运输的。

第三十八条 对违反发票管理规定2次以上或者情节严重的单位和个人，税务机关可以向社会公告。

第三十九条 违反发票管理法规，导致其他单位或者个人未缴、少缴或者骗取税款的，由税务机关没收违法所得，可以并处未缴、少缴或者骗取的税款1倍以下的罚款。

第四十条 当事人对税务机关的处罚决定不服的，可以依法申请行政复议或者向人民法院提起行政诉讼。

第四十一条 税务人员利用职权之便，故意刁难印制、使用发票的单位和个人，或者有违反发票管理法规行为的，依照国家有关规定给予处分；构成犯罪的，依法追究刑事责任。

第七章　附　　则

第四十二条 国务院税务主管部门可以根据有关行业特殊的经营方式和业务需求，会同国务院有关主管部门制定该行业的发票管理办法。

国务院税务主管部门可以根据增值税专用发票管理的特殊需要，制定增值税专用发票的具体管理办法。

第四十三条 本办法自发布之日起施行。财政部1986年发布的《全国发票管理暂行办法》和原国家税务局1991年发布的《关于对外商投资企业和外国企业发票管理的暂行规定》同时废止。

中华人民共和国发票管理办法实施细则

（2011年2月14日国家税务总局令第25号公布 根据2014年12月27日《国家税务总局关于修改〈中华人民共和国发票管理办法实施细则〉的决定》第一次修正 根据2018年6月15日《国家税务总局关于修改部分税务部门规章的决定》第二次修正 根据2019年7月24日《国家税务总局关于公布取消一批税务证明事项以及废止和修改部分规章规范性文件的决定》第三次修正 根据2024年1月15日《国家税务总局关于修改〈中华人民共和国发票管理办法实施细则〉的决定》第四次修正）

第一章 总 则

第一条 根据《中华人民共和国发票管理办法》（以下简称《办法》）规定，制定本实施细则。

第二条 在全国范围内统一式样的发票，由国家税务总局确定。

在省、自治区、直辖市范围内统一式样的发票，由省、自治区、直辖市税务局（以下简称省税务局）确定。

第三条 《办法》第三条所称电子发票是指在购销商品、提供或者接受服务以及从事其他经营活动中，按照税务机关发票管理规定以数据电文形式开具、收取的收付款凭证。

电子发票与纸质发票的法律效力相同，任何单位和个人不得拒收。

第四条　税务机关建设电子发票服务平台，为用票单位和个人提供数字化等形态电子发票开具、交付、查验等服务。

第五条　税务机关应当按照法律、行政法规的规定，建立健全发票数据安全管理制度，保障发票数据安全。

单位和个人按照国家税务总局有关规定开展发票数据处理活动，依法承担发票数据安全保护义务，不得超过规定的数量存储发票数据，不得违反规定使用、非法出售或非法向他人提供发票数据。

第六条　纸质发票的基本联次包括存根联、发票联、记账联。存根联由收款方或开票方留存备查；发票联由付款方或受票方作为付款原始凭证；记账联由收款方或开票方作为记账原始凭证。

省以上税务机关可根据纸质发票管理情况以及纳税人经营业务需要，增减除发票联以外的其他联次，并确定其用途。

第七条　发票的基本内容包括：发票的名称、发票代码和号码、联次及用途、客户名称、开户银行及账号、商品名称或经营项目、计量单位、数量、单价、大小写金额、税率（征收率）、税额、开票人、开票日期、开票单位（个人）名称（章）等。

省以上税务机关可根据经济活动以及发票管理需要，确定发票的具体内容。

第八条　领用发票单位可以书面向税务机关要求使用印有本单位名称的发票，税务机关依据《办法》第十五条的规定，确认印有该单位名称发票的种类和数量。

第二章　发票的印制

第九条　税务机关根据政府采购合同和发票防伪用品管理要求对印制发票企业实施监督管理。

第十条　全国统一的纸质发票防伪措施由国家税务总局确定，省税务局可以根据需要增加本地区的纸质发票防伪措施，并向国家税务总局备案。

纸质发票防伪专用品应当按照规定专库保管，不得丢失。次品、废品应当在税务机关监督下集中销毁。

第十一条 全国统一发票监制章是税务机关管理发票的法定标志，其形状、规格、内容、印色由国家税务总局规定。

第十二条 全国范围内发票换版由国家税务总局确定；省、自治区、直辖市范围内发票换版由省税务局确定。

发票换版时，应当进行公告。

第十三条 监制发票的税务机关根据需要下达发票印制通知书，印制企业必须按照要求印制。

发票印制通知书应当载明印制发票企业名称、用票单位名称、发票名称、发票代码、种类、联次、规格、印色、印制数量、起止号码、交货时间、地点等内容。

第十四条 印制发票企业印制完毕的成品应当按照规定验收后专库保管，不得丢失。废品应当及时销毁。

第三章 发票的领用

第十五条 《办法》第十五条所称经办人身份证明是指经办人的居民身份证、护照或者其他能证明经办人身份的证件。

第十六条 《办法》第十五条所称发票专用章是指领用发票单位和个人在其开具纸质发票时加盖的有其名称、统一社会信用代码或者纳税人识别号、发票专用章字样的印章。

发票专用章式样由国家税务总局确定。

第十七条 税务机关对领用纸质发票单位和个人提供的发票专用章的印模应当留存备查。

第十八条 《办法》第十五条所称领用方式是指批量供应、交旧领新、验旧领新、额度确定等方式。

税务机关根据单位和个人的税收风险程度、纳税信用级别、实际经营情况确定或调整其领用发票的种类、数量、额度以及领用方式。

第十九条 《办法》第十五条所称发票使用情况是指发票领用存情况及相关开票数据。

第二十条 《办法》第十六条所称书面证明是指有关业务合同、协议或者税务机关认可的其他资料。

第二十一条 税务机关应当与受托代开发票的单位签订协议，明确代开发票的种类、对象、内容和相关责任等内容。

第四章 发票的开具和保管

第二十二条 《办法》第十八条所称特殊情况下，由付款方向收款方开具发票，是指下列情况：

（一）收购单位和扣缴义务人支付个人款项时；

（二）国家税务总局认为其他需要由付款方向收款方开具发票的。

第二十三条 向消费者个人零售小额商品或者提供零星服务的，是否可免予逐笔开具发票，由省税务局确定。

第二十四条 填开发票的单位和个人必须在发生经营业务确认营业收入时开具发票。未发生经营业务一律不准开具发票。

第二十五条 《办法》第十九条规定的不得变更金额，包括不得变更涉及金额计算的单价和数量。

第二十六条 开具纸质发票后，如发生销售退回、开票有误、应税服务中止等情形，需要作废发票的，应当收回原发票全部联次并注明"作废"字样后作废发票。

开具纸质发票后，如发生销售退回、开票有误、应税服务中止、销售折让等情形，需要开具红字发票的，应当收回原发票全部联次并注明"红冲"

字样后开具红字发票。无法收回原发票全部联次的，应当取得对方有效证明后开具红字发票。

第二十七条　开具电子发票后，如发生销售退回、开票有误、应税服务中止、销售折让等情形的，应当按照规定开具红字发票。

第二十八条　单位和个人在开具发票时，应当填写项目齐全，内容真实。

开具纸质发票应当按照发票号码顺序填开，字迹清楚，全部联次一次打印，内容完全一致，并在发票联和抵扣联加盖发票专用章。

第二十九条　《办法》第二十一条所称与实际经营业务情况不符是指具有下列行为之一的：

（一）未购销商品、未提供或者接受服务、未从事其他经营活动，而开具或取得发票；

（二）有购销商品、提供或者接受服务、从事其他经营活动，但开具或取得的发票载明的购买方、销售方、商品名称或经营项目、金额等与实际情况不符。

第三十条　开具发票应当使用中文。民族自治地方可以同时使用当地通用的一种民族文字。

第三十一条　单位和个人向委托人提供发票领用、开具等服务，应当接受税务机关监管，所存储发票数据的最大数量应当符合税务机关的规定。

第三十二条　开发电子发票信息系统为他人提供发票数据查询、下载、存储、使用等涉税服务的，应当符合税务机关的数据标准和管理规定，并与委托人签订协议，不得超越授权范围使用发票数据。

第三十三条　《办法》第二十五条所称规定的使用区域是指国家税务总局和省税务局规定的区域。

第三十四条　《办法》第二十六条所称身份验证是指单位和个人在领用、开具、代开发票时，其经办人应当实名办税。

第三十五条　使用纸质发票的单位和个人应当妥善保管发票。发生发票丢失情形时，应当于发现丢失当日书面报告税务机关。

第五章 发票的检查

第三十六条 税务机关在发票检查中，可以对发票数据进行提取、调出、查阅、复制。

第三十七条 《办法》第三十一条所称发票换票证仅限于在本县（市）范围内使用。需要调出外县（市）的发票查验时，应当提请该县（市）税务机关调取发票。

第三十八条 用票单位和个人有权申请税务机关对发票的真伪进行鉴别。收到申请的税务机关应当受理并负责鉴别发票的真伪；鉴别有困难的，可以提请发票监制税务机关协助鉴别。

在伪造、变造现场以及买卖地、存放地查获的发票，由当地税务机关鉴别。

第六章 罚　　则

第三十九条 税务机关对违反发票管理法规的行为依法进行处罚的，由县以上税务机关决定；罚款额在2 000元以下的，可由税务所决定。

第四十条 《办法》第三十三条第六项规定以其他凭证代替发票使用的，包括：

（一）应当开具发票而未开具发票，以其他凭证代替发票使用；

（二）应当取得发票而未取得发票，以发票外的其他凭证或者自制凭证用于抵扣税款、出口退税、税前扣除和财务报销；

（三）取得不符合规定的发票，用于抵扣税款、出口退税、税前扣除和财务报销。

构成逃避缴纳税款、骗取出口退税、虚开发票的，按照《中华人民共和国税收征收管理法》《办法》相关规定执行。

第四十一条 《办法》第三十八条所称的公告是指，税务机关应当在办税场所或者广播、电视、报纸、期刊、网络等新闻媒体上公告纳税人发票违法的情况。公告内容包括：纳税人名称、统一社会信用代码或者纳税人识别号、经营地点、违反发票管理法规的具体情况。

第四十二条 对违反发票管理法规情节严重构成犯罪的，税务机关应当依法移送司法机关处理。

第七章 附 则

第四十三条 计划单列市税务局参照《办法》中省、自治区、直辖市税务局的职责做好发票管理工作。

第四十四条 本实施细则自2011年2月1日起施行。

人民币银行结算账户管理办法

(2003年4月10日中国人民银行令〔2003〕第5号公布)

第一章 总 则

第一条 为规范人民币银行结算账户(以下简称银行结算账户)的开立和使用,加强银行结算账户管理,维护经济金融秩序稳定,根据《中华人民共和国中国人民银行法》和《中华人民共和国商业银行法》等法律法规,制定本办法。

第二条 存款人在中国境内的银行开立的银行结算账户适用本办法。

本办法所称存款人,是指在中国境内开立银行结算账户的机关、团体、部队、企业、事业单位、其他组织(以下统称单位)、个体工商户和自然人。

本办法所称银行,是指在中国境内经中国人民银行批准经营支付结算业务的政策性银行、商业银行(含外资独资银行、中外合资银行、外国银行分行)、城市信用合作社、农村信用合作社。

本办法所称银行结算账户,是指银行为存款人开立的办理资金收付结算的人民币活期存款账户。

第三条 银行结算账户按存款人分为单位银行结算账户和个人银行结算账户。

(一)存款人以单位名称开立的银行结算账户为单位银行结算账户。单位银行结算账户按用途分为基本存款账户、一般存款账户、专用存款账户、临时存款账户。

个体工商户凭营业执照以字号或经营者姓名开立的银行结算账户纳入单位银行结算账户管理。

（二）存款人凭个人身份证件以自然人名称开立的银行结算账户为个人银行结算账户。

邮政储蓄机构办理银行卡业务开立的账户纳入个人银行结算账户管理。

第四条 单位银行结算账户的存款人只能在银行开立一个基本存款账户。

第五条 存款人应在注册地或住所地开立银行结算账户。符合本办法规定可以在异地（跨省、市、县）开立银行结算账户的除外。

第六条 存款人开立基本存款账户、临时存款账户和预算单位开立专用存款账户实行核准制度，经中国人民银行核准后由开户银行核发开户登记证。但存款人因注册验资需要开立的临时存款账户除外。

第七条 存款人可以自主选择银行开立银行结算账户。除国家法律、行政法规和国务院规定外，任何单位和个人不得强令存款人到指定银行开立银行结算账户。

第八条 银行结算账户的开立和使用应当遵守法律、行政法规，不得利用银行结算账户进行偷逃税款、逃废债务、套取现金及其他违法犯罪活动。

第九条 银行应依法为存款人的银行结算账户信息保密。对单位银行结算账户的存款和有关资料，除国家法律、行政法规另有规定外，银行有权拒绝任何单位或个人查询。对个人银行结算账户的存款和有关资料，除国家法律另有规定外，银行有权拒绝任何单位或个人查询。

第十条 中国人民银行是银行结算账户的监督管理部门。

第二章　银行结算账户的开立

第十一条 基本存款账户是存款人因办理日常转账结算和现金收付需要开立的银行结算账户。下列存款人，可以申请开立基本存款账户：

（一）企业法人。

（二）非法人企业。

（三）机关、事业单位。

（四）团级（含）以上军队、武警部队及分散执勤的支（分）队。

（五）社会团体。

（六）民办非企业组织。

（七）异地常设机构。

（八）外国驻华机构。

（九）个体工商户。

（十）居民委员会、村民委员会、社区委员会。

（十一）单位设立的独立核算的附属机构。

（十二）其他组织。

第十二条 一般存款账户是存款人因借款或其他结算需要，在基本存款账户开户银行以外的银行营业机构开立的银行结算账户。

第十三条 专用存款账户是存款人按照法律、行政法规和规章，对其特定用途资金进行专项管理和使用而开立的银行结算账户。对下列资金的管理与使用，存款人可以申请开立专用存款账户：

（一）基本建设资金。

（二）更新改造资金。

（三）财政预算外资金。

（四）粮、棉、油收购资金。

（五）证券交易结算资金。

（六）期货交易保证金。

（七）信托基金。

（八）金融机构存放同业资金。

（九）政策性房地产开发资金。

（十）单位银行卡备用金。

（十一）住房基金。

（十二）社会保障基金。

（十三）收入汇缴资金和业务支出资金。

（十四）党、团、工会设在单位的组织机构经费。

（十五）其他需要专项管理和使用的资金。

收入汇缴资金和业务支出资金，是指基本存款账户存款人附属的非独立核算单位或派出机构发生的收入和支出的资金。

因收入汇缴资金和业务支出资金开立的专用存款账户，应使用隶属单位的名称。

第十四条 临时存款账户是存款人因临时需要并在规定期限内使用而开立的银行结算账户。有下列情况的，存款人可以申请开立临时存款账户：

（一）设立临时机构。

（二）异地临时经营活动。

（三）注册验资。

第十五条 个人银行结算账户是自然人因投资、消费、结算等而开立的可办理支付结算业务的存款账户。有下列情况的，可以申请开立个人银行结算账户：

（一）使用支票、信用卡等信用支付工具的。

（二）办理汇兑、定期借记、定期贷记、借记卡等结算业务的。

自然人可根据需要申请开立个人银行结算账户，也可以在已开立的储蓄账户中选择并向开户银行申请确认为个人银行结算账户。

第十六条 存款人有下列情形之一的，可以在异地开立有关银行结算账户：

（一）营业执照注册地与经营地不在同一行政区域（跨省、市、县）需要开立基本存款账户的。

（二）办理异地借款和其他结算需要开立一般存款账户的。

（三）存款人因附属的非独立核算单位或派出机构发生的收入汇缴或业务支出需要开立专用存款账户的。

（四）异地临时经营活动需要开立临时存款账户的。

（五）自然人根据需要在异地开立个人银行结算账户的。

第十七条 存款人申请开立基本存款账户，应向银行出具下列证明文件：

（一）企业法人，应出具企业法人营业执照正本。

（二）非法人企业，应出具企业营业执照正本。

（三）机关和实行预算管理的事业单位，应出具政府人事部门或编制委员会的批文或登记证书和财政部门同意其开户的证明；非预算管理的事业单位，应出具政府人事部门或编制委员会的批文或登记证书。

（四）军队、武警团级（含）以上单位以及分散执勤的支（分）队，应出具军队军级以上单位财务部门、武警总队财务部门的开户证明。

（五）社会团体，应出具社会团体登记证书，宗教组织还应出具宗教事务管理部门的批文或证明。

（六）民办非企业组织，应出具民办非企业登记证书。

（七）外地常设机构，应出具其驻在地政府主管部门的批文。

（八）外国驻华机构，应出具国家有关主管部门的批文或证明；外资企业驻华代表处、办事处应出具国家登记机关颁发的登记证。

（九）个体工商户，应出具个体工商户营业执照正本。

（十）居民委员会、村民委员会、社区委员会，应出具其主管部门的批文或证明。

（十一）独立核算的附属机构，应出具其主管部门的基本存款账户开户登记证和批文。

（十二）其他组织，应出具政府主管部门的批文或证明。

本条中的存款人为从事生产、经营活动纳税人的，还应出具税务部门颁发的税务登记证。

第十八条 存款人申请开立一般存款账户,应向银行出具其开立基本存款账户规定的证明文件、基本存款账户开户登记证和下列证明文件:

(一)存款人因向银行借款需要,应出具借款合同。

(二)存款人因其他结算需要,应出具有关证明。

第十九条 存款人申请开立专用存款账户,应向银行出具其开立基本存款账户规定的证明文件、基本存款账户开户登记证和下列证明文件:

(一)基本建设资金、更新改造资金、政策性房地产开发资金、住房基金、社会保障基金,应出具主管部门批文。

(二)财政预算外资金,应出具财政部门的证明。

(三)粮、棉、油收购资金,应出具主管部门批文。

(四)单位银行卡备用金,应按照中国人民银行批准的银行卡章程的规定出具有关证明和资料。

(五)证券交易结算资金,应出具证券公司或证券管理部门的证明。

(六)期货交易保证金,应出具期货公司或期货管理部门的证明。

(七)金融机构存放同业资金,应出具其证明。

(八)收入汇缴资金和业务支出资金,应出具基本存款账户存款人有关的证明。

(九)党、团、工会设在单位的组织机构经费,应出具该单位或有关部门的批文或证明。

(十)其他按规定需要专项管理和使用的资金,应出具有关法规、规章或政府部门的有关文件。

第二十条 合格境外机构投资者在境内从事证券投资开立的人民币特殊账户和人民币结算资金账户纳入专用存款账户管理。其开立人民币特殊账户时应出具国家外汇管理部门的批复文件,开立人民币结算资金账户时应出具证券管理部门的证券投资业务许可证。

第二十一条 存款人申请开立临时存款账户，应向银行出具下列证明文件：

（一）临时机构，应出具其驻在地主管部门同意设立临时机构的批文。

（二）异地建筑施工及安装单位，应出具其营业执照正本或其隶属单位的营业执照正本，以及施工及安装地建设主管部门核发的许可证或建筑施工及安装合同。

（三）异地从事临时经营活动的单位，应出具其营业执照正本以及临时经营地工商行政管理部门的批文。

（四）注册验资资金，应出具工商行政管理部门核发的企业名称预先核准通知书或有关部门的批文。

本条第二、三项还应出具其基本存款账户开户登记证。

第二十二条 存款人申请开立个人银行结算账户，应向银行出具下列证明文件：

（一）中国居民，应出具居民身份证或临时身份证。

（二）中国人民解放军军人，应出具军人身份证件。

（三）中国人民武装警察，应出具武警身份证件。

（四）香港、澳门居民，应出具港澳居民往来内地通行证；台湾居民，应出具台湾居民来往大陆通行证或者其他有效旅行证件。

（五）外国公民，应出具护照。

（六）法律、法规和国家有关文件规定的其他有效证件。

银行为个人开立银行结算账户时，根据需要还可要求申请人出具户口簿、驾驶执照、护照等有效证件。

第二十三条 存款人需要在异地开立单位银行结算账户，除出具本办法第十七条、十八条、十九条、二十一条规定的有关证明文件外，应出具下列相应的证明文件：

（一）经营地与注册地不在同一行政区域的存款人，在异地开立基本存款账户的，应出具注册地中国人民银行分支行的未开立基本存款账户的证明。

（二）异地借款的存款人，在异地开立一般存款账户的，应出具在异地取得贷款的借款合同。

（三）因经营需要在异地办理收入汇缴和业务支出的存款人，在异地开立专用存款账户的，应出具隶属单位的证明。

属本条第二、三项情况的，还应出具其基本存款账户开户登记证。

存款人需要在异地开立个人银行结算账户，应出具本办法第二十二条规定的证明文件。

第二十四条　单位开立银行结算账户的名称应与其提供的申请开户的证明文件的名称全称相一致。有字号的个体工商户开立银行结算账户的名称应与其营业执照的字号相一致；无字号的个体工商户开立银行结算账户的名称，由"个体户"字样和营业执照记载的经营者姓名组成。自然人开立银行结算账户的名称应与其提供的有效身份证件中的名称全称相一致。

第二十五条　银行为存款人开立一般存款账户、专用存款账户和临时存款账户的，应自开户之日起3个工作日内书面通知基本存款账户开户银行。

第二十六条　存款人申请开立单位银行结算账户时，可由法定代表人或单位负责人直接办理，也可授权他人办理。

由法定代表人或单位负责人直接办理的，除出具相应的证明文件外，还应出具法定代表人或单位负责人的身份证件；授权他人办理的，除出具相应的证明文件外，还应出具其法定代表人或单位负责人的授权书及其身份证件，以及被授权人的身份证件。

第二十七条　存款人申请开立银行结算账户时，应填制开户申请书。开户申请书按照中国人民银行的规定记载有关事项。

第二十八条　银行应对存款人的开户申请书填写的事项和证明文件的真实性、完整性、合规性进行认真审查。

开户申请书填写的事项齐全，符合开立基本存款账户、临时存款账户和预算单位专用存款账户条件的，银行应将存款人的开户申请书、相关的证明文件和银行审核意见等开户资料报送中国人民银行当地分支行，经其核准后办理开户手续；符合开立一般存款账户、其他专用存款账户和个人银行结算账户条件的，银行应办理开户手续，并于开户之日起5个工作日内向中国人民银行当地分支行备案。

第二十九条 中国人民银行应于2个工作日内对银行报送的基本存款账户、临时存款账户和预算单位专用存款账户的开户资料的合规性予以审核，符合开户条件的，予以核准；不符合开户条件的，应在开户申请书上签署意见，连同有关证明文件一并退回报送银行。

第三十条 银行为存款人开立银行结算账户，应与存款人签订银行结算账户管理协议，明确双方的权利与义务。除中国人民银行另有规定的以外，应建立存款人预留签章卡片，并将签章式样和有关证明文件的原件或复印件留存归档。

第三十一条 开户登记证是记载单位银行结算账户信息的有效证明，存款人应按本办法的规定使用，并妥善保管。

第三十二条 银行在为存款人开立一般存款账户、专用存款账户和临时存款账户时，应在其基本存款账户开户登记证上登记账户名称、账号、账户性质、开户银行、开户日期，并签章。但临时机构和注册验资需要开立的临时存款账户除外。

第三章 银行结算账户的使用

第三十三条 基本存款账户是存款人的主办账户。存款人日常经营活动的资金收付及其工资、奖金和现金的支取，应通过该账户办理。

第三十四条 一般存款账户用于办理存款人借款转存、借款归还和其他结算的资金收付。该账户可以办理现金缴存，但不得办理现金支取。

第三十五条 专用存款账户用于办理各项专用资金的收付。

单位银行卡账户的资金必须由其基本存款账户转账存入。该账户不得办理现金收付业务。

财政预算外资金、证券交易结算资金、期货交易保证金和信托基金专用存款账户不得支取现金。

基本建设资金、更新改造资金、政策性房地产开发资金、金融机构存放同业资金账户需要支取现金的，应在开户时报中国人民银行当地分支行批准。中国人民银行当地分支行应根据国家现金管理的规定审查批准。

粮、棉、油收购资金、社会保障基金、住房基金和党、团、工会经费等专用存款账户支取现金应按照国家现金管理的规定办理。

收入汇缴账户除向其基本存款账户或预算外资金财政专用存款户划缴款项外，只收不付，不得支取现金。业务支出账户除从其基本存款账户拨入款项外，只付不收，其现金支取必须按照国家现金管理的规定办理。

银行应按照本条的各项规定和国家对粮、棉、油收购资金使用管理规定加强监督，对不符合规定的资金收付和现金支取，不得办理。但对其他专用资金的使用不负监督责任。

第三十六条　临时存款账户用于办理临时机构以及存款人临时经营活动发生的资金收付。

临时存款账户应根据有关开户证明文件确定的期限或存款人的需要确定其有效期限。存款人在账户的使用中需要延长期限的，应在有效期限内向开户银行提出申请，并由开户银行报中国人民银行当地分支行核准后办理展期。临时存款账户的有效期最长不得超过2年。

临时存款账户支取现金，应按照国家现金管理的规定办理。

第三十七条　注册验资的临时存款账户在验资期间只收不付，注册验资金的汇缴人应与出资人的名称一致。

第三十八条　存款人开立单位银行结算账户，自正式开立之日起3个工作日后，方可办理付款业务。但注册验资的临时存款账户转为基本存款账户和因借款转存开立的一般存款账户除外。

第三十九条 个人银行结算账户用于办理个人转账收付和现金存取。下列款项可以转入个人银行结算账户：

（一）工资、奖金收入。

（二）稿费、演出费等劳务收入。

（三）债券、期货、信托等投资的本金和收益。

（四）个人债权或产权转让收益。

（五）个人贷款转存。

（六）证券交易结算资金和期货交易保证金。

（七）继承、赠与款项。

（八）保险理赔、保费退还等款项。

（九）纳税退还。

（十）农、副、矿产品销售收入。

（十一）其他合法款项。

第四十条 单位从其银行结算账户支付给个人银行结算账户的款项，每笔超过5万元的，应向其开户银行提供下列付款依据：

（一）代发工资协议和收款人清单。

（二）奖励证明。

（三）新闻出版、演出主办等单位与收款人签订的劳务合同或支付给个人款项的证明。

（四）证券公司、期货公司、信托投资公司、奖券发行或承销部门支付或退还给自然人款项的证明。

（五）债权或产权转让协议。

（六）借款合同。

（七）保险公司的证明。

（八）税收征管部门的证明。

（九）农、副、矿产品购销合同。

（十）其他合法款项的证明。

从单位银行结算账户支付给个人银行结算账户的款项应纳税的，税收代扣单位付款时应向其开户银行提供完税证明。

第四十一条 有下列情形之一的，个人应出具本办法第四十条规定的有关收款依据。

（一）个人持出票人为单位的支票向开户银行委托收款，将款项转入其个人银行结算账户的。

（二）个人持申请人为单位的银行汇票和银行本票向开户银行提示付款，将款项转入其个人银行结算账户的。

第四十二条 单位银行结算账户支付给个人银行结算账户款项的，银行应按第四十条、第四十一条规定认真审查付款依据或收款依据的原件，并留存复印件，按会计档案保管。未提供相关依据或相关依据不符合规定的，银行应拒绝办理。

第四十三条 储蓄账户仅限于办理现金存取业务，不得办理转账结算。

第四十四条 银行应按规定与存款人核对账务。银行结算账户的存款人收到对账单或对账信息后，应及时核对账务并在规定期限内向银行发出对账回单或确认信息。

第四十五条 存款人应按照本办法的规定使用银行结算账户办理结算业务。

存款人不得出租、出借银行结算账户，不得利用银行结算账户套取银行信用。

第四章 银行结算账户的变更与撤销

第四十六条 存款人更改名称，但不改变开户银行及账号的，应于5个工作日内向开户银行提出银行结算账户的变更申请，并出具有关部门的证明文件。

第四十七条 单位的法定代表人或主要负责人、住址以及其他开户资料发生变更时，应于5个工作日内书面通知开户银行并提供有关证明。

第四十八条 银行接到存款人的变更通知后，应及时办理变更手续，并于2个工作日内向中国人民银行报告。

第四十九条 有下列情形之一的，存款人应向开户银行提出撤销银行结算账户的申请：

（一）被撤并、解散、宣告破产或关闭的。

（二）注销、被吊销营业执照的。

（三）因迁址需要变更开户银行的。

（四）其他原因需要撤销银行结算账户的。

存款人有本条第一、二项情形的，应于5个工作日内向开户银行提出撤销银行结算账户的申请。

本条所称撤销是指存款人因开户资格或其他原因终止银行结算账户使用的行为。

第五十条 存款人因本办法第四十九条第一、二项原因撤销基本存款账户的，存款人基本存款账户的开户银行应自撤销银行结算账户之日起2个工作日内将撤销该基本存款账户的情况书面通知该存款人其他银行结算账户的开户银行；存款人其他银行结算账户的开户银行，应自收到通知之日起2个工作日内通知存款人撤销有关银行结算账户；存款人应自收到通知之日起3个工作日内办理其他银行结算账户的撤销。

第五十一条 银行得知存款人有本办法第四十九条第一、二项情况，存款人超过规定期限未主动办理撤销银行结算账户手续的，银行有权停止其银行结算账户的对外支付。

第五十二条 未获得工商行政管理部门核准登记的单位，在验资期满后，应向银行申请撤销注册验资临时存款账户，其账户资金应退还给原汇款人账户。注册验资资金以现金方式存入，出资人需提取现金的，应出具缴存现金时的现金缴款单原件及其有效身份证件。

第五十三条 存款人尚未清偿其开户银行债务的，不得申请撤销该账户。

第五十四条 存款人撤销银行结算账户，必须与开户银行核对银行结算账户存款余额，交回各种重要空白票据及结算凭证和开户登记证，银行核对无误后方可办理销户手续。存款人未按规定交回各种重要空白票据及结算凭证的，应出具有关证明，造成损失的，由其自行承担。

第五十五条 银行撤销单位银行结算账户时应在其基本存款账户开户登记证上注明销户日期并签章，同时于撤销银行结算账户之日起2个工作日内，向中国人民银行报告。

第五十六条 银行对一年未发生收付活动且未欠开户银行债务的单位银行结算账户，应通知单位自发出通知之日起30日内办理销户手续，逾期视同自愿销户，未划转款项列入久悬未取专户管理。

第五章 银行结算账户的管理

第五十七条 中国人民银行负责监督、检查银行结算账户的开立和使用，对存款人、银行违反银行结算账户管理规定的行为予以处罚。

第五十八条 中国人民银行对银行结算账户的开立和使用实施监控和管理。

第五十九条 中国人民银行负责基本存款账户、临时存款账户和预算单位专用存款账户开户登记证的管理。

任何单位及个人不得伪造、变造及私自印制开户登记证。

第六十条 银行负责所属营业机构银行结算账户开立和使用的管理，监督和检查其执行本办法的情况，纠正违规开立和使用银行结算账户的行为。

第六十一条 银行应明确专人负责银行结算账户的开立、使用和撤销的审查和管理，负责对存款人开户申请资料的审查，并按照本办法的规定及时报送存款人开销户信息资料，建立健全开销户登记制度，建立银行结算账户管理档案，按会计档案进行管理。

银行结算账户管理档案的保管期限为银行结算账户撤销后10年。

第六十二条 银行应对已开立的单位银行结算账户实行年检制度，检查开立的银行结算账户的合规性，核实开户资料的真实性；对不符合本办法规定开立的单位银行结算账户，应予以撤销。对经核实的各类银行结算账户的资料变动情况，应及时报告中国人民银行当地分支行。

银行应对存款人使用银行结算账户的情况进行监督，对存款人的可疑支付应按照中国人民银行规定的程序及时报告。

第六十三条 存款人应加强对预留银行签章的管理。单位遗失预留公章或财务专用章的，应向开户银行出具书面申请、开户登记证、营业执照等相关证明文件；更换预留公章或财务专用章时，应向开户银行出具书面申请、原预留签章的式样等相关证明文件。个人遗失或更换预留个人印章或更换签字人时，应向开户银行出具经签名确认的书面申请，以及原预留印章或签字人的个人身份证件。银行应留存相应的复印件，并凭以办理预留银行签章的变更。

第六章 罚　　则

第六十四条 存款人开立、撤销银行结算账户，不得有下列行为：

（一）违反本办法规定开立银行结算账户。

（二）伪造、变造证明文件欺骗银行开立银行结算账户。

（三）违反本办法规定不及时撤销银行结算账户。

非经营性的存款人，有上述所列行为之一的，给予警告并处以1 000元的罚款；经营性的存款人有上述所列行为之一的，给予警告并处以1万元以上3万元以下的罚款；构成犯罪的，移交司法机关依法追究刑事责任。

第六十五条 存款人使用银行结算账户，不得有下列行为：

（一）违反本办法规定将单位款项转入个人银行结算账户。

（二）违反本办法规定支取现金。

（三）利用开立银行结算账户逃废银行债务。

（四）出租、出借银行结算账户。

（五）从基本存款账户之外的银行结算账户转账存入、将销货收入存入或现金存入单位信用卡账户。

（六）法定代表人或主要负责人、存款人地址以及其他开户资料的变更事项未在规定期限内通知银行。

非经营性的存款人有上述所列一至五项行为的，给予警告并处以 1 000 元罚款；经营性的存款人有上述所列一至五项行为的，给予警告并处以 5 000 元以上 3 万元以下的罚款；存款人有上述所列第六项行为的，给予警告并处以 1 000 元的罚款。

第六十六条 银行在银行结算账户的开立中，不得有下列行为：

（一）违反本办法规定为存款人多头开立银行结算账户。

（二）明知或应知是单位资金，而允许以自然人名称开立账户存储。

银行有上述所列行为之一的，给予警告，并处以 5 万元以上 30 万元以下的罚款；对该银行直接负责的高级管理人员、其他直接负责的主管人员、直接责任人员按规定给予纪律处分；情节严重的，中国人民银行有权停止对其开立基本存款账户的核准，责令该银行停业整顿或者吊销经营金融业务许可证；构成犯罪的，移交司法机关依法追究刑事责任。

第六十七条 银行在银行结算账户的使用中，不得有下列行为：

（一）提供虚假开户申请资料欺骗中国人民银行许可开立基本存款账户、临时存款账户、预算单位专用存款账户。

（二）开立或撤销单位银行结算账户，未按本办法规定在其基本存款账户开户登记证上予以登记、签章或通知相关开户银行。

（三）违反本办法第四十二条规定办理个人银行结算账户转账结算。

（四）为储蓄账户办理转账结算。

（五）违反规定为存款人支付现金或办理现金存入。

（六）超过期限或未向中国人民银行报送账户开立、变更、撤销等资料。

银行有上述所列行为之一的，给予警告，并处以5 000元以上3万元以下的罚款；对该银行直接负责的高级管理人员、其他直接负责的主管人员、直接责任人员按规定给予纪律处分；情节严重的，中国人民银行有权停止对其开立基本存款账户的核准，构成犯罪的，移交司法机关依法追究刑事责任。

第六十八条 违反本办法规定，伪造、变造、私自印制开户登记证的存款人，属非经营性的处以1 000元罚款；属经营性的处以1万元以上3万元以下的罚款；构成犯罪的，移交司法机关依法追究刑事责任。

第七章 附 则

第六十九条 开户登记证由中国人民银行总行统一式样，中国人民银行各分行、营业管理部、省会（首府）城市中心支行负责监制。

第七十条 本办法由中国人民银行负责解释、修改。

第七十一条 本办法自2003年9月1日起施行。1994年10月9日中国人民银行发布的《银行账户管理办法》同时废止。

电子商业汇票业务管理办法

(2009年10月16日中国人民银行令〔2009〕第2号公布)

第一章 总 则

第一条 为规范电子商业汇票业务,保障电子商业汇票活动中当事人的合法权益,促进电子商业汇票业务发展,依据《中华人民共和国中国人民银行法》《中华人民共和国票据法》《中华人民共和国电子签名法》《中华人民共和国物权法》《票据管理实施办法》等有关法律法规,制定本办法。

第二条 电子商业汇票是指出票人依托电子商业汇票系统,以数据电文形式制作的,委托付款人在指定日期无条件支付确定金额给收款人或者持票人的票据。

电子商业汇票分为电子银行承兑汇票和电子商业承兑汇票。

电子银行承兑汇票由银行业金融机构、财务公司(以下统称金融机构)承兑;电子商业承兑汇票由金融机构以外的法人或其他组织承兑。

电子商业汇票的付款人为承兑人。

第三条 电子商业汇票系统是经中国人民银行批准建立,依托网络和计算机技术,接收、存储、发送电子商业汇票数据电文,提供与电子商业汇票货币给付、资金清算行为等相关服务的业务处理平台。

第四条 电子商业汇票各当事人应本着诚实信用原则,按照本办法的规定作出票据行为。

第五条　电子商业汇票的出票、承兑、背书、保证、提示付款和追索等业务，必须通过电子商业汇票系统办理。

第六条　电子商业汇票业务主体的类别分为：

（一）直接接入电子商业汇票系统的金融机构（以下简称接入机构）；

（二）通过接入机构办理电子商业汇票业务的金融机构（以下简称被代理机构）；

（三）金融机构以外的法人及其他组织。

电子商业汇票系统对不同业务主体分配不同的类别代码。

第七条　票据当事人办理电子商业汇票业务应具备中华人民共和国组织机构代码。

被代理机构、金融机构以外的法人及其他组织应通过接入机构办理电子商业汇票业务，并在接入机构开立账户。

第八条　接入机构提供电子商业汇票业务服务，应对客户基本信息的真实性负审核责任，并依据本办法及相关规定，与客户签订电子商业汇票业务服务协议，明确双方的权利和义务。

客户基本信息包括客户名称、账号、组织机构代码和业务主体类别等信息。

第九条　电子商业汇票系统运营者由中国人民银行指定和监管。

第十条　接入机构应按规定向客户和电子商业汇票系统转发电子商业汇票信息，并保证内部系统存储的电子商业汇票信息与电子商业汇票系统存储的相关信息相符。

第十一条　电子商业汇票信息以电子商业汇票系统的记录为准。

第十二条　电子商业汇票以人民币为计价单位。

第二章　基　本　规　定

第十三条　电子商业汇票为定日付款票据。

电子商业汇票的付款期限自出票日起至到期日止，最长不得超过1年。

第十四条 票据当事人在电子商业汇票上的签章，为该当事人可靠的电子签名。

电子签名所需的认证服务应由合法的电子认证服务提供者提供。

可靠的电子签名必须符合《中华人民共和国电子签名法》第十三条第一款的规定。

第十五条 电子商业汇票业务活动中，票据当事人所使用的数据电文和电子签名应符合《中华人民共和国电子签名法》的有关规定。

第十六条 客户开展电子商业汇票活动时，其签章所依赖的电子签名制作数据和电子签名认证证书，应向接入机构指定的电子认证服务提供者的注册审批机构申请。

接入机构为客户提供电子商业汇票业务服务或作为电子商业汇票当事人时，其签章所依赖的电子签名制作数据和电子签名认证证书，应向电子商业汇票系统运营者指定的电子认证服务提供者的注册审批机构申请。

第十七条 接入机构、电子商业汇票系统运营者指定的电子认证服务机构提供者，应对电子签名认证证书申请者的身份真实性负审核责任。

电子认证服务提供者依据《中华人民共和国电子签名法》承担相应责任。

第十八条 接入机构应对通过其办理电子商业汇票业务客户的电子签名真实性负审核责任。

电子商业汇票系统运营者应对接入机构的身份真实性和电子签名真实性负审核责任。

第十九条 电子商业汇票系统应实时接收、处理电子商业汇票信息，并向相关票据当事人的接入机构实时发送；接入机构应实时接收、处理电子商业汇票信息，并向相关票据当事人实时发送。

第二十条 出票人签发电子商业汇票，应将其交付收款人。

电子商业汇票背书，背书人应将电子商业汇票交付被背书人。

电子商业汇票质押解除，质权人应将电子商业汇票交付出质人。

交付是指票据当事人将电子商业汇票发送给受让人，受让人签收的行为。

第二十一条　本办法所称签收，是指票据当事人同意接受其他票据当事人的行为申请，签章并发送电子指令予以确认的行为。

本办法所称驳回，是指票据当事人拒绝接受其他票据当事人的行为申请，签章并发送电子指令予以确认的行为。

收款人、被背书人可与接入机构签订协议，委托接入机构代为签收或驳回行为申请，并代理签章。

商业承兑汇票的承兑人应与接入机构签订协议，在本办法规定的情况下，由接入机构代为签收或驳回提示付款指令，并代理签章。

第二十二条　出票人或背书人在电子商业汇票上记载了"不得转让"事项的，电子商业汇票不得继续背书。

第二十三条　票据当事人通过电子商业汇票系统作出行为申请，行为接收方未签收且未驳回的，票据当事人可撤销该行为申请。电子商业汇票系统为行为接收方的，票据当事人不得撤销。

第二十四条　电子商业汇票的出票日是指出票人记载在电子商业汇票上的出票日期。

电子商业汇票的提示付款日是指提示付款申请的指令进入电子商业汇票系统的日期。

电子商业汇票的拒绝付款日是指驳回提示付款申请的指令进入电子商业汇票系统的日期。

电子商业汇票追索行为的发生日是指追索通知的指令进入电子商业汇票系统的日期。

承兑、背书、保证、质押解除、付款和追索清偿等行为的发生日是指相应的签收指令进入电子商业汇票系统的日期。

第二十五条　电子商业汇票责任解除前，电子商业汇票的承兑人不得撤销原办理电子商业汇票业务的账户，接入机构不得为其办理销户手续。

第二十六条 接入机构终止提供电子商业汇票业务服务的，应按规定由其他接入机构承接其电子商业汇票业务服务。

第三章 票 据 行 为

第一节 出 票

第二十七条 电子商业汇票的出票，是指出票人签发电子商业汇票并交付收款人的票据行为。

出票人在电子商业汇票交付收款人前，可办理票据的未用退回。

出票人不得在提示付款期后将票据交付收款人。

第二十八条 电子商业汇票的出票人必须为金融机构以外的法人或其他组织。

电子银行承兑汇票的出票人应在承兑金融机构开立账户。

第二十九条 电子商业汇票出票必须记载下列事项：

（一）表明"电子银行承兑汇票"或"电子商业承兑汇票"的字样；

（二）无条件支付的委托；

（三）确定的金额；

（四）出票人名称；

（五）付款人名称；

（六）收款人名称；

（七）出票日期；

（八）票据到期日；

（九）出票人签章。

第三十条 出票人可在电子商业汇票上记载自身的评级信息，并对记载信息的真实性负责，但该记载事项不具有票据上的效力。

评级信息包括评级机构、信用等级和评级到期日。

第二节 承　兑

第三十一条 电子商业汇票的承兑，是指付款人承诺在票据到期日支付电子商业汇票金额的票据行为。

第三十二条 电子商业汇票交付收款人前，应由付款人承兑。

第三十三条 电子银行承兑汇票由真实交易关系或债权债务关系中的债务人签发，并交由金融机构承兑。

电子银行承兑汇票的出票人、收款人不得为同一人。

第三十四条 电子商业承兑汇票的承兑有以下几种方式：

（一）真实交易关系或债权债务关系中的债务人签发并承兑；

（二）真实交易关系或债权债务关系中的债务人签发，交由第三人承兑；

（三）第三人签发，交由真实交易关系或债权债务关系中的债务人承兑；

（四）收款人签发，交由真实交易关系或债权债务关系中的债务人承兑。

第三十五条 电子银行承兑汇票的出票人应向承兑金融机构提交真实、有效、用以证实真实交易关系或债权债务关系的交易合同或其他证明材料，并在电子商业汇票上作相应记录，承兑金融机构应负责审核。

第三十六条 承兑人应在票据到期日前，承兑电子商业汇票。

第三十七条 承兑人承兑电子商业汇票，必须记载下列事项：

（一）表明"承兑"的字样；

（二）承兑日期；

（三）承兑人签章。

第三十八条 承兑人可在电子商业汇票上记载自身的评级信息，并对记载信息的真实性负责，但该记载事项不具有票据上的效力。

评级信息包括评级机构、信用等级和评级到期日。

第三节 转让背书

第三十九条 转让背书是指持票人将电子商业汇票权利依法转让给他人的票据行为。

票据在提示付款期后，不得进行转让背书。

第四十条 转让背书应当基于真实、合法的交易关系和债权债务关系，或以税收、继承、捐赠、股利分配等合法行为为基础。

第四十一条 转让背书必须记载下列事项：

（一）背书人名称；

（二）被背书人名称；

（三）背书日期；

（四）背书人签章。

第四节 贴现、转贴现和再贴现

第四十二条 贴现是指持票人在票据到期日前，将票据权利背书转让给金融机构，由其扣除一定利息后，将约定金额支付给持票人的票据行为。

转贴现是指持有票据的金融机构在票据到期日前，将票据权利背书转让给其他金融机构，由其扣除一定利息后，将约定金额支付给持票人的票据行为。

再贴现是指持有票据的金融机构在票据到期日前，将票据权利背书转让给中国人民银行，由其扣除一定利息后，将约定金额支付给持票人的票据行为。

第四十三条 贴现、转贴现和再贴现按照交易方式，分为买断式和回购式。

买断式是指贴出人将票据权利转让给贴入人，不约定日后赎回的交易方式。

回购式是指贴出人将票据权利转让给贴入人，约定日后赎回的交易方式。

电子商业汇票贴现、转贴现和再贴现业务中转让票据权利的票据当事人为贴出人，受让票据权利的票据当事人为贴入人。

第四十四条 电子商业汇票当事人在办理回购式贴现、回购式转贴现和回购式再贴现业务时，应明确赎回开放日、赎回截止日。

赎回开放日是指办理回购式贴现赎回、回购式转贴现赎回和回购式再贴现赎回业务的起始日期。

赎回截止日是指办理回购式贴现赎回、回购式转贴现赎回和回购式再贴现赎回业务的截止日期，该日期应早于票据到期日。

自赎回开放日起至赎回截止日止，为赎回开放期。

第四十五条　在赎回开放日前，原贴出人、原贴入人不得作出除追索外的其他票据行为。

回购式贴现、回购式转贴现和回购式再贴现业务的原贴出人、原贴入人应按照协议约定，在赎回开放期赎回票据。

在赎回开放期未赎回票据的，原贴入人在赎回截止日后只可将票据背书给他人或行使票据权利，除票据关系以外的其他权利义务关系由双方协议约定。

第四十六条　持票人申请贴现时，应向贴入人提供用以证明其与直接前手间真实交易关系或债权债务关系的合同、发票等其他材料，并在电子商业汇票上作相应记录，贴入人应负责审查。

第四十七条　电子商业汇票贴现、转贴现和再贴现必须记载下列事项：

（一）贴出人名称；

（二）贴入人名称；

（三）贴现、转贴现或再贴现日期；

（四）贴现、转贴现或再贴现类型；

（五）贴现、转贴现或再贴现利率；

（六）实付金额；

（七）贴出人签章。

实付金额为贴入人实际支付给贴出人的金额。

回购式贴现、回购式转贴现和回购式再贴现还应记载赎回开放日和赎回截止日。

贴现还应记载贴出人贴现资金入账信息。

第四十八条 电子商业汇票回购式贴现、回购式转贴现和回购式再贴现赎回应作成背书，并记载下列事项：

（一）原贴出人名称；

（二）原贴入人名称；

（三）赎回日期；

（四）赎回利率；

（五）赎回金额；

（六）原贴入人签章。

第四十九条 贴现和转贴现利率、期限等由贴出人与贴入人协商确定。

再贴现利率由中国人民银行规定。

第五十条 电子商业汇票贴现、转贴现和再贴现可选择票款对付方式或其他方式清算资金。

本办法所称票款对付，是指票据交付和资金交割同时完成，并互为条件的一种交易方式。

第五节 质 押

第五十一条 电子商业汇票的质押，是指电子商业汇票持票人为了给债权提供担保，在票据到期日前在电子商业汇票系统中进行登记，以该票据为债权人设立质权的票据行为。

第五十二条 主债务到期日先于票据到期日，且主债务已经履行完毕的，质权人应按约定解除质押。

主债务到期日先于票据到期日，且主债务到期未履行的，质权人可行使票据权利，但不得继续背书。

票据到期日先于主债务到期日的，质权人可在票据到期后行使票据权利，并与出质人协议将兑现的票款用于提前清偿所担保的债权或继续作为债权的担保。

第五十三条 电子商业汇票质押，必须记载下列事项：

（一）出质人名称；

（二）质权人名称；

（三）质押日期；

（四）表明"质押"的字样；

（五）出质人签章。

第五十四条 电子商业汇票质押解除，必须记载下列事项：

（一）表明"质押解除"的字样；

（二）质押解除日期。

第六节 保　　证

第五十五条 电子商业汇票的保证，是指电子商业汇票上记载的债务人以外的第三人保证该票据获得付款的票据行为。

第五十六条 电子商业汇票获得承兑前，保证人作出保证行为的，被保证人为出票人。

电子商业汇票获得承兑后、出票人将电子商业汇票交付收款人前，保证人作出保证行为的，被保证人为承兑人。

出票人将电子商业汇票交付收款人后，保证人作出保证行为的，被保证人为背书人。

第五十七条 电子商业汇票保证，必须记载下列事项：

（一）表明"保证"的字样；

（二）保证人名称；

（三）保证人住所；

（四）被保证人名称；

（五）保证日期；

（六）保证人签章。

第七节 付　　款

第五十八条　提示付款是指持票人通过电子商业汇票系统向承兑人请求付款的行为。

持票人应在提示付款期内向承兑人提示付款。

提示付款期自票据到期日起10日，最后一日遇法定休假日、大额支付系统非营业日、电子商业汇票系统非营业日顺延。

第五十九条　持票人在票据到期日前提示付款的，承兑人可付款或拒绝付款，或于到期日付款。承兑人拒绝付款或未予应答的，持票人可待票据到期后再次提示付款。

第六十条　持票人在提示付款期内提示付款的，承兑人应在收到提示付款请求的当日至迟次日（遇法定休假日、大额支付系统非营业日、电子商业汇票系统非营业日顺延）付款或拒绝付款。

持票人超过提示付款期提示付款的，接入机构不得拒绝受理。持票人在作出合理说明后，承兑人仍应当承担付款责任，并在上款规定的期限内付款或拒绝付款。

电子商业承兑汇票承兑人在票据到期后收到提示付款请求，且在收到该请求次日起第3日（遇法定休假日、大额支付系统非营业日、电子商业汇票系统非营业日顺延）仍未应答的，接入机构应按其与承兑人签订的《电子商业汇票业务服务协议》，进行如下处理：

（一）承兑人账户余额在该日电子商业汇票系统营业截止时足够支付票款的，则视同承兑人同意付款，接入机构应扣划承兑人账户资金支付票款，并在下一日（遇法定休假日、大额支付系统非营业日、电子商业汇票系统非营业日顺延）电子商业汇票系统营业开始时代承兑人作出付款应答，并代理签章；

（二）承兑人账户余额在该日电子商业汇票系统营业截止时不足以支付票款的，则视同承兑人拒绝付款，接入机构应在下一日（遇法定休假日、大额支付系统非营业日、电子商业汇票系统非营业日顺延）电子商业汇票系统营业开始时代承兑人作出拒付应答，并代理签章。

第六十一条 接入机构应及时将持票人的提示付款请求通知电子商业承兑汇票的承兑人。通知方式由接入机构与承兑人自行约定。

第六十二条 持票人可选择票款对付方式或其他方式向承兑人提示付款。

第六十三条 电子商业汇票提示付款，必须记载下列事项：

（一）提示付款日期；

（二）提示付款人签章。

持票人可与接入机构签订协议，委托接入机构代为提示付款并代理签章。

第六十四条 承兑人付款或拒绝付款，必须记载下列事项：

（一）承兑人名称；

（二）付款日期或拒绝付款日期；

（三）承兑人签章。

承兑人拒绝付款的，还应注明拒付理由。

第八节　追　索

第六十五条 追索分为拒付追索和非拒付追索。

拒付追索是指电子商业汇票到期后被拒绝付款，持票人请求前手付款的行为。

非拒付追索是指存在下列情形之一，持票人请求前手付款的行为：

（一）承兑人被依法宣告破产的；

（二）承兑人因违法被责令终止业务活动的。

第六十六条 持票人在票据到期日前被拒付的，不得拒付追索。

持票人在提示付款期内被拒付的，可向所有前手拒付追索。

持票人超过提示付款期提示付款被拒付的，若持票人在提示付款期内曾发出过提示付款，则可向所有前手拒付追索；若未在提示付款期内发出过提示付款，则只可向出票人、承兑人拒付追索。

第六十七条 追索时，追索人应当提供拒付证明。

拒付追索时，拒付证明为票据信息和拒付理由。

非拒付追索时，拒付证明为票据信息和相关法律文件。

第六十八条 持票人因电子商业汇票到期后被拒绝付款或法律法规规定其他原因，拥有的向票据债务人追索的权利，在下列期间内不行使而消灭：

（一）持票人对出票人、承兑人追索和再追索权利时效，自票据到期日起2年，且不短于持票人对其他前手的追索和再追索权利时效。

（二）持票人对其他前手的追索权利时效，自被拒绝付款之日起6个月；持票人对其他前手的再追索权利时效，自清偿日或被提起诉讼之日起3个月。

第六十九条 持票人发出追索通知，必须记载下列事项：

（一）追索人名称；

（二）被追索人名称；

（三）追索通知日期；

（四）追索类型；

（五）追索金额；

（六）追索人签章。

第七十条 电子商业汇票清偿，必须记载下列事项：

（一）追索人名称；

（二）清偿人名称；

（三）同意清偿金额；

（四）清偿日期；

（五）清偿人签章。

第四章　信　息　查　询

第七十一条 票据当事人可通过接入机构查询与其相关的电子商业汇票票据信息。

第七十二条　接入机构应记录其与电子商业汇票系统之间发送和接收的电子商业汇票票据信息，并按规定将该信息向客户展示。

票据信息包括票面信息和行为信息。

票面信息是指出票人将票据交付收款人后、其他行为发生前，记载在票据上的所有信息。

行为信息是指票据行为的必须记载事项。

第七十三条　出票人可查询电子商业汇票票面信息。

承兑人在收到提示付款申请前，可查询电子商业汇票票面信息。收到提示付款申请后，可查询该票据的所有票据信息。

收款人、被背书人和保证人可查询自身作出的行为信息及之前的票据信息。

持票人可查询所有票据信息。

在追索阶段，被追索人可查询所有票据信息。

第七十四条　票据当事人对票据信息有异议的，应通过接入机构向电子商业汇票系统运营者提出书面申请，电子商业汇票系统运营者应在10个工作日内按照查询权限办理相关查询业务。

第七十五条　电子商业汇票所有票据行为中，处于待签收状态的接收方可向电子商业汇票系统查询该票据承兑人和行为发起方的电子商业汇票支付信用信息。

第七十六条　电子商业汇票系统仅提供票据当事人的电子商业汇票支付信用信息，不对其进行信用评价或评级。

第五章　法　律　责　任

第七十七条　电子商业汇票发生法律纠纷时，电子商业汇票系统运营者负有出具电子商业汇票系统相关记录的义务。

第七十八条　承兑人应及时足额支付电子商业汇票票款。承兑人故意压票、拖延支付，影响持票人资金使用的，按中国人民银行规定的同档次流动资金贷款利率计付赔偿金。

第七十九条 电子银行承兑汇票的出票人于票据到期日未能足额交存票款时，承兑人除向持票人无条件付款外，对出票人尚未支付的汇票金额转入逾期贷款处理，并按照每天万分之五计收罚息。

第八十条 电子商业汇票相关各方存在下列情形之一，影响电子商业汇票业务处理或造成其他票据当事人资金损失的，应承担相应赔偿责任。中国人民银行有权视情节轻重对其处以警告或3万元以下罚款：

（一）作为电子银行承兑汇票承兑人的财务公司、电子商业承兑汇票的承兑人违反《中华人民共和国票据法》《票据管理实施办法》和本办法规定无理拒付或拖延支付的；

（二）接入机构为客户提供电子商业汇票业务服务，未对客户基本信息尽审核义务的；

（三）为电子商业汇票业务活动提供电子认证服务的电子认证服务提供者，未依据《中华人民共和国电子签名法》承担相应责任的；

（四）接入机构为客户提供电子商业汇票业务服务，未对客户电子签名真实性进行认真审核，造成资金损失的；

（五）电子商业汇票系统运营者未对接入机构身份真实性和电子签名真实性进行认真审核，造成资金损失的；

（六）接入机构因清算资金不足导致电子商业汇票资金清算失败，给票据当事人造成损失的；

（七）接入机构因人为或系统原因未及时转发电子商业汇票信息，给票据当事人造成损失的；

（八）接入机构内部系统存储的电子商业汇票信息与电子商业汇票系统相关信息严重不符，给票据当事人造成损失的；

（九）接入机构的内部系统出现故障，未及时排除，造成重大影响的；

（十）电子商业汇票系统运营者运营的电子商业汇票系统出现故障，未及时排除，造成重大影响的；

（十一）电子商业汇票债务解除前，接入机构违反本办法规定为承兑人撤销账户的；

（十二）其他违反《中华人民共和国票据法》《票据管理实施办法》及本办法规定的行为。

第八十一条　电子商业汇票当事人应当妥善保管电子签名制作数据，严防泄露。因保管不善造成资金损失的，有关责任方应当依法承担赔偿责任。

第八十二条　金融机构发现利用电子商业汇票从事违法犯罪活动的，应依法履行报告义务。

第六章　附　　则

第八十三条　电子商业汇票的数据电文格式和票据显示样式由中国人民银行统一规定。

第八十四条　本办法未尽事宜，遵照《中华人民共和国票据法》《票据管理实施办法》等法律法规执行。

第八十五条　本办法由中国人民银行负责解释和修订。

第八十六条　本办法自公布之日起施行。

关于进一步加强财会监督工作的意见

（2023年2月15日中共中央办公厅、国务院办公厅印发）

财会监督是依法依规对国家机关、企事业单位、其他组织和个人的财政、财务、会计活动实施的监督。近年来，财会监督作为党和国家监督体系的重要组成部分，在推进全面从严治党、维护中央政令畅通、规范财经秩序、促进经济社会健康发展等方面发挥了重要作用，同时也存在监督体系尚待完善、工作机制有待理顺、法治建设亟待健全、监督能力有待提升、一些领域财经纪律亟需整治等问题。为进一步加强财会监督工作，更好发挥财会监督职能作用，现提出如下意见。

一、总体要求

（一）指导思想

以习近平新时代中国特色社会主义思想为指导，深入贯彻党的二十大精神，完整、准确、全面贯彻新发展理念，加快构建新发展格局，着力推动高质量发展，更好统筹发展和安全，坚持以完善党和国家监督体系为出发点，以党内监督为主导，突出政治属性，严肃财经纪律，健全财会监督体系，完善工作机制，提升财会监督效能，促进财会监督与其他各类监督贯通协调，推动健全党统一领导、全面覆盖、权威高效的监督体系。

（二）工作要求

——坚持党的领导，发挥政治优势。坚持加强党的全面领导和党中央集中统一领导，把党的领导落实到财会监督全过程各方面，确保党中央、国务院重大决策部署有效贯彻落实。

——坚持依法监督，强化法治思维。按照全面依法治国要求，健全财经领域法律法规和政策制度，加快补齐法治建设短板，依法依规开展监督，严格执法、严肃问责。

——坚持问题导向，分类精准施策。针对重点领域多发、高发、易发问题和突出矛盾，分类别、分阶段精准施策，强化对公权力运行的制约和监督，建立长效机制，提升监督效能。

——坚持协同联动，加强贯通协调。按照统筹协同、分级负责、上下联动的要求，健全财会监督体系，构建高效衔接、运转有序的工作机制，与其他各类监督有机贯通、相互协调，形成全方位、多层次、立体化的财会监督工作格局。

（三）主要目标

到 2025 年，构建起财政部门主责监督、有关部门依责监督、各单位内部监督、相关中介机构执业监督、行业协会自律监督的财会监督体系；基本建立起各类监督主体横向协同，中央与地方纵向联动，财会监督与其他各类监督贯通协调的工作机制；财会监督法律制度更加健全，信息化水平明显提高，监督队伍素质不断提升，在规范财政财务管理、提高会计信息质量、维护财经纪律和市场经济秩序等方面发挥重要保障作用。

二、进一步健全财会监督体系

（四）加强党对财会监督工作的领导

各级党委要加强对财会监督工作的领导，保障党中央决策部署落实到位，统筹推动各项工作有序有效开展。各级政府要建立财会监督协调工作机制，明确工作任务、健全机制、完善制度，加强对下级财会监督工作的督促和指导。

（五）依法履行财会监督主责

各级财政部门是本级财会监督的主责部门，牵头组织对财政、财务、会计管理法律法规及规章制度执行情况的监督。加强预算管理监督，推动构建完善综合统筹、规范透明、约束有力、讲求绩效、持续安全的现代预算制度，推进全面实施预算绩效管理。加强对行政事业性国有资产管理规章制度、政府采购制度实施情况的监督，保障国有资产安全完整，规范政府采购行为。加强对财务管理、内部控制的监督，督促指导相关单位规范财务管理，提升内部管理水平。加强对会计行为的监督，提高会计信息质量。加强对注册会计师、资产评估和代理记账行业执业质量的监督，规范行业秩序，促进行业健康发展。

（六）依照法定职责实施部门监督

有关部门要依法依规强化对主管、监管行业系统和单位财会监督工作的督促指导。加强对所属单位预算执行的监督，强化预算约束。按照职责分工加强对政府采购活动、资产评估行业的监督，提高政府采购资金使用效益，推动资产评估行业高质量发展。加强对归口财务管理单位财务活动的指导和监督，严格财务管理。按照会计法赋予的职权对有关单位的会计资料实施监督，规范会计行为。

（七）进一步加强单位内部监督

各单位要加强对本单位经济业务、财务管理、会计行为的日常监督。结合自身实际建立权责清晰、约束有力的内部财会监督机制和内部控制体系，明确内部监督的主体、范围、程序、权责等，落实单位内部财会监督主体责任。各单位主要负责人是本单位财会监督工作第一责任人，对本单位财会工作和财会资料的真实性、完整性负责。单位内部应明确承担财会监督职责的机构或人员，负责本单位经济业务、财会行为和会计资料的日常监督检查。财会人员要加强自我约束，遵守职业道德，拒绝办理或按照职权纠正违反法律法规规定的财会事项，有权检举单位或个人的违法违规行为。

（八）发挥中介机构执业监督作用

会计师事务所、资产评估机构、税务师事务所、代理记账机构等中介机构要严格依法履行审计鉴证、资产评估、税收服务、会计服务等职责，确保独立、客观、公正、规范执业。切实加强对执业质量的把控，完善内部控制制度，建立内部风险防控机制，加强风险分类防控，提升内部管理水平，规范承揽和开展业务，建立健全事前评估、事中跟踪、事后评价管理体系，强化质量管理责任。持续提升中介机构一体化管理水平，实现人员调配、财务安排、业务承接、技术标准、信息化建设的实质性一体化管理。

（九）强化行业协会自律监督作用

注册会计师协会、资产评估协会、注册税务师协会、银行业协会、证券业协会等要充分发挥督促引导作用，促进持续提升财会信息质量和内部控制有效性。加强行业诚信建设，健全行业诚信档案，把诚信建设要求贯穿行业管理和服务工作各环节。进一步加强行业自律监管，运用信用记录、警示告诫、公开曝光等措施加大惩戒力度，完善对投诉举报、媒体质疑等的处理机制，推动提升财会业务规范化水平。

三、完善财会监督工作机制

（十）加强财会监督主体横向协同

构建财政部门、有关部门、各单位、中介机构、行业协会等监督主体横向协同工作机制。各级财政部门牵头负责本级政府财会监督协调工作机制日常工作,加强沟通协调,抓好统筹谋划和督促指导;税务、人民银行、国有资产监管、银行保险监管、证券监管等部门积极配合、密切协同。建立健全部门间财会监督政策衔接、重大问题处理、综合执法检查、监督结果运用、监督线索移送、监督信息交流等工作机制,形成监督合力,提升监督效能。建立部门与行业协会联合监管机制,推动行政监管与自律监管有机结合。相关中介机构要严格按照法律法规、准则制度进行执业,并在配合财会监督执法中提供专业意见。中介机构及其从业人员对发现的违法违规行为,应及时向主管部门、监管部门和行业协会报告。各单位应配合依法依规实施财会监督,不得拒绝、阻挠、拖延,不得提供虚假或者有重大遗漏的财会资料及信息。

(十一)强化中央与地方纵向联动

压实各有关方面财会监督责任,加强上下联动。国务院财政部门加强财会监督工作的制度建设和统筹协调,牵头组织制定财会监督工作规划,明确年度监督工作重点,指导推动各地区各部门各单位组织实施。县级以上地方政府和有关部门依法依规组织开展本行政区域内财会监督工作。国务院有关部门派出机构依照法律法规规定和上级部门授权实施监督工作。地方各级政府和有关部门要畅通财会监督信息渠道,建立财会监督重大事项报告机制,及时向上一级政府和有关部门反映财会监督中发现的重大问题。

(十二)推动财会监督与其他各类监督贯通协调

建立健全信息沟通、线索移送、协同监督、成果共享等工作机制。开展财会监督要自觉以党内监督为主导,探索深化贯通协调有效路径,加强与巡视巡察机构协作,建立重点监督协同、重大事项会商、线索移交移送机制,通报财会监督检查情况,研究办理巡视巡察移交的建议;加强与纪检监察机关的贯通协调,完善财会监督与纪检监察监督在贯彻落实中央八项规定精神、纠治"四风"、整治群众身边腐败和不正之风等方面要求贯通协调机制，加强监督成果共享，发现党员、监察对象涉嫌违纪或职务违法、职务犯罪的问题线索，依法依规及时移送纪检监察机关；发挥财会监督专业力量作用，选派财会业务骨干参加巡视巡察、纪委监委监督检查和审查调查。强化与人大监督、民主监督的配合协同，完善与人大监督在提高预算管理规范性、有效性等方面贯通协调机制。增强与行政监督、司法监督、审计监督、统计监督的协同性和联动性，加强信息共享，推动建立健全长效机制，形成监督合力。畅通群众监督、舆论监督渠道，健全财会监督投诉举报受理机制，完善受理、查处、跟踪、整改等制度。

四、加大重点领域财会监督力度

（十三）保障党中央、国务院重大决策部署贯彻落实

把推动党中央、国务院重大决策部署贯彻落实作为财会监督工作的首要任务。聚焦深化供给侧结构性改革，做好稳增长、稳就业、稳物价工作，保障和改善民生，防止资本无序扩张，落实财政改革举措等重大部署，综合运用检查核查、评估评价、监测监控、调查研究等方式开展财会监督，严肃查处财经领域违反中央宏观决策和治理调控要求、影响经济社会健康稳定发展的违纪违规行为，确保党中央政令畅通。

（十四）强化财经纪律刚性约束

加强对财经领域公权力行使的制约和监督，严肃财经纪律。聚焦贯彻落实减税降费、党政机关过紧日子、加强基层保基本民生保工资保运转工作、规范国库管理、加强资产管理、防范债务风险等重点任务，严肃查处财政收入不真实不合规、违规兴建楼堂馆所、乱设财政专户、违规处置资产、违规新增地方政府隐性债务等突出问题，强化通报问责和处理处罚，使纪律真正

成为带电的"高压线"。

（十五）严厉打击财务会计违法违规行为

坚持"强穿透、堵漏洞、用重典、正风气"，从严从重查处影响恶劣的财务舞弊、会计造假案件，强化对相关责任人的追责问责。加强对国有企业、上市公司、金融企业等的财务、会计行为的监督，严肃查处财务数据造假、出具"阴阳报告"、内部监督失效等突出问题。加强对会计信息质量的监督，依法严厉打击伪造会计账簿、虚构经济业务、滥用会计准则等会计违法违规行为，持续提升会计信息质量。加强对会计师事务所、资产评估机构、代理记账机构等中介机构执业质量监督，聚焦行业突出问题，加大对无证经营、挂名执业、违规提供报告、超出胜任能力执业等违法违规行为的整治力度，强化行业日常监管和信用管理，坚决清除害群之马。

五、保障措施

（十六）加强组织领导

各地区各有关部门要强化组织领导，加强协同配合，结合实际制定具体实施方案，确保各项工作任务落地见效。将财会监督工作推进情况作为领导班子和有关领导干部考核的重要内容；对于贯彻落实财会监督决策部署不力、职责履行不到位的，要严肃追责问责。

（十七）推进财会监督法治建设

健全财会监督法律法规制度，及时推动修订预算法、会计法、注册会计师法、资产评估法、财政违法行为处罚处分条例等法律法规。健全财政财务管理、资产管理等制度，完善内部控制制度体系。深化政府会计改革，完善企业会计准则体系和非营利组织会计制度，增强会计准则制度执行效果。

（十八）加强财会监督队伍建设

县级以上财政部门应强化财会监督队伍和能力建设。各单位应配备与财会监督职能任务相匹配的人员力量，完善财会监督人才政策体系，加强财会监督人才培训教育，分类型、分领域建立高层次财会监督人才库，提升专业能力和综合素质。按照国家有关规定完善财会监督人才激励约束机制。

（十九）统筹推进财会监督信息化建设

深化"互联网+监督"，充分运用大数据和信息化手段，切实提升监管效能。依托全国一体化在线政务服务平台，统筹整合各地区各部门各单位有关公共数据资源，分级分类完善财会监督数据库，推进财会监督数据汇聚融合和共享共用。构建财会领域重大风险识别预警机制。

（二十）提升财会监督工作成效

优化监督模式与方式方法，推动日常监督与专项监督、现场监督与非现场监督、线上监督与线下监督、事前事中事后监督相结合，实现监督和管理有机统一。加大对违法违规行为的处理处罚力度，大幅提高违法违规成本，推动实施联合惩戒，依法依规开展追责问责。加强财会监督结果运用，完善监督结果公告公示制度，对违反财经纪律的单位和人员，加大公开曝光力度，属于党员和公职人员的，及时向所在党组织、所在单位通报，发挥警示教育作用。

（二十一）加强宣传引导

加强财会监督法律法规政策宣传贯彻，强化财会从业人员执业操守教育。在依法合规、安全保密等前提下，大力推进财会信息公开工作，提高财会信息透明度。鼓励先行先试，强化引领示范，统筹抓好财会监督试点工作。加强宣传解读和舆论引导，积极回应社会关切，充分调动各方面积极性，营造财会监督工作良好环境。

关于新时代加强和改进代理记账工作的意见

（财会〔2023〕26号印发）

为贯彻落实中央办公厅、国务院办公厅印发的《关于进一步加强财会监督工作的意见》精神，加强代理记账行业监督管理，提高代理记账工作水平，规范会计服务市场秩序，促进行业健康发展，现提出如下意见。

一、总体要求

以习近平新时代中国特色社会主义思想为指导，深入贯彻党的二十大精神，完整、准确、全面贯彻新发展理念，加快构建新发展格局，按照党中央、国务院关于加强财会监督、严肃财经纪律的决策部署，坚持问题导向和系统观念，坚持监管与服务并重，推进代理记账工作闭环管理，夯实法治基础，强化行业监管，打造法治化、规范化、市场化的营商环境，为提升会计信息质量、维护国家财经秩序提供有力保障，促进高质量发展。

二、进一步健全法治体系

（一）健全完善法律规章制度

加快推动会计法修改工作，完善国家统一的会计制度，强化从事代理记账业务法律责任。修改《代理记账管理办法》，强化代理记账管理有关要求，优化行政监管方式，细化违法违规情形，明确处理处罚标准。指导地方建立健全代理记账行业管理具体实施办法。加大行业法律法规宣传贯彻力度，营造依法依规执业的良好氛围。

（二）制定实施行业执业规范

制定代理记账基础工作规范，聚焦代理记账业务的主要工作流程与质量要求，形成全国统一的执业规范性文件。推动执业规范有效执行，督促和引导代理记账机构规范执业程序，加强内部管理与质量控制，严格按照国家统一的会计制度进行会计核算，保证会计信息质量。强化执业规范运用，将执业规范作为衡量代理记账机构执业质量、开展监督检查的重要依据。

三、加大监督管理力度

（三）进一步加强行政监督

完善全国代理记账行业监管服务平台，构建全生命周期管理闭环，建设行业标准信息库，实现分析预警功能，提升非现场监管能力，解决执法力量不足、监管存在盲区等问题。聚焦"无证经营"、"虚假承诺"等行业突出问题，持续开展专项整治。加强常态化监督检查，严格全覆盖核查、"双随机、一公开"日常检查、重点专项检查，健全完善工作机制，细化监督检查工作规范和要求。加大对典型案件的曝光力度，强化反面警示，形成有效震慑。督促代理记账机构做好年度备案、变更登记等工作，加强报送信息的真实性、完整性核查。

（四）发挥行业协会自律监督作用

完善代理记账行业协会管理机制，加强对行业协会的政策和业务指导，强化行业协会备案管理，建立健全工作联系机制。推动行业协会吸纳更多会员机构，建立会员机构综合评价体系。引导行业协会按照有关规定做好会员信用管理、内部控制建设、服务质量监督等方面的自律监督工作，规范运用信用记录、警示告诫、公开曝光等方法加大违法违规行为惩戒力度。鼓励行业协会定期开展行业分析工作，加强行业协会间业务交流。将行业协会的评价监督结果作为财政部门强化监管、优化服务的重要参考。

（五）提升信用监管效能

建立健全代理记账行业信用信息采集、使用和管理制度，利用信息化等手段掌握代理记账机构及其从业人员的执业情况和信用情况。制定实施行业信用评级评价制度和标准，建立健全信用分级分类监管机制。强化事前信用核查、事中信用评估分级和分类检查、事后奖惩和信用修复的全链条全领域监管，通过守信激励和失信惩戒措施持续加强行业诚信建设。

四、促进高质量发展

（六）提高数字化服务水平

鼓励地方基于代理记账服务，探索打造涵盖财税咨询、商事登记、金融服务等业务在内的全流程一体化中小微企业管理服务平台，推动支持中小微企业发展的政策直达快享机制落实。引导代理记账机构充分运用大数据、人工智能、区块链等技术手段，选用或打造数字化业务管理系统，对机构业务开展、合同管理、质量控制、人员管理、财务管理等方面进行规范管理，有效提升对内管理和对外服务水平。

（七）加大行业人才培养力度

建立完善"选、育、管、用"全链条机制，构建多层次、多渠道的人才培养体系，优化代理记账人才队伍结构，确保人才队伍持续稳定向好。实施代理记账行业人才专项培养计划，注重加强对行业协会负责人、代理记账机构负责人及业务骨干的培训。推动代理记账机构与大中专院校产教融合发展。丰富从业人员继续教育内容，注重职业道德教育，加强诚信建设。鼓励和支持行业协会围绕服务会员机构与推动行业发展，创新开展优秀人才培养。

（八）强化政策引导

鼓励地方结合实际情况为中小微企业购买代理记账服务，发挥代理记账机构在中小微企业成长发展历程中的专业支持作用，规范中小微企业会计行为，提升中小微企业会计信息质量。制定电子凭证会计数据标准，在试点基础上加快推广应用，推动会计数据增信，服务普惠金融政策落实。引导和鼓励在农村财务管理中引入代理记账服务，发挥代理记账机构在规范村级会计核算、服务提升乡村治理效能中的重要作用。行政事业单位、社会团体等单位在确保风险可控的前提下，可根据实际情况引入代理记账服务，提高会计管理能力与水平。

（九）加快转型升级

鼓励代理记账机构不断拓展财税相关业务的广度与深度，创新商业模式，通过优化业务流程、推动服务产品升级，提升核心竞争力。鼓励代理记账机构积极开展品牌建设，通过提升服务质量和扩大市场规模，提升机构知名度。积极打造行业交流平台，总结先进经验做法，持续提升业务水平和发展效能。鼓励发挥规模化优势，通过多维度合作，整合相关领域行业资源，推进行业平台化发展和一体化品牌打造。

五、保障措施

（十）加强组织领导

财政部加强对全国代理记账工作的统筹谋划，做好顶层设计，建立健全工作联动机制。地方财政部门要加强对本地区代理记账工作的组织领导和统筹协调，制定加强和改进代理记账工作的具体实施方案，健全工作落实机制，确保各项工作任务落地见效。

（十一）完善协同机制

建立健全财政部门与税务、市场监管等监管部门间的协同机制，积极推进跨部门联合监管，推动信息系统对接和数据共享，强化监管资源整合，加强政策衔接，形成工作合力。加强财政部门会计管理机构与监督检查机构的协作配合，明确职责分工，压实工作责任，统筹做好代理记账行业管理工作。

（十二）强化队伍建设

加强一线执法队伍建设，整合行政执法力量，推动执法力量下沉，分级分类分岗位组织专题培训和业务培训，提高行政执法人员的业务能力和综合素质，配齐配强与执法检查任务相适应的工作力量，为代理记账行业管理提供有力支撑。

（十三）做好宣传引导

各级财政部门及代理记账行业协会要加大代理记账行业政策法规宣传力度，广泛开展政策解读和舆论引导，及时总结推广典型经验，主动回应社会关切，提升行业发展信心与社会形象。

会计改革与发展"十四五"规划纲要

(财会〔2021〕27号印发)

为科学规划、全面指导"十四五"时期的会计改革与发展,根据《中共中央关于制定国民经济和社会发展第十四个五年规划和二〇三五年远景目标的建议》《中华人民共和国国民经济和社会发展第十四个五年规划和2035年远景目标纲要》《财政"十四五"规划》(财综〔2021〕38号)和《国务院办公厅关于进一步规范财务审计秩序 促进注册会计师行业健康发展的意见》(国办发〔2021〕30号)有关精神,我们制定了本规划纲要。

一、面临的形势与挑战

(一)"十三五"时期会计改革与发展回顾。

"十三五"时期是会计改革与发展推陈出新、成果丰硕、具有重要意义的五年,《会计改革与发展"十三五"规划纲要》(财会〔2016〕19号)确定的各项任务基本完成,为会计工作进入新的高质量发展阶段打下坚实基础。

——会计法治建设成效显著。《中华人民共和国会计法》《中华人民共和国注册会计师法》修订取得阶段性进展,《会计档案管理办法》(财政部 国家档案局令第79号)、《会计师事务所执业许可和监督管理办法》(财政部令第89号)等4项部门规章修订并有效实施,《财政部关于加强国家统一的会计制度贯彻实施工作的指导意见》（财会〔2019〕17号）等16项规范性文件相继出台，会计人员诚信建设扎实推进，良法促进发展保障善治的会计法治环境正在逐步形成。

——政府会计改革全面推进。从无到有，包括1项基本准则、10项具体准则及2项应用指南、1项统一的政府会计制度和3项解释在内的具有中国特色的政府会计准则制度体系基本建成并稳步实施，为深化权责发生制政府综合财务报告制度改革夯实制度基础，为开展政府信用评级、加强资产负债管理、改进政府绩效监督考核、防范财政风险等提供支撑。

——企业会计标准持续完善。坚持与国际财务报告准则持续趋同的总基调，收入、金融工具等11项具体准则及5项准则解释修订印发并得到有效实施，建立企业会计准则实施机制以积极回应并解决会计准则实施中的技术问题，为助力供给侧结构性改革、服务经济社会和资本市场健康发展提供高质量会计信息支持。

——社会审计标准更加健全。保持与国际审计准则、国际会计师职业道德守则的持续动态趋同，修订33项注册会计师审计准则以及会计师事务所质量管理准则、注册会计师职业道德守则，完成注册会计师审计报告改革，推动会计师事务所建立健全质量管理体系，大力提升注册会计师执业质量和职业道德水平。

——会计职能转型实现突破。着眼于服务各类单位提高内部管理水平和风险防范能力，管理会计指引体系基本建成并得到广泛应用，内部控制建设防风险、防舞弊的作用日益显现，电子会计凭证应用全面推开，统一的会计数据标准更加健全，会计职能实现从传统的算账、记账、核账、报账向价值管理、资本运营、战略决策辅助等职能持续转型升级。

——会计人才素质明显提升。会计人才培养方式持续创新，职称制度改革深入推进，人员队伍结构持续向好，具备初、中、高级资格会计人员分别达到670.20万人、242.02万人和20.57万人，重点人才培养工程陆续推出，高端人才培养力度持续加大,为行业改革与发展提供人才保障。

——会计服务市场更加繁荣。以无纸化、"零跑路"为重点,持续深化会计领域"放管服"改革,积极打造更友好的营商环境。大力倡导质量优先发展,狠抓服务质量整治,会计审计业监管不断加强,会计审计工作质量得到有效改善。注册会计师行业收入年均增长率超过10%,代理记账行业收入年均增长率达到31%,会计服务市场活力得到充分激发。

——对外交流合作不断深化。全面参与会计国际标准的制定和重要会计国际机构治理,不断增强我国在会计国际规则制定的话语权,会计合作写入金砖国家领导人厦门宣言,"一带一路"国家会计准则合作论坛成功举办,双边、多边会计合作进展显著,我国在会计领域的国际影响力得到显著提升。

在肯定会计改革与发展取得成绩的同时,应当正视会计工作中存在的问题和不足,主要表现在会计审计标准体系建设仍需加强、会计服务市场管理仍需创新、会计审计工作质量仍需提升、高端人才供给仍显不足、法治建设仍有差距、数字化转型仍需加快,这些问题需要在"十四五"时期通过制度创新、体制优化、机制变革切实加以解决。

(二)"十四五"时期会计改革与发展面临的形势与挑战。

"十四五"时期是会计工作实现高质量发展的关键时期,会计作为宏观经济管理和市场资源配置的基础性工作,在我国全面深化改革和深度融入经济全球化的进程中,面临难得的发展机遇,同时也面临着诸多挑战。

——从国际看,一方面,世界正经历百年未有之大变局,国际形势的不稳定性不确定性明显增加。新冠肺炎疫情大流行影响广泛深远,经济全球化遭遇逆流,外部环境面临深刻而复杂的变化,将会深刻影响现有国际会计秩序。另一方面,和平与发展仍然是时代主题,人类命运共同体深入人心,多边主义仍是国际关系主流,全球经贸往来频繁,跨境资本流动规模增加,跨境会计、审计合作及监管面临新的挑战。

——从国内看，一方面，我国已开启了向第二个百年奋进的新征程，经济增长已由高速增长阶段转向高质量发展阶段，制度优势和治理优势不断凸显，市场配置资源的决定性作用显著增强，公平的营商环境持续优化，宏观经济政策不断完善，宏观治理手段不断丰富。会计信息在经济发展、营商环境优化和宏观经济决策方面发挥着越来越重要的作用。

另一方面，随着新一轮科技革命和产业变革深入发展，经济转型升级和创新发展中新的商业模式层出不穷，将深刻影响会计政策的发展与走向，会计工作在职能职责、组织方式、处理流程、工具手段等方面发生着重大而深刻的变化，挑战与机遇并存。

面对这些新情况、新问题、新挑战、新机遇，要求会计法治、会计标准不断健全完善、有效实施，要求会计人员持续提升素质、加速转型，要求会计管理部门继续转变观念、创新管理、改进方法，在认真总结过去五年会计工作成绩经验基础上，准确把握新发展阶段、深入贯彻新发展理念、加快构建新发展格局，助推会计工作运用新技术、融入新时代、实现新突破，扎实推进会计改革与发展各项工作，助力国家治理体系和治理能力现代化。

二、总体要求

（一）指导思想。

"十四五"时期，会计改革与发展的指导思想是：深入学习贯彻习近平新时代中国特色社会主义思想和党的十九大以及十九届二中、三中、四中、五中、六中全会精神，增强"四个意识"、坚定"四个自信"、做到"两个维护"，紧紧围绕服务经济社会发展大局和财政管理工作全局，立足新发展阶段、贯彻新发展理念、构建新发展格局，以推动高质量发展为主题，以深化供给侧结构性改革为主线，以改革创新为根本动力，以维护市场经济秩序和公众利益为根本目的，统筹国内国际两个大局，牢牢把握会计审计标准制定和实施"两个重点"、切实抓好行业和人才队伍"两个管理"、持续强化法治化和数字化"两个支撑"、努力实现会计职能对内对外"两个拓展",积极推动我国会计事业取得新成绩、实现新跨越,为推进国家治理体系和治理能力现代化,实现社会主义现代化和第二个百年奋斗目标作出新的更大贡献。

（二）基本原则。

——坚持党的领导。坚持党对会计改革与发展的全面领导,完善党领导下会计管理工作的制度机制,提高会计工作贯彻新发展理念、服务构建新发展格局的能力和水平,为实现会计改革与发展目标任务提供根本政治保证。

——坚持依法治理。坚持强化会计法治建设,按照科学立法、民主立法原则,持续推动会计立法、普法、执法工作,建立健全会计法律制度体系,加强会计监督、加大违法惩处力度、加快推进职业道德建设,有效发挥法治固根本、强根基、利长远的保障作用。

——坚持创新变革。贯彻新发展理念,不断推进会计管理制度创新,推动会计管理体制机制变革,破解会计管理工作中的重点难点问题,破除会计改革与发展中的制度性障碍,持续推动会计事业健康有序发展。

——坚持融合发展。坚持将会计工作摆到经济社会发展大局和财政管理工作全局中去布局、去谋划,以数字化技术为支撑,推动会计工作与国家宏观经济管理工作、单位经营管理活动深度融合,充分发挥会计工作基础性服务功能,不断提高会计工作服务经济社会发展的效能。

——坚持开放包容。坚持开放、包容、普惠、平衡、共赢的发展原则,践行习近平总书记"构建人类命运共同体"重要思想,统筹国内国际两个大局,深度参与会计领域国际治理和国际标准制定,持续加强会计领域国际交流与合作,不断提高我国在会计领域的国际话语权和影响力。

（三）总体目标。

"十四五"时期,会计改革与发展的总体目标是:主动适应我国经济社会发展客观需要，会计审计标准体系建设得到持续加强，会计审计业发展取得显著成效，会计人员素质得到全面提升，会计法治化、数字化进程取得实质性成果，会计基础性服务功能得到充分发挥，以实现更高质量、更加公平、更可持续的发展，更好服务我国经济社会发展大局和财政管理工作全局。

——会计审计标准更加科学。会计准则体系、管理会计指引体系、内部控制规范体系、会计信息化标准体系以及注册会计师职业准则体系等各类会计审计标准体系得到进一步完善，对基层会计实务工作的指导更加精准，对标准实施情况的跟踪反应机制更加及时高效，切实推动各类标准体系得到有效实施。

——会计审计业实现高质量发展。会计审计领域"放管服"改革进一步深化，会计审计秩序进一步规范，执业环境得到明显改善，服务能力和水平持续提升，行业信誉度不断增强，跨部门、多维度的行业监管体制机制进一步健全，监管合力进一步增强，国际化发展步伐进一步加快，培育出一批具有国际竞争力的会计服务机构，在持续推进更高水平的对外开放中发挥积极作用。

——人才队伍结构持续优化。以经济发展需求和行业发展趋势为导向，建立健全分层次、分类型的会计人才能力框架体系，持续创新会计人才培养方式方法，持续改进会计人才评价体系和评价手段，持续丰富会计人员继续教育内容，推动会计人员专业技能和职业道德素养全面提升，会计人才结构更加优化、会计人才队伍不断壮大。

——会计法治更具约束刚性。推动加快修订《中华人民共和国会计法》《中华人民共和国注册会计师法》，同步加强相关配套规章制度立法工作，切实提高立法工作质量和水平。贯彻实施国家统一的会计制度的刚性要求和法律约束得到强化，会计监督体系更加健全有效，会计监督执法力量得到充实，会计监督检查方式得到丰富，执法必严、违法必究的法治氛围不断浓厚，为经济平稳运行和市场健康发展提供有效法治保障。

——会计职能实现拓展升级。以数字化技术为支撑，以推动会计审计工作数字化转型为抓手，健全完善各种数据标准和安全使用规范，形成对内提升单位管理水平和风险管控能力、对外服务财政管理和宏观经济治理的会计职能拓展新格局。

三、主要任务

（一）持续推动会计审计标准体系高质量建设与实施。

1. 持续完善企业会计准则体系的建设与实施。

全面梳理并修订我国企业会计准则体系，明晰体系内各层级准则制度的框架和内容。加强企业会计准则前瞻性研究，主动应对新经济、新业态、新模式的影响，积极谋划会计准则未来发展方向。紧密跟踪国际财务报告准则项目进展和国内实务发展，找准企业会计准则国际趋同和解决我国实际问题之间的平衡点和结合点，更好地促进我国企业创新和经济高质量发展。根据国内实务发展和国际趋同需要，定期更新准则汇编、应用指南汇编，研究制定企业会计准则解释，研究修订会计科目和报表格式。整合社会多方力量参与企业会计准则制定的研究工作，加强企业会计准则与监管、税收等政策的协调，增强企业会计准则制定的针对性和适用性。健全完善适用于中小型企业的会计准则体系。加强会计准则委员会的建设，充分发挥会计准则委员会在企业会计准则制定中的作用。

完善企业会计准则制度执行的运行框架，加强企业会计准则实施前模拟测试，建立适合我国的企业会计准则实施评估机制，确保企业会计准则体系的有效运行。优化企业会计准则实施快速反应机制，及时跟踪企业会计准则实施情况，

进一步建立健全企业会计准则实施问题收集渠道，做好上市公司财报分析工作，加强企业会计准则应用案例、实施问答等实务指导，及时回应市场

关切。继续发挥由政府监管部门、企业、会计师事务所、理论学者等多方参与的企业会计准则实施机制的作用,探索建立常态化联合解决问题机制,加强信息共享与沟通,提高企业会计准则执行效果。

2.继续深化政府及非营利组织会计改革。

根据政府会计改革与发展需要,继续健全完善政府会计准则制度体系并推进全面有效实施。全面系统梳理政府会计准则制度体系并确立体系维护机制。加强对自然资源资产、文物文化资产、政府收入等政府会计问题的研究,制定有关政府会计具体准则。研究制定公立医院、高等学校、科学事业单位成本核算具体指引,扎实推进事业单位开展成本核算,研究行政单位成本核算相关问题。按年度制定发布政府会计准则制度解释,进一步明确准则制度中的相关规定。适时出台有关实施通知,进一步加强公共基础设施政府会计核算。加强对政府会计准则制度的宣传和培训,强化政府会计准则制度应用案例、实施问答等实务指导,及时回应和解决政府会计准则制度实施中的问题。健全完善政府会计准则制度建设与实施机制,积极发挥相关机制作用,推进政府会计准则制度全面有效实施。

适应非营利组织改革发展需要,修订完善非营利组织会计制度。修订发布工会会计制度及相关新旧衔接规定。适时修订民间非营利组织会计制度。加强对非营利组织会计制度的宣传和培训,推进相关会计制度全面有效实施。

进一步建立健全基金(资金)类会计标准,更好地满足相关改革发展需要。研究制定机关事业单位职业年金基金相关业务会计处理规定。配合相关基金(资金)管理改革需要,研究修订或制定相关基金(资金)类会计核算办法。加强对基金(资金)会计制度的宣传和培训,推进相关会计制度全面有效实施。

3.不断完善和有效实施注册会计师职业准则体系。

与时俱进完善注册会计师职业准则体系,充分发挥其对注册会计师专业服务的规范和引领作用。深入研究新技术对注册会计师行业服务手段、服务质量、服务效率和服务风险的影响，制定或修订风险评估、会计估计审计、集团审计、温室气体排放鉴证、特殊目的审计、服务机构鉴证、商定程序等注册会计师执业准则。

紧密跟踪注册会计师职业准则的实施情况，指导会计师事务所建立健全质量管理体系，积极发挥技术咨询作用，及时回应行业关切。做好注册会计师审计实务指南和问题解答工作，提高会计师事务所理解和执行注册会计师职业准则的能力。持续完善注册会计师职业道德守则，加强审计职业道德体系建设，强化注册会计师职业道德准则的贯彻实施，筑牢执业道德底线，稳固诚信执业生命线。

（二）全面推动会计审计业高质量发展。

1. 依法整治行业秩序。

坚持系统思维、点面结合、综合施策，加强会计师事务所审计秩序整顿规范，紧抓质量提升主线，守住诚信操守底线，筑牢法律法规红线。建立健全监管合作机制，实现财会监督与其他监督有机贯通、协同发力。加强对会计师事务所与企业串联违规造假行为的惩戒，对弄虚作假、配合企业蒙骗监管部门和投资者的会计师事务所和注册会计师严惩重罚。严肃查处违法违规行为并曝光典型案例，着力整肃会计师事务所无证经营、网络售卖审计报告、注册会计师挂名执业、注册会计师超出胜任能力执业等行业乱象。按照"双随机、一公开"原则，加强代理记账机构及其从事代理记账业务情况的监督检查，坚决依法惩处代理记账机构违法违规行为。

2. 强化行业日常管理。

全面深化"放管服"改革，推动简政放权纵深发展。贯彻落实行政审批制度改革和简政放权要求，积极推进会计师事务所及其分所和代理记账机构执业许可行政审批制度改革，切实做好自贸区"证照分离"改革试点工作，进一步简化会计师事务所、注册会计师、代理记账机构审批业务流程、便利申请手续。探索建立审计报告数据单一来源制度，推动实现全国范围"一码通"。加强会计师事务所股东（合伙人）新增退出备案管理。调整完善市场禁入措施，积极推动改善执业环境，稳定会计师事务所发展预期。坚持问题导向，规范会计资料、审计底稿出境，保障会计审计数据安全。多措并举，进一步激发现代会计服务业市场主体活力。

充分发挥注册会计师协会、代理记账行业协会等社会组织自我服务、自律管理作用，加强行业协会管理，加强财政部门对行业协会的监督、指导，促进行业协会健康有序发展，做好相关行业的成长发展与监督约束。完善现代会计服务业政府行政管理、行业自律管理相互协调、相互配合、相互支撑的监管格局，加强行政监管队伍建设和能力建设，推动行政管理部门间的跨部门监管信息共享、共用，形成监管合力。

3.优化行业执业环境。

推动建立质量导向的会计师事务所选聘机制，着力解决注册会计师行业恶性竞争问题。完善会计师事务所风险保障机制，采取建立风险保障基金和注册会计师执业责任保险等方式，督促会计师事务所提升风险防御能力。加强会计师事务所一体化管理，出台一体化管理办法，建立可衡量、可比较的指标体系，引导会计师事务所在人员调配、财务安排、业务承接、技术标准和信息化建设方面实行统一管理。推动注册会计师行业、代理记账行业电子证照的应用推广，实现电子证照跨地区、跨部门共享和全国范围内互信互认。继续推动解决合伙制会计师事务所取消地域名问题，促进会计师事务所跨地域发展。支持中西部经济欠发达地区会计审计业发展。

4.提升行业服务能力。

结合大、中、小型会计师事务所特点，每年从一体化管理、信息化管理、"专精特"发展等方面树立典型示范，推广先进经验。着力培育一批国内领先、国际上有影响力的会计师事务所，助力更多自主品牌会计师事务所走向世界，积极打造注册会计师行业国际合作交流平台，服务中国经济参与和融入全球经济发展。创新继续教育方式，围绕专业胜任能力、职业技能、职业价值、职业道德等重点，丰富完善教育内容。充分利用信息技术手段，切实增强培训效果，持续保持和强化注册会计师专业胜任能力和职业道德操守，促进审计质量提升。

（三）培养造就高水平会计人才队伍。

1. 健全会计人才评价体系。

探索建立以诚信评价、专业评价、能力评价为维度的会计人才综合评价体系，引导和教育广大会计人员诚信执业、提升能力。完善会计专业技术资格考试评价制度，做好会计专业技术资格考试和评审工作，充分发挥会计人才评价的导向作用。推动会计专业技术资格考试与注册会计师等职业资格考试科目互认、与会计专业学位研究生教育相互衔接，畅通各类会计人员流动、提升的渠道。

2. 提高会计人员继续教育质量。

以经济发展需求和行业发展趋势为导向，以能力框架为指引，制定会计人员继续教育专业科目指南。修订中国注册会计师胜任能力指南。丰富继续教育内容和方式。积极推进继续教育信息化平台建设和应用。

3. 抓好会计人才培养重大工程。

重点做好企业总会计师、行政事业单位财务负责人、会计师事务所合伙人等高端财会人才培训培养工作。继续做好国际化高端会计人才培养工程、会计名家培养工程等长期人才培养项目。组织开展会计人才能力框架研究工作。健全会计人才使用机制，加强会计人才库建设，使高端会计人才更好服务于会计事业改革与经济社会发展。积极支持各地区、各部门因地制宜开展高端会计人才培养使用工作。

4. 推动学科发展和学历教育改革。

构建适应经济发展、产业结构调整、新技术革命和国家治理能力现代化等新形势的会计学科专业体系。配合教育部门深化会计学历教育改革，依托部分高校，聚焦直接影响会计学科专业建设的关键因素，从师资、课程、教材、教学内容与教学方式和实践基地等方面进行教改研究和探索。按照"产、学、研"一体化发展思路，优化会计学历教育人才培养结构，完善会计应用型人才培养机制。积极推进设立会计博士专业学位，完善会计专业学位体系，加强核心课程教材建设和会计专业学位教育质量认证，持续提升会计专业学位研究生培养质量。

5.加强会计人才培养基地建设。

充分发挥国家会计学院、会计行业组织（团体）在会计人才培养上的重要作用。积极推动国家会计学院"国际一流、中国特色"学院建设，支持国家会计学院开展高端财会人才培养、会计专业研究生教育、新型财经智库建设、财经国际交流合作等。加强国家会计学院建设发展情况的定期评价工作。加强对会计行业组织（团体）的指导和监督，支持其加强会员管理，开展会员培训。鼓励和引导高校、科研院所、企业等参与会计人才培养，共同提高会计人员能力水平。

（四）全面推进会计法治建设。

1.加快完善会计法治体系。

推动加快修订《中华人民共和国会计法》《中华人民共和国注册会计师法》及其配套规章制度，落实会计审计工作的主体责任，丰富行政监管手段，畅通单位内外部会计监督衔接渠道，加大对违法行为的惩处力度，完善民事责任承担机制，为持续推动会计审计工作法治化、规范化奠定制度基础。引导社会各方面广泛参与会计立法，在立法过程中同步推进释法宣法普法工作。创新运用多种方式开展会计普法教育，加强对新出台法律法规章的解读，指导督促会计人员掌握法规制度、依法开展会计审计工作。通过立法普法，完善会计法治体系，构建科学立法、严格执法、公正司法、全民守法的会计法治体系。

2. 切实加强会计执法检查。

围绕深化财会监督的要求,依法加大对上市公司、国有企业、金融企业等实体及相关会计师事务所检查力度,加大对违法违规行为的行政处罚力度和公开曝光力度。优化执法检查机制,统一执法标准、统筹执法计划、统合执法力量,提升执法检查的专业性、权威性。进一步强化部门协作机制,避免重复多头检查,切实做到有法必依、执法必严、违法必究。

3. 持续推进会计诚信建设。

深入开展会计诚信教育,将会计职业道德作为会计人才培养、评价、继续教育的重要内容,推动财会类专业教育加强职业道德课程建设,不断提升会计人员诚信素养。加强会计诚信机制建设,依托会计管理信息平台,实现跨层级、跨部门、跨系统数据互联互通。加强会计诚信体系建设,全面建立会计行业信用记录,继续完善守信联合激励和失信联合惩戒机制。根据国家有关规定,加强对于诚实守信、忠于职守、坚持原则、作出显著成绩的会计人员的表彰奖励工作。加大会计诚信宣传力度,加强会计诚信文化建设,把法律规范和道德规范结合起来,以道德滋养法治精神,加强德治与法治的衔接与贯通,营造全行业守法、合规、诚信的向善向上氛围。

(五)切实加快会计审计数字化转型步伐。

1. 积极推动会计工作数字化转型。

做好会计工作数字化转型顶层设计。修订《企业会计信息化工作规范》,将会计信息化工作规范的适用范围从企业扩展至行政事业单位,实现会计信息化对单位会计核算流程和管理的全面覆盖。加强会计数据标准体系建设,研究制定涵盖输入、处理和输出等会计核算和管理全流程、各阶段的统一的企业会计数据标准。进一步健全对企业业务全流程数据的收集、治理、分析和利用机制,推动统一的企业会计数据标准应用。探索建立跨平台、结构化的会计数据共享机制。制定、试点并逐步推广电子凭证会计数据标准，推动电子会计凭证开具、接收、入账和归档全程数字化和无纸化。推动企业将内控制度和流程嵌入信息系统，推动行政事业单位借助信息化手段确保内部控制制度有效实施，推动地方试点乡镇街道等基层行政单位借助信息化手段提升内部控制。研究信息化新技术应用于会计基础工作、管理会计实践、财务会计工作和单位财务会计信息系统建设。

2. 积极推动审计工作数字化转型。

鼓励会计师事务所积极探索注册会计师审计工作数字化转型。大力推进函证数字化工作，加快推进函证集约化、规范化、数字化进程。积极推进函证数字化试点工作，制定、完善函证业务、数据等标准，加快函证电子化平台建设并规范、有序、安全运行，利用信息技术手段解决函证不实等问题，以提升审计效率效果、防范金融风险。研究制定注册会计师审计数字化转型相关指引，鼓励会计师事务所依法依规利用数字化审计技术。

3. 积极推动会计管理工作数字化转型。

优化全国统一会计人员管理服务平台，持续采集更新会计人员信息，完善会计人员信用信息，有效发挥平台社会服务功能，提高会计人员管理效率。完善财政会计行业管理系统，加大会计师事务所信息披露力度，满足企事业单位选聘会计师事务所信息需求。升级全国代理记账机构管理系统，积极探索依托信息化手段，实现对行业发展状况的实时动态跟踪，完善对代理记账机构的信用信息公示，提升事中事后监管效能。稳步推进会计行业管理信息化建设，发挥会计数据标准的作用，打通不同平台之间的数据接口，运用会计管理大数据，为提升国家治理体系和治理能力现代化提供数据支撑。

（六）大力推动会计职能拓展。

1. 推动会计职能对内拓展。

加强对企业管理会计应用的政策指导、经验总结和应用推广，推进管理会计在加速完善中国特色现代企业制度、促进企业有效实施经营战略、提高管理水平和经济效益等方面发挥积极作用。加强管理会计在行政事业单位的政策指导、经验总结和应用推广，为行政事业单位提升内部治理水平作出有益探索。全面修订完善内部控制规范体系，有针对性地加强内部控制规范的政策指导和监督检查，强化上市公司、国有企业、行政事业单位建立并有效实施内部控制的责任，为各类单位加强内部会计监督、有效开展风险防控、确保财务报告真实完整夯实基础。贯彻绿色发展理念，按照国家落实"碳达峰、碳中和"目标的政策方针和决策部署，加强可持续报告准则的研究，适时推动建立我国可持续报告制度。

2.推动会计职能对外拓展。

服务政府预算管理、资产管理、债务管理、绩效管理等需要，推动有关各方加强对政府会计信息的分析应用，为提升政府部门财务管理水平和财政可持续性提供信息支撑。服务宏观经济管理需要，推动企业财务数据的有效分析运用，为财政部门及相关方面评估国家宏观经济运行和财政税收政策效果、做好相关政策决策等提供信息支撑。服务政府监管需要，探索企业财务报表数据共享试点，以会计数据库为基础，开发分析模型，分阶段形成非现场监管能力，支持会计准则高质量实施、审计质量提升以及其他监管工作，为会计监管数字化提供支撑。服务企业可持续发展需要，探索、总结、推广现代会计服务业在推动社会价值创造中的实践经验，及时总结推广数据增信缓解中小微企业融资难、融资贵等会计改革创新成果，充分发挥会计职能在市场资源配置中的作用，为企业创新发展提供支撑。

（七）全面参与会计国际治理。

1.深度参与国际会计标准制定。

全面参与企业会计准则国际治理体系建设，实现在企业会计准则国际治理体系各个层级中有中方代表参与、在双边多边会计交流合作国际场合中反映中国声音、在支撑参与国际治理的各项基础能力建设工作中夯实制度基础，建立健全并严格执行准则项目研究报告制度、国际会计人才培养制度和涉外人员管理协同制度，有效提升参与企业会计准则国际治理能力。积极参与国际公共部门会计准则制定。

全面系统梳理会计国际治理层级，科学研究确立各层级参与策略，不断加大参与力度。全面参与国际财务报告准则基金会监督委员会、受托人、国际会计准则理事会、咨询委员会等治理层、核心技术层和战略层的各项事务，及时就会计国际治理体系改革重大问题加强协调沟通。加强国际会计技术前瞻性研究，广泛动员力量，积极发挥会计准则委员会作用，形成"目标统领、工作统筹、力量统合、口径统一"的整体工作格局。通过国际会计准则理事会解释委员会、会计准则咨询论坛、新兴经济体工作组及相关咨询工作组、全球主要会计学术组织等，多层次多渠道深度参与国际财务报告准则制定，密切跟踪国际可持续准则制定相关工作进展，充分发挥中方代表作用，在重大会计技术议题上阐明中方观点，影响国际准则制定。

2. 持续深化多边双边会计交流合作。

积极发展全球会计领域伙伴关系，不断扩大会计国际交流合作范围。持续深化《"一带一路"国家关于加强会计准则合作的倡议》下的会计交流合作，提升"一带一路"国家准则建设和实施能力，定期召开合作论坛会议，相互宣传本国会计准则、法规和监管政策等，共同探索解决会计准则建设实施过程中面临的问题，更好地支持"一带一路"建设，实现互利共赢。充分利用亚洲—大洋洲会计准则制定机构组、世界准则制定机构会议、会计准则制定机构国际论坛、中日韩三国会计准则制定机构、国际会计师联合会、亚太会计师联合会等多边机制，协调立场，发挥参与技术研究、引领议题讨论等作用。继续推进与其他国家或地区会计准则制定机构的多边双边合作交流，争取支持，为我国企业会计准则建设和国际趋同创造有利环境。

3.稳妥推进会计服务市场双向开放。

秉持平等互利、合作共赢的原则，积极开展会计服务市场开放谈判，全面落实《关于建立更紧密经贸关系的安排》（CEPA）、《海峡两岸经济合作框架协议》（ECFA），积极参与自由贸易区、自由贸易港建设。继续加强与其他国家或地区的会计审计跨境监管合作，在互相尊重主权和法律尊严的前提下，寻求灵活务实的跨境监管合作途径和方式，降低监管成本，提高监管效率。

4.研究资本市场开放相关会计审计政策。

适应资本市场开放要求，持续研究制定境外机构在华投融资会计审计标准适用政策。巩固与欧盟、英国、俄罗斯、中国香港会计准则等效成果。稳步推进中国—瑞士等会计审计准则等效互认磋商，加快推进中国—俄罗斯和中国—英国等审计准则等效互认磋商。

（八）加强会计理论和实务研究。

1.组织会计理论攻关。

围绕会计改革与发展重点任务开展前瞻性、战略性研究。围绕会计法规制度建设、会计工作转型发展等主题开展重大项目、重点课题研究，加快推出系列成果，切实促进学术成果转化应用，为有关政策的制定完善和有效实施提供科学论证和决策参考。

2.完善理论研究机制。

完善学术年会、专题研讨、专门论坛等学术活动机制，创新理论研究成果的转化应用机制，优化期刊选稿用稿、论文评选呈报、人才选拔推荐等学术评价机制，加强对政策导向和实务工作相关问题的研究，建立各级各类会计学会及其所属机构分工合作的学术工作机制，逐步形成以中国会计学会为引领，服务全国、协同高效的会计理论研究体系，结合会计改革发展进程组织开展案例研究，讲好中国故事。

3. 深化国际学术交流。

充分发挥中国会计学会、国家会计学院等在深化会计国际学术交流中的平台作用，有效运用"一带一路"财经发展研究中心等国际合作机制，配合国家对外开放发展战略开展学术交流合作，更好地服务于经贸往来和资本流动。

四、保障措施

（一）加强组织领导。

要结合本规划纲要的内容，重点抓好《会计信息化发展规划（2021—2025年）》《会计行业人才发展规划（2021—2025年）》和《注册会计师行业发展规划（2021—2025年）》三项子规划的编制实施，积极推动重点改革发展任务落地见效。各级财政部门和中央有关主管部门要重视和加强会计管理工作，统筹规划，组织协调，确保规划纲要的有效落实；指导、督促会计管理机构、会计行业组织、会计学会等加强协作、抓好落实，共同推进会计管理工作，促进本地区（部门）会计管理工作水平不断迈上新台阶。各地区（部门）应当积极推动规划纲要中重大的会计改革与发展举措与本地区（部门）的国民经济和社会发展"十四五"规划、财政"十四五"规划的有效衔接，充分发挥会计在推动经济社会发展中的基础性服务功能。有条件的地区（部门），可以结合实际研究制定本地区（部门）会计"十四五"规划或配套政策措施，确保有关重大会计改革任务如期完成、取得实效。

（二）健全会计管理机构。

各级财政部门要高度重视会计管理机构和队伍建设，进一步健全会计管理机构，充实会计管理队伍，落实会计管理经费，为会计改革与发展提供重要的组织、人力资源和资金保障。各级会计管理机构要增强服务意识，用好工作联系点制度，抓好窗口建设，进一步提升会计管理工作效能和服务质量。

（三）积极营造良好社会氛围。

各级财政部门和中央有关部门应当采取多种形式，广泛宣传规划纲要的基本内容，广泛宣传"十四五"时期会计改革与发展的目标任务，争取社会各界对会计改革与发展的理解、重视、支持，为全面深化会计改革与发展营造良好的社会氛围。

（四）建立健全考核检查机制。

各级财政部门和中央有关部门要对规划纲要确定的目标任务进行分解，并督促落实。要定期检查、评估纲要的落实情况，针对存在问题及时采取有效措施，确保规划纲要确定的各项目标任务落到实处、取得实效。

推动变革融合　实现提质增效
合力推动会计事业再上新台阶

——《会计改革与发展"十四五"规划纲要》系列解读之一[①]

合抱之木，生于毫末；九层之台，起于累土。

"十四五"时期，是我国由全面建成小康社会向基本实现社会主义现代化迈进的关键时期。我国会计改革与发展，在"十三五"时期成功开启转型升级之路的基础上，开始步入"十四五"时期以变革融合、提质增效为特征的新阶段，并将在全面建设社会主义现代化国家新征程上发挥更加积极的作用。围绕党中央、国务院和财政部党组对新时期会计工作提出的新要求，全面细化会计改革与发展的各项工作举措并抓好落实，是全行业未来五年必须完成的重要任务。近日，财政部正式印发《会计改革与发展"十四五"规划纲要》（以下简称《规划纲要》），对未来五年我国会计改革与发展作出全面部署。

一、把握机遇，深刻认识《规划纲要》的重大意义

（一）"十四五"时期会计改革与发展机遇和挑战并存。

"十三五"时期会计改革与发展呈现出以下几个亮点：一是落实全面依法治国方略，会计法治建设成效明显。《中华人民共和国会计法》和《中华人民

---

① 资料来源：中华人民共和国财政部官方网站 http://kjs.mof.gov.cn/zhengcejiedu/202112/t20211209_3773413.htm。

共和国注册会计师法》修订工作取得积极进展，4项部门规章修订并有效实施，16项规范性文件相继出台；会计人员诚信建设扎实推进，良法促进发展保障善治的会计法治环境正在逐步形成。二是着眼高质量发展，会计审计标准体系建设与实施成绩显著。政府会计准则制度体系基本建成并顺利实施；企业会计准则高质量建设和高标准执行相互促进；以规范审计秩序、提升会计师事务所审计质量为主线的审计标准体系持续完善。三是顺应经济社会发展要求，推动会计职能拓展升级，管理会计、内部控制和会计信息化建设迈上更高台阶。四是贯彻人才强国战略，人才质量稳步提升，人才结构不断优化。截至2020年底，具备初级会计专业技术资格的人员达到670.20万人，具备中级资格人员达到242.02万人，具备高级资格人员达到20.57万人，分别比2015年底增长79.3%、50.6%、73.1%。五是深化会计审计领域"放管服"改革，持续推动会计管理工作转型，会计服务市场活力充分激发。按照党中央、国务院有关部署，取消会计从业资格行政许可、会计师事务所从事证券期货业务资格审批，下放中介机构从事代理记账业务审批、会计师事务所分支机构设立审批等审批事项；配合做好自贸试验区"证照分离"改革全覆盖试点工作；进一步加强会计师事务所和代理记账机构及其从业人员的事中事后监管。六是积极参与会计国际标准的制定和国际事务治理，会计国际化进程取得新的突破，中国在国际会计事务和规则制定中的话语权和影响力不断提升。

　　机遇与挑战同在，成绩与问题并存。在肯定"十三五"时期会计改革与发展取得成绩的同时，我们还应当正视会计工作中存在的问题与不足。一是相较于全面依法治国要求，会计法治建设仍有待加强。比如，《中华人民共和国会计法》和《中华人民共和国注册会计师法》滞后于会计改革与发展，行业法治意识有待增强，诚信体系建设有待完善。二是相较于经济社会发展需求，会计审计标准体系建设和实施仍有待加强。比如，面对经济社会发展出现的新情况、新问题，会计审计标准体系需及时跟进，更好发挥会计工作服务经济社会发展大局的效能。三是相较于"放管服"改革要求,会计服务市场管理改革仍需深化。比如,如何改进和加强事中事后监管措施,如何通过专项整治来提升会计师事务所审计质量、引导会计师事务所质量优先发展,如何通过优化服务来促进行业发展,依然是摆在我们面前的重大课题。四是相较于高质量发展要求,会计人才素质仍需提高。比如,具有战略思维、创新能力、国际视野的高端会计人才仍然缺乏,中西部地区会计人才发展水平相对滞后,基层行政事业单位会计力量相对薄弱。这些问题需要在"十四五"时期通过制度创新、体制优化、机制变革切实加以解决。

(二)编制《规划纲要》意义重大。

用五年规划来引领会计改革与发展,是推动全行业做优做强、又好又快发展的有效办法。自2011年起,我们先后编制执行了会计改革与发展"十二五"和"十三五"两个五年规划。这两个五年规划在理清会计工作发展脉络、顺应时代进行创新变革、服务经济高质量发展等方面,均发挥了积极作用。"十四五"时期,我国将开启向第二个百年奋斗目标进军的新征程,在这一特定的关键时期,编制好《规划纲要》,是科学指导未来五年会计改革与发展的客观需要,也是推动行业持续健康发展的必由之路。

1.编制《规划纲要》是立足新发展阶段、贯彻新发展理念、构建新发展格局的重要实践。习近平总书记在党的十九大报告中指出,要"坚持新发展理念",并将其作为新时代坚持和发展中国特色社会主义的基本方略之一加以强调。党的十九大以来,党中央陆续召开十九届二中、三中、四中、五中、六中全会,围绕贯彻落实新发展理念,加强顶层设计,从国家法治建设、党和国家机构建设、国家治理体系和治理能力现代化建设、五年发展规划和中长期远景目标建设等方面作出具体部署,需要我们贯彻落实到具体工作中、行动中。特别是党的十九届五中全会审议通过的《中共中央关于制定国民经济和社会发展第十四个五年规划和二〇三五年远景目标的建议》,清晰展望了到 2035 年基本实现社会主义现代化的远景目标，对"十四五"时期我国经济社会发展作出了系统谋划和战略部署，为我们抓住用好重要战略机遇期、战胜前进道路上各种风险挑战、取得新的伟大胜利提供了重要指引。会计工作是宏观经济管理和市场资源配置的基础性工作，必须主动融入国家改革发展大局，深入贯彻落实新发展理念和新发展格局战略构想，牢牢把握新发展阶段的新机遇、新挑战。编制好《规划纲要》，有利于科学谋划好未来五年的会计事业发展，推动行业取得新的发展。

2. 编制《规划纲要》是会计服务财政中心工作、建立更加密切内在联系的重要举措。包括会计信息在内的财会信息是经济发展的"晴雨表"，是营商环境的"检测剂"，是宏观经济决策的重要依据。没有高质量的会计信息支持，就难以实现高质量发展，难以营造更加宽松、公平的营商环境，难以进行更加务实、科学的宏观经济决策。财政是国家治理的基础和重要支柱，会计工作是财政工作的重要组成。《中华人民共和国会计法》明确规定"国务院财政部门主管全国的会计工作"，以法律形式确立了会计与财政的内在联系。《财政"十四五"规划》将"推进会计改革与发展"专设一节进行谋篇布局，充分体现了财政部党组对会计工作重要性的高度认可，这就需要我们通过编制好《规划纲要》，与之呼应，主动将会计工作融入财政中心工作全局中去思考、去谋划。为此，《规划纲要》以《财政"十四五"规划》作为对照，结合会计行业发展形势和需求，立足于当下经济社会发展和技术发展的新形势、新要求，从"切实加快会计审计数字化转型步伐""大力推动会计职能拓展"等多个方面提出具体任务措施，以更好发挥会计工作的基础性服务功能。

3. 编制《规划纲要》是推动全行业做优做强、又好又快发展的重要保障。经济越发展，会计越重要。随着经济社会的发展，会计工作的重要性日益得到社会认同。同时，经济社会的发展、科学技术的进步对会计工作产生了深刻影响。比如，随着新业态的不断涌现，经济活动的类型日益多元，会计处理方式日趋复杂，如何客观、全面反映经济活动实质成为未来会计工作面临的一项巨大挑战。再比如，随着新技术的发展，会计职能正在从传统的确认、计量、记录、报告向价值管理、决策支持等进行转型，特别是人工智能、电子会计凭证等新技术、新事物的出现，给会计行业带来了深刻变革。为此，认真总结"十三五"时期会计改革与发展成功经验，系统谋划好"十四五"时期会计改革与发展目标任务，事关行业整体发展和2 000多万会计人员的切身利益，将为会计行业行稳致远、会计事业蓬勃发展提供重要保障。

"秉纲而目自张，执本而末自从"。编制《规划纲要》意义重大，必须立足行业、着眼长远、服务全局，坚持承前启后，在守正的基础上推动行业创新变革。

二、科学谋划，精心描绘"十四五"时期会计事业美好蓝图

（一）《规划纲要》编制过程。

自2019年11月以来，我们围绕《规划纲要》的编制，分四个阶段先后开展了以下工作：一是启动阶段。2019年11月，在江苏镇江召开全国会计管理工作会议，对"十三五"时期取得的成绩和存在的问题进行分析，对"十四五"时期发展思路进行展望，正式启动《规划纲要》编制工作。二是准备阶段。2020年1月至2020年12月，向各级财政部门和中央有关主管单位印发通知，组织进行"十三五"时期会计管理工作的总结评估，征集"十四五"时期会计改革与发展的意见建议，共收集意见建议300余条。同时，赴上海作专题调研，为《规划纲要》编制提供支撑材料。三是编制阶段。2020年12月至2021年3月，贯彻党的十九届五中全会精神，与国家和财政"十四五"规划对标对表，组织开展编制工作，形成《规划纲要》征求意见稿。四是完善阶段。2021年3月至2021年10月，我们先后通过公开征

求意见、网络问卷调查、实地调研、分批座谈、召开专家论证会等形式，广泛征求各方意见建议，进一步修改完善《规划纲要》。

财政部党组对《规划纲要》的编制工作高度重视，财政部部长、党组书记刘昆和财政部副部长、党组成员朱忠明亲自指导，专门就《规划纲要》编制作出重要指示批示，对内容进行了全面审改。2021年11月18日，财政部党组会议审议通过了《规划纲要》。我们在充分吸纳各方意见的基础上，于2021年11月24日正式印发《规划纲要》。

（二）《规划纲要》征求意见情况。

一是两次书面征求意见。2021年3月30日，我们印发《财政部办公厅关于征求〈会计改革与发展"十四五"规划纲要（征求意见稿）〉意见的函》，征求了各级财政部门和中央有关主管单位的意见，并面向社会公开征求意见。2021年7月30日，我们印发《财政部办公厅关于再次征求〈会计改革与发展"十四五"规划纲要（征求意见稿）〉意见的函》，再次重点征求了各级财政部门的意见。二是开展现场调研并组织片区座谈。我们于2021年4月至5月期间，分别赴湖北、广东实地走访了行政事业单位、企业、社会团体等15家单位，同时组织两个片区共16个省、计划单列市财政厅（局）座谈听取意见，充分发挥地方部门智力、信息优势，集思广益完善《规划纲要》的编制。三是开展网上问卷调查。2021年4月10日至5月10日，我们会同上海国家会计学院开展了网络问卷调查，并开发了专用手机客户端，以方便社会各界多渠道参与《规划纲要》的意见征求活动。四是召开专家论证会。2021年9月24日，我们召开《规划纲要》专家论证会。来自实务界、理论界、监管机构的10位专家就《规划纲要》的科学性、可行性和前瞻性进行了全面论证，并给予了充分肯定。2021年9月30日，我们组织召开《规划纲要》专题论证会，来自理论界的6位专家深入论证了"会计职能拓展"的科学性和必要性。

总体来看，社会各界普遍认为《规划纲要》内容全面、措施有效，是一个符合实际、布局科学、任务明确、催人奋进、引领未来的好规划。通过书面征求意见、现场调研座谈、网络问卷调查、专家论证会等多种形式和渠道，我们共获得有效调查问卷1 457份，书面反馈意见177份，不重复的意见建议364条。我们本着能采纳的尽量采纳、能吸收的尽量吸收、能覆盖的尽量覆盖的原则，共吸收采纳意见建议159条，相应增加、删除或修改具体表述132处。

（三）《规划纲要》主要考虑。

总体来看，此次《规划纲要》的编制主要从以下方面出发来谋篇布局。

——围绕一个中心。即围绕"变革融合、提质增效"这个中心。变革融合是会计行业运用新技术、融入新时代、实现新突破的必由之路。"变革"强调信息技术在会计、审计及会计管理工作中的运用，以及由此所带来的会计技术、会计工作组织方式、会计职能、会计工作边界、会计工作定位等的变化，是未来一个时期会计改革与发展的显著特征；"融合"强调实现会计服务功能的拓展，在夯实会计工作传统的核算、监督职能、提供高质量会计数据的基础上，对内更好地与微观主体经营管理有机融合，对外更好地与宏观经济管理、财政管理有机融合，是未来一个时期会计改革与发展的必然趋势。提质增效是会计改革与发展的最终目标。"提质"强调聚焦当前会计行业发展中的短板弱项，着重加强会计审计工作质量，以满足经济社会发展对高质量会计审计信息的迫切需要；"增效"强调在抓好会计审计质量建设的同时，要注重增强会计管理工作的效能，为提升国家治理体系和治理能力现代化水平作出应有贡献。

——做到两个对照。即以《中华人民共和国国民经济和社会发展第十四个五年规划和2035年远景目标纲要》和《财政"十四五"规划》为根本遵循，对标对表、落实落地。作为财政工作的重要组成，会计工作必须主动融入经济社会发展大局和财政管理工作全局,以推动高质量发展为主题,科学谋划好未来五年的会计事业发展,以实现更高质量、更加公平、更可持续的发展。

——把握三个立足。即立足于"十三五"时期会计改革与发展的成果,立足于当下经济社会发展和技术发展的新形势、新要求,立足于把握未来五年发展机遇期,规划目标、明确任务、制定措施。

——紧扣四个关键。即牢牢把握会计审计标准制定和实施"两个重点"、切实抓好行业和人才队伍"两个管理"、持续强化法治化和数字化"两个支撑"、努力实现会计职能对内对外"两个拓展",积极推动我国会计事业取得新成绩、实现新跨越。

——抓住五条主线。即围绕着会计标准建设、会计审计质量建设、人才队伍建设、法治建设,以及数字化建设这五条主线,规划设计未来五年会计改革与发展的具体措施。

(四)《规划纲要》主要内容。

此次发布的《规划纲要》共由四大部分组成。

第一部分为面临的形势与挑战,对"十三五"时期会计改革与发展进行回顾,深入分析了"十四五"时期会计改革与发展面临的形势与挑战。

第二部分为总体要求,提出了"十四五"时期会计改革与发展的指导思想、基本原则和总体目标。

"十四五"时期会计改革与发展的指导思想是:深入学习贯彻习近平新时代中国特色社会主义思想和党的十九大以及十九届二中、三中、四中、五中、六中全会精神,增强"四个意识"、坚定"四个自信"、做到"两个维护",紧紧围绕服务经济社会发展大局和财政管理工作全局,立足新发展阶段、贯彻新发展理念、构建新发展格局,以推动高质量发展为主题,以深化供给侧结构性改革为主线,以改革创新为根本动力,以维护市场经济秩序和公众利益为根本目的，统筹国内国际两个大局，牢牢把握会计审计标准制定和实施"两个重点"、切实抓好行业和人才队伍"两个管理"、持续强化法治化和数字化"两个支撑"、努力实现会计职能对内对外"两个拓展"，积极推动我国会计事业取得新成绩、实现新跨越，为推进国家治理体系和治理能力现代化，实现社会主义现代化和第二个百年奋斗目标作出新的更大贡献。

"十四五"时期会计改革与发展的基本原则是：坚持党的领导，坚持依法治理，坚持创新变革，坚持融合发展，坚持开放包容。围绕"十四五"时期会计改革与发展，《规划纲要》提出了"主动适应我国经济社会发展客观需要，会计审计标准体系建设得到持续加强，会计审计业发展取得显著成效，会计人员素质得到全面提升，会计法治化、数字化进程取得实质性成果，会计基础性服务功能得到充分发挥，以实现更高质量、更加公平、更可持续的发展，更好服务我国经济社会发展大局和财政管理工作全局"的总体目标，并明确了会计审计标准更加科学、会计审计业实现高质量发展、人才队伍结构持续优化、会计法治更具约束刚性、会计职能实现拓展升级等五方面具体目标。

第三部分为主要任务，围绕总体目标，提出了会计审计标准体系高质量建设与实施、会计审计业高质量发展、高水平会计人才队伍建设、会计法治建设、会计审计数字化转型、会计职能拓展、会计国际治理、会计理论和实务研究等8个领域、27个方面，共126项具体措施。一是持续推动会计审计标准体系高质量建设与实施，包括持续完善企业会计准则体系的建设与实施、继续深化政府及非营利组织会计改革、不断完善和有效实施注册会计师职业准则体系等三个方面28项具体措施。二是全面推动会计审计业高质量发展，包括依法整治行业秩序、强化行业日常管理、优化行业执业环境、提升行业服务能力等四个方面23项具体措施。三是培养造就高水平会计人才队伍，包括健全会计人才评价体系、提高会计人员继续教育质量、抓好会计人才培养重大工程、推动学科发展和学历教育改革、加强会计人才培养基地建设等五个方面 21 项具体措施。四是全面推进会计法治建设，包括加快完善会计法治体系、切实加强会计执法检查、持续推进会计诚信建设等三个方面 10 项具体措施。五是切实加快会计审计数字化转型步伐，包括积极推动会计工作数字化转型、审计工作数字化转型、会计管理工作数字化转型等三个方面 17 项具体措施。六是大力推动会计职能拓展，包括推动会计职能对内拓展和对外拓展两个方面 8 项具体措施。七是全面参与会计国际治理，包括深度参与国际会计标准制定、持续深化多边双边会计交流合作、稳妥推进会计服务市场双向开放、研究资本市场开放相关会计审计政策等四个方面 15 项具体措施。八是加强会计理论和实务研究，包括组织会计理论攻关、完善理论研究机制和深化国际学术交流等三个方面 4 项具体措施。

第四部分为保障措施，就如何做好《规划纲要》的实施工作提出了相关措施，确保各项目标和重点改革任务落到实处，包括加强组织领导、健全会计管理机构、积极营造良好社会氛围、建立健全考核检查机制等四方面内容。

三、奋楫笃行，严格落实好《规划纲要》各项任务

规划的生命力在于实施。当前和今后一个时期的重要任务，就是充分调动各方面的积极性、主动性和创造性，形成推动实施《规划纲要》的强大合力，将美好蓝图切实转化为发展实效。全行业要积极行动起来，以踏石留印、抓铁有痕的精神，抓实抓细《规划纲要》部署的各项任务。

一是加强宣传学习。做好《规划纲要》的宣传工作，有利于社会各界关注和理解《规划纲要》的各项举措，调动社会各界参与规划执行的积极性，扩大《规划纲要》的影响。我们将组织开展一系列的宣传活动，包括开展系列专题解读、知识竞赛、征文等，力求推动全行业积极参与《规划纲要》贯彻执行。各级财政部门和中央有关主管单位要高度重视《规划纲要》的宣传培训工作，积极交流典型经验、做法和成效，并将《规划纲要》的学习纳入

到明年的会计人员继续教育内容中，为全面深化会计改革与发展营造良好氛围和创造有利条件；各单位和广大会计人员要积极学习《规划纲要》，深刻领会《规划纲要》的精神内涵，准确把握《规划纲要》的各项具体工作措施，为《规划纲要》的贯彻落实作好准备；各级会计行业组织要充分发挥联动效应，积极开展《规划纲要》的宣传和学习活动，切实发挥会计行业组织的引导作用。

二是明确任务分工。我们将编制《〈会计改革与发展"十四五"规划纲要〉任务分工方案》，对《规划纲要》部署的各项工作任务逐一分解，细化目标，明确责任分工，确定牵头单位，推动各有关方面认真抓好落实，确保各项任务能够按期完成。有条件的各级财政部门和中央有关主管单位要结合本地区（部门）具体实际，找准切入点、着力点、创新点，研究制定本地区（部门）会计"十四五"规划或配套政策措施，确定时间表、路线图，形成具体的重点工作任务，采取切实可行的措施，确保有关重大会计改革任务如期完成、取得实效。

三是加强实施保障。各级财政部门和中央有关主管单位要加强统筹，围绕保障《规划纲要》落地生根，加强资金保障和其他政策支持，健全政策协调和工作协同机制；要积极推动《规划纲要》中重大的会计改革与发展举措与本地区（部门）的国民经济和社会发展"十四五"规划、财政"十四五"规划的有效衔接，充分发挥会计在推动经济社会发展中的基础性服务功能；要在日常监督检查过程中，将《规划纲要》的落实情况纳入到监督考核范围之中，定期监测评估《规划纲要》的落实情况，及时发现和解决出现的问题，确保《规划纲要》提出的任务一一落到实处。

"大鹏一日同风起，扶摇直上九万里"。站在"两个一百年"奋斗目标的历史交汇点，全面推进"十四五"时期会计改革与发展的新征程已经开启。全行业将继续辛勤耕耘、奋勇前进，合力推动会计事业再上新台阶，在新时代创造新辉煌。

深化政府及非营利组织会计改革
夯实现代财政制度基础

——《会计改革与发展"十四五"规划纲要》系列解读之二[①]

财政是国家治理的基础和重要支柱，政府及非营利组织会计是财政管理的一项重要基础工作。《会计改革与发展"十四五"规划纲要》（以下简称《规划纲要》）紧密围绕财政中心工作和经济社会发展需要，站在会计改革与发展全局高度，提出了"十四五"时期政府及非营利组织会计改革的总体目标和主要任务，为新阶段政府及非营利组织会计改革工作指明了方向，是做好今后一段时期政府及非营利组织会计准则制度建设工作的行动纲领。

一、"十三五"时期政府及非营利组织会计改革成果丰硕

"十三五"期间，财政部按照党中央、国务院决策部署，立足中国国情，坚持问题导向，积极、稳妥、有序推进政府会计改革，基本建成具有中国特色的政府会计准则制度体系并推动其全面有效实施，同时不断完善非营利组织及基金（资金）类会计标准，圆满完成《会计改革与发展"十三五"规划纲要》确定的各项任务，在服务财政中心工作和促进经济社会健康发展等方面取得积极成效。

---

① 资料来源：中华人民共和国财政部官方网站 http://kjs.mof.gov.cn/zhengcejiedu/202112/t20211230_3779801.htm。

（一）政府会计准则制度体系基本建成。

按照国务院批转财政部的《权责发生制政府综合财务报告制度改革方案》的要求，在2015年出台的《政府会计准则——基本准则》基础上，相继印发了存货、投资、固定资产、无形资产、公共基础设施、政府储备物资、负债、会计调整、财务报表编制和列报、政府和社会资本合作项目合同等10项具体准则及2项具体准则应用指南，1项统一适用于行政事业单位的《政府会计制度——行政事业单位会计科目和报表》（以下简称《政府会计制度》），7项行业事业单位执行《政府会计制度》的补充规定及11项新旧会计制度衔接规定，3项政府会计准则制度解释以及事业单位成本核算基本指引，构建了政府预算会计和财务会计适度分离又相互衔接的政府会计核算模式，基本建立起一套与我国现代财政制度相适应的具有中国特色的政府会计准则制度体系。此外，积极参与国际公共部门会计准则建设，不断提升我国在国际公共部门会计标准制定中的话语权和影响力。

（二）政府会计准则制度全面实施并取得积极成效。

政府会计准则制度自2019年1月1日起在全国各级各类行政事业单位全面实施，实施工作总体有序、平稳、顺利，并取得积极成效：一是更加准确反映预算执行情况，提高了部门决算编报质量；二是更加完整反映政府财务状况，为政府财务报告编制奠定了核算基础；三是进一步摸清了政府资产负债"家底"，夯实了行政事业性国有资产报告的编制基础；四是准确反映成本费用信息，为预算单位推进成本核算、完善绩效管理提供了支撑；五是显著提升了行政事业单位财务会计人员的专业素质，促进了单位财务管理水平的提升。

在此过程中，财政部通过印发实施通知、组织宣传培训、联合部门开展调研等方式，多措并举推动政府会计准则制度贯彻实施；同时，建立健全政府会计准则委员会咨询专家机制和工作联系点单位机制，促进准则制度高质量实施。

（三）非营利组织和基金（资金）类会计标准更加健全。

为促进社会组织健康发展，制定发布《〈民间非营利组织会计制度〉若干问题的解释》，进一步明确民间非营利组织有关经济业务或事项的会计处理；配合我国社会保障体系建设需要，修订发布《社会保险基金会计制度》，为更加准确、完整记录"民生账本"提供制度依据；制定发布《住宅专项维修资金会计核算办法》，进一步规范维修资金的会计核算，促进维修资金的规范管理和安全有效使用；审核批准印发《北京2022年冬奥会和冬残奥会组织委员会会计核算办法》，以规范北京冬奥组委的会计核算；对工会会计、土地储备资金会计和职业年金基金会计执行情况等进行深入调查研究，为修订完善相关会计标准奠定基础。

二、"十四五"时期政府及非营利组织会计改革面临的形势和挑战

政府及非营利组织会计是我国会计体系的重要组成部分，建立健全并有效实施政府及非营利组织会计准则制度是我国会计标准建设与实施的重要内容。"十三五"时期，政府及非营利组织会计改革取得积极进展，但随着国家财税体制改革的不断深入和经济社会的不断发展，政府及非营利组织会计改革面临更多机遇和挑战。

（一）财税体制改革不断深化，政府会计准则制度体系建设与实施有待进一步加强。

一是预算管理制度改革要求政府会计改革持续向深推进。2021年初，国务院印发《关于进一步深化预算管理制度改革的意见》，就进一步深化预算管理制度改革，更好发挥财政在国家治理中的基础和重要支柱作用提出要求。意见指出，要"推动预算单位深化政府会计改革，全面有效实施政府会计标准体系，完善权责发生制会计核算基础"，这就需要进一步完善政府会计准则

制度体系，扎实推进政府会计准则制度全面有效实施，更好地为深化预算管理制度改革、推进权责发生制政府综合财务报告制度等工作奠定基础。

二是深化国有资产管理对加强政府资产核算提出更高要求。近年来，随着国有资产报告工作的深入开展和《行政事业性国有资产管理条例》等法规制度的出台，对于准确核算和完整反映政府资产"家底"信息提出更高要求。这就需要进一步推进交通、水利和市政等公共基础设施的会计核算，确保增量和存量公共基础设施资产"应计尽计"；深入研究自然资源资产、文物文化资产等传统上仅按照实物量进行统计的资产的计量计价问题，适时出台相关会计准则规范其会计处理，为进一步加强行政事业性国有资产管理提供支撑，不断夯实政府财务报告和国有资产报告编制基础。

三是全面实施预算绩效管理对政府成本核算提出新要求。2018年中共中央、国务院发布了《关于全面实施预算绩效管理的意见》，提出力争用3—5年时间基本建成全方位、全过程、全覆盖的预算绩效管理体系。随着全面预算绩效管理的建立和实施，政府成本核算问题亟待研究解决。目前，我国尚未建立一套完整的政府成本核算指引体系，需要以事业单位成本核算指引体系建设为基础，积极研究推进政府行政成本核算。

四是财会监督对政府会计准则制度的建设与实施提出新要求。会计准则制度是财会监督的重要依据和准绳，更是党和国家财经纪律在会计领域的具体体现。健全完善政府会计准则制度并推动其全面有效实施，有利于贯彻落实财会监督的相关要求，准确反映财税政策落实情况及政府财务状况，为更好发挥财会监督效能提供制度保障。

（二）社会组织改革与发展深入推进，对非营利组织会计改革提出迫切要求。

一是《民间非营利组织会计制度》亟待修订。《民间非营利组织会计制度》（以下简称《民非制度》）自2005年1月1日实施以来，对规范民非组织会计行为、提高民非组织会计信息质量发挥了积极的作用。但是,《民非制度》实施前我国社会组织数量不足 29 万家,截至 2020 年底其注册数量已达 89.4 万家。在数量增加的同时,非营利组织的体量也在不断增长,业务模式也越来越灵活多样,随着非营利组织自身不断发展壮大,对加强和完善会计核算提出更高要求。此外,随着近年来《中华人民共和国民法典》《中华人民共和国慈善法》《中华人民共和国民办教育促进法》《宗教事务条例》和《境外非政府组织境内活动管理法》等法律法规的出台或修订,非营利组织各行业领域改革工作不断推进,客观上也需要对《民非制度》做出针对性的调整,以更好地实现与相关上位法和各项改革措施的协调。

二是《工会会计制度》亟待修订。原《工会会计制度》自 2009 年印发以来,在加强工会预算管理、规范工会核算工作、提高工会会计信息质量等方面发挥了重要作用。随着我国工会事业的发展,工会财务管理体制发生较大变化,先后修订或制定了多项涉及工会经费收支管理、工会预决算管理等的制度办法等,原制度已不能满足工会会计核算的新要求。另外,在工会组织方面,不同层级的工会组织在业务类型和财务管理要求方面存在较大差异,财政部门、上级工会、工会主席、工会会员也存在不同的信息需求,这就要求对《工会会计制度》进行全面修订,以适应工会组织的发展和各方面会计信息需求。

(三)社会保障制度及有关社会事业的改革与发展,对基金(资金)会计信息质量提出更高要求。

一是在养老保险制度改革方面,我国已经建立并实施机关事业单位工作人员职业年金制度。近年来职业年金基金相关管理政策不断完善,基金规模快速增长,基金全面投入委托运营,原《社会保险基金会计制度》已经不能完全适应职业年金基金会计核算的需要,亟需对相关会计处理规定作出针对性的调整。

二是在医疗保障制度改革方面，国务院办公厅印发的《"十四五"全民医疗保障规划》明确指出，"十四五"期间，将持续健全完善以基本医疗保险为主体，医疗救助为托底，补充医疗保险、商业健康保险、慈善捐赠、医疗互助等共同发展的多层次医疗保障制度。同时，关于医疗保障的法规制度也在不断健全和完善，《医疗保障法（征求意见稿）》已向社会公开征求意见。因此，亟需跟进医疗保障制度改革进程，适时对《社会保险基金会计制度》进行修订或作出补充规定。

三是随着土地储备、住房公积金、道路交通事故社会救助基金等改革及相关管理政策的调整和完善，需要适时修订完善《土地储备资金会计核算办法（试行）》《住房公积金会计核算办法》，制定道路交通事故社会救助基金等会计核算办法，以满足相关社会事业改革与发展的需要。

三、"十四五"时期政府及非营利组织会计改革工作重点及具体举措

《规划纲要》在总结成绩、分析形势的基础上，提出了继续深化政府及非营利组织会计改革的目标和任务，从健全完善政府会计准则制度体系并推进全面有效实施、修订完善非营利组织会计制度、进一步建立健全基金（资金）类会计标准等方面明确了"十四五"期间政府及非营利组织会计准则制度体系建设的主要举措。

（一）继续健全完善政府会计准则制度并推动其全面有效实施。

1. 全面系统梳理政府会计准则制度体系并确立体系维护机制。立足当前，着眼长远，坚持问题导向和系统思维，全面梳理现存的各类政府会计标准，及时清理已实质失效或不再适用的政府会计标准文件，确立政府会计准则制度体系整体框架及各类会计标准的维护机制，形成"建设–实施–修订"的完整闭环，确保各类准则制度内容完整、相互协调、功能明确、定位清

晰。在准则制度体系框架下，持续完善各类会计标准。

2. 研究制定有关政府会计具体准则。在立足我国国情、借鉴国际公共部门会计准则基础上，结合国务院有关部门对自然资源资产和文物文化资产管理的规定和相关改革需要，深入研究自然资源资产、文物文化资产的确认、计量和报告问题，适时出台相关具体会计准则，进一步规范会计科目和账务处理，妥善处理存量资产的新旧会计政策衔接，积极推进自然资源资产、文物文化资产入账核算。进一步研究财务会计中政府收入的分类问题，以及权责发生制原则下各类收入的确认和计量问题，适时制定出台政府收入会计准则。根据改革需要制定或修订其他政府会计具体准则。

3. 研究制定行政事业单位成本核算具体指引。在《事业单位成本核算基本指引》基础上，研究制定针对公立医院、高等学校、科学事业单位等行业的成本核算具体指引，就相关行业的成本核算对象、成本项目、成本范围、成本归集和分配方法、成本报告内容等作出具体规定，以提高成本核算指引的指导性和操作性。会同有关行业主管部门扎实推进事业单位开展成本核算，推动有关各方加强对单位成本会计信息的分析应用。同时，积极探索研究行政单位成本核算的相关问题，为准确核算机关运行经费，全面反映行政成本奠定基础。

4. 做好政府会计准则制度解释和咨询工作。政府会计准则制度解释是及时回应和解决政府会计准则制度实施相关问题、健全完善政府会计准则制度体系的必要举措，根据工作需要每年至少发布1项。在制定政府会计准则制度解释时，需要通过多种渠道、广泛收集整理政府会计准则制度实施过程中的问题，分析研究后对影响面广、现有准则制度尚未明确的问题及时作出具体规定，以确保政府会计准则制度平稳有效实施。对于未纳入政府会计准则制度解释的其他问题，建立咨询问题库，适时通过财政部网站"实施问答"栏目予以明确。同时，积极做好日常电话咨询问题和网民留言咨询问题的答复工作。

5. 扎实推动公共基础设施入账核算。针对存量公共基础设施入账难的现实情况，在深入开展调查研究基础上，根据《政府会计准则第5号——公共基础设施》和其他相关政府会计准则制度规定，会同有关行业主管部门研究制定进一步加强水利基础设施、市政基础设施和其他公共基础设施政府会计核算的通知，进一步明确核算范围、记账主体、资产分类及明细核算、存量资产初始入账方法等，积极推动交通、水利、市政等公共基础设施在"十四五"期间全部入账核算。

6. 持续推动政府会计准则制度全面有效实施。在总结政府会计准则制度实施经验基础上，进一步加强对准则制度的宣传培训和实务指导，着力解决会计人员学习不及时、理解有偏差、操作不规范等问题，切实提高政府会计准则制度实施的全面和有效性。一是加强培训。按年度设置培训计划，通过线上培训等方式扩大培训范围，积极支持各级财政部门和有关行业主管部门开展政府会计准则制度培训工作。二是加强宣传。以会计司有关负责人答记者问的形式及时对有关新准则制度进行解读，加深会计人员对准则制度的理解；总结提炼政府会计准则制度实施过程中的典型案例和先进经验，通过会计司官网、报刊杂志等媒体进行宣传，为部门单位加强政府会计工作提供参考和借鉴。三是加强调研。通过书面调研、实地调研等方式及时了解准则制度实施过程中的问题，根据实务需要适时发布有关应用案例和实施问答，设置具体业务场景，帮助会计人员正确理解、使用会计准则制度。四是加强指导。对于有关特殊行业因体制机制等问题影响政府会计准则制度实施的，会同有关行业主管部门进行针对性地指导；对于县级及以下单位存在的实施问题，积极指导地方财政部门通过预算管理一体化建设等手段帮助基层单位做好准则制度实施工作。

7. 健全完善政府会计准则制度建设与实施机制。一是根据工作需要调整政府会计准则委员会组成人员，适时编发简报，继续发挥委员会在准则制度建设和实施中的协调机制作用。二是做好政府会计准则委员会咨询专家选聘和日常管理、评价工作，完善工作机制，充分发挥咨询专家的"智库"作用。三是调整充实政府会计准则制度建设和实施工作联系点单位，加强调研和互动，充分发挥联系点单位的辐射引领作用。四是建立政府会计准则制度建设和实施部门沟通联系机制，合力推进准则制度在各部门、各行业领域全面有效实施。五是加强与各地会计管理机构的沟通与联系，积极指导各地做好准则制度实施工作。通过上述措施，形成部门紧密协作、财政上下联动、单位点面结合、社会广泛参与的政府会计准则制度建设与实施机制。

（二）适应非营利组织改革发展需要，修订完善非营利组织会计制度。

1.修订《民间非营利组织会计制度》。在充分梳理相关法律法规要求，听取有关主管部门、各类民非组织意见建议，借鉴国际先进经验基础上，稳步有序推进《民非制度》修订和实施工作。2021年组织召开《民非制度》修订座谈会，建立包括主管部门、民非组织、中介机构和研究机构等在内的工作团队，正式启动修订工作。2022年充分开展调查研究，通过组织研究课题、广泛开展实地调研和组织座谈等方式，充分了解制度执行情况和会计核算需求，研究形成《民非制度》修订征求意见稿。2023年就征求意见稿向社会公开征求意见，根据反馈意见修改完善后修订印发《民非制度》，配套出台制度新旧衔接规定，并做好宣传培训、政策解读等工作。2024年会同有关主管部门做好修订后《民非制度》的贯彻实施工作，及时回应执行过程中的问题。

2.修订《工会会计制度》。结合工会组织财务管理体制改革要求、工会会计实务发展现状和会计信息使用需求，会同全国总工会对各级工会组织广泛开展调研及座谈，确定《工会会计制度》的修订方向及具体方案，在广泛征求各方意见的基础上，修订印发《工会会计制度》。制定发布工会新旧会计制度的衔接规定，选取部分工会开展新旧衔接模拟测试，确保新旧制度衔接顺畅、过渡平稳。会同全国总工会印发贯彻实施《工会会计制度》的通知，指导各级工会组织扎实做好新制度实施的准备工作。加强对新制度的政策解读和宣传培训，积极指导各级财政部门和工会组织开展的培训工作，使各级工会财会干部尽快熟悉和掌握新制度。持续跟踪《工会会计制度》实施情况，及时研究和回应制度实施过程中发现的问题。

（三）进一步建立健全基金（资金）类会计标准，满足改革发展需要。

1. 制定机关事业单位职业年金基金相关业务会计处理规定。结合职业年金基金相关管理政策规定，在调查了解会计核算现状及问题基础上，制定印发《机关事业单位职业年金基金相关业务会计处理规定》，同步做好政策解读。会同人社部门加强宣传培训，确保新旧衔接有序进行，推动规定有效实施。持续跟踪规定的执行情况，及时研究和回应实施过程中发现的问题。

2. 适时研究修订或制定相关基金（资金）会计核算办法。顺应医疗保障制度改革需要，适时对《社会保险基金会计制度》进行修订或作出补充规定，进一步明确新增险种、新增业务的会计处理规定。顺应土地储备、住房公积金、道路交通事故社会救助基金等改革需要，结合有关财务和资产管理规定，适时修订完善《土地储备资金会计核算办法（试行）》《住房公积金会计核算办法》，制定道路交通事故社会救助基金等会计核算办法。在全面梳理现行基金（资金）类会计核算标准基础上，研究探索建立我国统一的基金会计标准体系。

四、密切配合，确保"十四五"时期各项任务取得实效

（一）高度重视，压实政府及非营利组织主体责任。

各级各类行政事业单位和非营利组织负责人要认真落实《中华人民共和国会计法》关于"单位负责人对本单位的会计工作和会计资料的真实性、

完整性负责"的规定,高度重视本单位的会计工作,积极推进准则制度全面有效贯彻落实。各单位要把建立高素质的会计人员队伍摆在重要位置,要完善会计机构、充实会计人员,支持、鼓励本单位会计人员参加培训,及时跟进、认真学习贯彻各项政府及非营利组织会计准则制度,提高会计人员的专业胜任能力。要积极促进业财融合,加强会计核算与预算管理、决算管理、资产管理、政府采购、合同管理和工资发放等数据的连接,推动会计核算为单位管理提供信息支撑。要畅通信息传递渠道,加强会计人员采集业务活动信息的准确性和便捷性,为资产成本确定、单位成本核算等提供数据支撑。

(二)紧密协作,充分发挥行业主管部门的协调作用。

有关行业主管部门要高度重视本行业领域的会计工作,加强与财政部门的沟通协调,积极配合财政部门开展准则制度宣贯工作。要结合本行业特定业务场景探索多元化的宣传培训模式,及时总结行业内的先进经验和做法并加以推广,推动会计人员深刻领会政府及非营利组织会计准则制度的有关规定。要加强对本部门(单位)、本领域政府及非营利组织会计准则制度实施情况的调查研究,对于本部门(单位)、本领域发现的实施问题,根据问题类型及时回复或反馈财政部会计司进行研究,协力推进政府及非营利组织会计准则制度建设。

(三)上下联动,充分发挥各地财政部门的推动作用。

会计准则制度的贯彻实施,离不开各级财政部门特别是会计管理机构的大力推动。省以下各级财政部门要采取切实措施,向社会有关方面广泛宣传依法加强会计工作和遵循国家统一的会计制度的重要意义,引导社会有关方面重视和支持会计工作。要多措并举加强宣传培训,及时宣讲政府及非营利组织会计准则制度的制定背景、主要内容等,加强师资力量培养,确保本地区准则制度落地不留死角、不走形变样。要加强与同级相关主管部门和单位的沟通与协调，以联系机制、工作小组等形式，因地制宜提出在行业内贯彻落实准则制度的方案和举措，齐抓共管形成合力。要加大调查研究和督查力度，及时发现本地区准则制度实施存在的问题，加强对各单位贯彻实施国家统一的会计制度的督促指导。要加强与财政部会计司的沟通和联系，及时反映准则制度实施情况及问题。各地财政部门之间要加强经验交流与分享，互通有无，共同推动会计准则制度全面有效实施。

（四）社会参与，营造会计准则制度建设实施的良好氛围。

政府及非营利组织会计准则制度高质量建设和实施离不开社会各方面的参与和支持。鼓励社会各界积极参与准则制度研究、征求意见、模拟测试、实施等各个阶段，积极反馈问题，提出政策建议。鼓励专家学者、高等学校或研究机构等加强前瞻性的学术研究，突出问题导向，为政府及非营利组织会计改革提供理论支持和政策储备。鼓励社会各界加强对实务经验的总结和分享，发挥辐射引领作用。鼓励各类专家利用工作平台和各种机会宣传准则制度并推动其有效实施，营造准则制度实施的良好氛围。

推动改革创新　提高服务效能　实现企业会计准则体系建设与实施高质量发展

——《会计改革与发展"十四五"规划纲要》系列解读之三①

经济越发展，会计越重要。企业会计准则是企业开展会计活动、生成会计信息的基本依据，是国际国内资本市场通用的商业规则和技术语言，更是国家统一的会计制度的重要组成部分。企业会计准则体系的建设与实施关系企业经营活动成果的准确计量与真实反映，直接影响企业生成和提供的会计信息质量，对于完善市场经济运行机制、引导社会资源合理配置、保护投资者和社会公众利益具有重要而深远的影响。

会计作为宏观经济管理和市场资源配置的基础性工作，在当前我国经济深入融合全球经济以及我国经济高质量发展的进程中，面临难得的发展机遇，同时也面临着诸多挑战。"十四五"时期，要紧紧围绕服务经济社会发展大局和财政管理工作全局，统筹国内和国际两个大局，立足新发展阶段、坚持新发展理念、服务新发展格局，将企业会计准则体系建设与实施两个重点往纵深推进，融入新时代、实现新突破，向更高水平迈进。

一、"十三五"时期企业会计准则体系建设与实施稳步推进

"十三五"时期，企业会计准则体系持续完善，保持与国际财务报告准则

---

① 资料来源：中华人民共和国财政部官方网站 http://kjs.mof.gov.cn/zhengcejiedu/202201/t20220117_3782893.htm。

持续趋同的总基调，收入、金融工具等 11 项具体准则及 5 项准则解释修订印发并得到有效实施，建立企业会计准则实施机制以积极回应并解决会计准则实施中的技术问题，为助力供给侧结构性改革、服务经济社会和资本市场健康发展提供高质量会计信息支持。

（一）企业会计准则体系持续完善。

"十三五"期间，财政部始终在坚持国际趋同和服务国内实践的基础上，持续做好企业会计准则体系的建设完善工作，不断完善企业会计准则体系。

1. 坚持高质量建设，牢牢把握会计准则国际趋同和适应我国国情的需要，制定或修订企业会计准则、解释及应用指南。一是先后修订印发了收入、金融工具系列、保险合同、租赁、政府补助、非货币性资产交换、债务重组、持有待售等 11 项具体准则，并编写了相关准则应用指南，切实解决我国企业相关会计实务问题，并实现我国企业会计准则与国际财务报告准则的持续全面趋同。二是先后制定印发了企业会计准则解释第 9 号至 13 号共 5 项准则解释，内容涉及权益法下投资净损失、固定资产和无形资产产生收入为基础的折旧和摊销方法、关联方认定、企业合并中业务的判断等方面，及时解决企业会计准则实施中遇到的新情况、新问题。

2. 积极主动作为，服务国家改革战略和服务财政工作大局，出台配套会计制度。一是为贯彻落实国家化解过剩产能、"三去一降一补"五大任务精神，制定规范"三去一降一补"业务会计处理规定。二是为贯彻落实国家加快处置"僵尸企业"，实现市场出清精神，制定企业破产清算会计处理规定。三是为服务国家"营改增"重大改革，制定增值税会计处理规定。四是为服务国家加强知识产权强国建设，会同国家知识产权局制定知识产权相关会计信息披露规定。五是为服务我国碳排放权交易的开展，制定碳排放权交易有关会计处理暂行规定。六是为规范永续债及其他类似工具的会计分类，制定永续债相关会计处理的规定。七是为简化新冠肺炎疫情相关租金减让的会计处理、减轻企业负担,制定新冠肺炎疫情相关租金减让会计处理规定。

3.及时反映准则要求,解决企业编制财务报告中的问题,全面规范财务报表列报。财政部先后修订印发了一般企业财务报表格式、金融企业财务报表格式、合并财务报表格式,统一企业对外提供财务报表的格式和内容标准,提高会计信息质量。

(二)企业会计准则体系有效实施。

"十三五"期间,在健全完善我国企业会计准则体系的同时,财政部高度重视准则的贯彻实施工作,持续加强会计实务指导,推动准则落地见效。目前,我国企业会计准则体系已在上市公司、金融机构以及大部分大中型国有企业范围内得到较好实施,在提高会计信息质量、提升企业管理水平和服务宏观经济治理等方面,起到了积极作用。

1.建立会计准则实施工作机制并发挥重要作用,及时了解准则实施效果,切实解决准则实施问题。一是会同国资委、银保监会、证监会等部门建立企业会计准则实施联席会议机制,沟通准则实施和相关监管中的问题,协调监管立场。二是会同企业、会计师事务所等实务界建立企业会计准则实施技术联络小组会议机制,研究并解决准则实施重点难点技术问题。三是针对收入、金融、保险等重点准则建立准则实施工作组机制,研究解决重点准则实施中的难点痛点堵点。

2.广泛收集准则实施问题,积极回应解决,加大准则实务指导力度。一是研究建立企业会计准则实施快速反应机制,及时广泛收集准则实施问题。二是针对准则实施中普遍关注的问题,通过准则应用案例、实施问答、网民答复等多种灵活多样形式,分层分类研究解决,以提供技术指引、有效指导实务。

3.加强会计准则宣传培训,对准则实施重点难点讲解,提升准则实施效果。联合银保监会、证监会等有关部门探索会计准则线上培训方式,讲深讲透重难点准则中重点难点问题,强调准则实施需关注事项,引导实务提高准则实施质量。

（三）积极发挥会计准则委员会在企业会计准则制定中的作用。

"十三五"期间，会计准则委员会稳步推动各项工作，助力企业会计准则体系建设。

1. 跟踪国际财务报告准则最新进展，深入开展国际财务报告准则研究，组织召开、积极参与会计国际交流会议，向国际会计准则理事会反馈意见。

2. 持续推进会计准则动态编写工作，跟踪国际会计准则理事会准则项目最新动态、欧美等主要经济体会计准则最新动态、国际会议最新情况、咨询委员会观点摘编等。

3. 重新梳理外部咨询专家组织框架，重新组建第一届、第二届企业会计准则咨询委员会，发挥咨询委员在企业会计准则建设过程中的咨询和智力支持作用，实施国际化高端会计人才培养工程，为服务我国企业会计准则的建设贡献力量。

二、当前企业会计准则体系建设与实施面临的形势及其影响

习近平总书记指出，面对复杂形势和艰巨任务，要全面把握世界面临百年未有之大变局和中华民族伟大复兴战略全局。当前，我国经济已经与世界经济深度融合，国内全面深化改革正稳步推进，对企业会计准则体系建设和实施提出了新的更高要求。我们必须提高站位、审时度势，深刻认识企业会计准则体系建设和实施所面临的形势及其影响。

（一）服务经济高质量发展，提升我国经济的创新力和竞争力，需要企业会计准则体系及时跟进。

当前，我国经济增长已由高速增长阶段转向高质量发展阶段，正处在转变发展方式、优化经济结构、转换增长动力的攻关期，坚持质量第一、效益

优先，以供给侧结构性改革为主线，推动经济发展质量变革、效率变革、动力变革，提高全要素生产率，不断增强我国经济创新力和竞争力。在我国经济不断深化改革的进程中，经济业务事项的变革必然引起会计核算、会计理念等发生转变，并对会计信息披露提出了新的更高需求，迫切需要企业会计准则建设同步跟进。与此同时，随着新一轮科技革命和产业变革深入发展，传统制造业正与大数据、人工智能、互联网、云计算等新经济新技术深度融合，经济转型升级和创新发展中新的商业模式层出不穷，将深刻影响会计政策的发展与走向，客观上需要企业会计准则建设同步革新，反映经济业务发展趋势。

（二）服务资本市场全面深化改革，需要企业会计准则体系作为制度保证。

当前，我国正在推进资本市场全面深化改革，市场配置资源的决定性作用显著增强，特别是股票发行注册制改革坚持以信息披露为核心，以财务会计报告为载体的会计信息则是信息披露的重要内容。上市公司依据企业会计准则进行确认、计量、并生成财务会计报告，投资者据此进行价值判断与做出投资决策。高质量的企业会计准则建设有助于促进资本市场优化资源配置，有助于充分保护广大投资者的权益。

（三）服务财会监督职能，需要企业会计准则体系作为评判准绳。

企业会计准则是国家统一的会计制度的重要组成内容，是国务院财政部门依法履行会计管理职能、开展会计监督的重要依据，更是党和国家财经纪律在会计领域的具体体现。高质量的企业会计准则体系，将为深化财会监督、维护财经法纪提供更加科学有效的评判准绳，维护准则的权威性。

（四）服务提高国际双向投资水平、促进国内国际双循环，需要企业会计准则体系作为重要规则标准。

当前，我国要加快构建以国内大循环为主体、国内国际双循环相互促进的新发展格局，会计准则是国际通用的商业语言，也是促进国内国际贸易和资金畅通、实现共同发展的重要的"基础设施"。我国企业会计准则实现与中国香港、欧盟、英国等国家或地区的等效趋同，为我国企业降低海外上市融资成本、"走出去"更好地利用国际资本市场提供了基础条件支持。基于我国企业会计准则体系建设国际趋同的战略，应当持续关注国际财务报告准则的改革和变化，顺时应势，深度靠前参与国际财务报告准则的研究制定，积极借鉴国际财务报告准则的成果，结合我国国情和企业实务发展实际需求，持续修订和完善我国企业会计准则体系。

（五）服务构建会计改革与发展新格局，需要企业会计准则体系提供有力支撑。

会计信息在经济发展、营商环境优化和宏观经济决策方面发挥着越来越重要的作用。会计基础性服务功能得到充分有效发挥，实现会计行业更好服务我国经济社会发展大局和财政工作全局，离不开企业会计准则体系的高质量建设和有效实施。这客观上要求我们从会计行业当前和未来一段时间整体发展方向考虑，不断完善企业会计准则体系，推动企业会计准则体系有效实施，提高企业会计信息质量，为构建新时代我国会计改革与发展新格局提供有力支撑。

三、"十四五"时期企业会计准则体系建设与实施的工作重点和具体举措

《会计改革与发展"十四五"规划纲要》明确提出了"持续完善企业会计准则体系的建设与实施"的具体任务，并分别从企业会计准则体系建设和实施两个方面提出10项具体举措，是指导我们做好"十四五"时期企业会计准则体系建设和实施的重要依据和行动指南，必须认真对照、全面贯彻、统筹推进、抓实抓好。

（一）持续推动企业会计准则体系高质量建设。

1.全面梳理并修订我国企业会计准则体系，明晰体系内各层级准则制度的框架和内容。企业会计准则体系是企业会计准则建设和实施的纲领性、框架性结构，对于企业会计准则建设和实施具有顶层设计、统驭全局的作用。2006年以来，我国陆续发布了1项基本准则、42项具体准则、14项准则解释，以及具体准则的应用指南、会计处理规定、有关准则实施的贯彻落实通知等。通过系统梳理、修订完善企业会计准则体系，明确各层级准则制度的文件类型、规范内容、体例规则等，进一步明晰各层级准则制度的边界，以更好指导企业会计准则制度建设规范化发展，切实维护准则体系的权威性。

2.加强企业会计准则前瞻性研究，主动应对新经济、新业态、新模式的影响，积极谋划会计准则未来发展方向。随着我国经济社会的快速发展，创新驱动战略的深入推进，传统制造业经济正与大数据、人工智能、移动互联网、云计算等新经济新技术深度融合，新的商业模式层出不穷，这对传统的会计核算产生了挑战。为了更好的反映这些新经济、新业态、新模式，需要主动加强企业会计准则的前瞻性研究，紧跟时代发展趋势，密切跟踪当前经济社会中的热点问题，如数据资产等，形成有价值的研究成果，为会计改革及相关政策制定提供有力支撑，从而不断完善企业会计准则体系，为核算新的商业模式等提供标尺。

3.紧密跟踪国际财务报告准则项目进展和国内实务发展，找准企业会计准则国际趋同和解决我国实际问题之间的平衡点和结合点，更好地促进我国企业创新和经济高质量发展。要密切跟踪研究国际财务报告准则的最新发展，在重要准则项目和重大技术问题上积极表达我国的观点和关切，讲好中国会计故事，发出中国会计声音，主动引领国际财务报告准则的发展方向。立足我国实际、满足中国社会经济发展的需要，是我国企业会计准则建设的根本宗旨。要以切实解决我国会计实务问题为主导，坚持"趋同不是简单地等同"和"趋同是一种互动"等重要原则，在趋同过程中切实维护国家利益，有效评估国际财务报告准则在我国具体实务中的适用性，及时有效地解决我国会计实务问题和有关诉求，不断完善企业会计准则建设质量，更好服务我国经济高质量发展。

4. 根据国内实务发展和国际趋同需要，定期更新准则汇编、应用指南汇编，研究制定企业会计准则解释，研究修订会计科目和报表格式。制定高质量的企业会计准则、解释、应用指南、会计处理规定等是企业会计准则体系建设的首要任务。根据国际财务报告准则发展动向以及我国企业实务发展需要，修订完善企业会计准则及其应用指南，提高实务指导的针对性、可操作性。定期梳理更新后的准则、解释、会计处理规定、应用指南，形成准则汇编、应用指南汇编，为实务界提供更加及时、准确、权威、便捷的案头工具书，切实维护准则体系的权威性、准确性与实用性。根据国内实务需要，根据准则修订情况进一步研究修订会计科目，明确具体会计科目和主要账务处理要求，推动准则更准确落地实施；研究修订企业财务报表格式，统一企业对外提供财务报表的格式和内容标准，增强企业对外提供报表的约束刚性，提高会计信息的一致性、可比性。

5. 整合社会多方力量参与企业会计准则制定的研究工作，加强企业会计准则与监管、税收等政策的协调，增强企业会计准则制定的针对性和适用性。坚持共商共建，分层协同发力，在准则制定起草过程中充分听取监管部门、行业协会以及报表编制者、使用者、会计师事务所等实务界各方意见，并加强准则与监管要求、实务做法的协调；从理论研究、技术分析、政策把控等不同层面，持续加强同学术界、实务界、监管部门、行业协会等的联系，分工协同、同向发力，促进各方关注和参与准则研究工作。

6. 健全完善适用于中小型企业的会计准则体系。随着社会主义市场经济的发展以及企业会计准则体系的不断完善和国际趋同的稳步推进，我国越来越多的企业已经执行企业会计准则或者小企业会计准则。自上世纪90年代以来，我国企业会计准则与企业会计制度长期并存发展，在社会经济发展中各自发挥着相应的作用，目前仍有部分企业在执行企业会计制度。要进一步研究企业会计制度的下一步走向，根据我国经济结构特点和企业发展需要，探索建立适用我国中小型企业的会计准则体系。

7. 充分发挥会计准则委员会在企业会计准则制定中的作用。一是持续深入开展国际会计准则研究，整合咨询委员、国际化高端会计人才培养工程学员等多方力量，为我国参与国际财务报告准则制定提供有力技术支撑。二是加强会计前瞻性问题研究，及时对新业态、新模式产生的会计问题进行技术研究，为我国企业会计准则建设提供前瞻性研究成果。三是持续做好企业会计准则咨询委员管理和国际化高端会计人才培养工作，加强队伍建设，发挥智库作用，服务我国会计准则建设工作。

（二）持续推动企业会计准则体系高质量实施。

1. 完善企业会计准则制度执行的运行框架，加强企业会计准则实施前模拟测试，建立适合我国的企业会计准则实施评估机制，确保企业会计准则体系的有效运行。通过"制订完善、指导实施、强化监管"三个主要环节之间的有机衔接、相互促进，建立健全企业会计准则闭环工作机制，提升准则执行效果，提高会计信息质量，服务经济社会发展。加强新准则实施前模拟测试，选取相关重点企业开展准则实施前模拟测试，了解掌握新准则实施预期影响和经济后果，及时发现新准则实施可能出现的新问题新情况，合理确定新准则实施时间和范围。结合经济社会发展、会计实务和国际趋同需要，研究建立适合我国的企业会计准则实施评估机制，适时对具体准则进行评估，提出改进计划和未来工作安排，推动提升企业会计准则体系建设和实施质量。

2. 优化企业会计准则实施快速反应机制，及时跟踪企业会计准则实施情况，进一步建立健全企业会计准则实施问题收集渠道，做好上市公司财报分析工作，加强企业会计准则应用案例、实施问答等实务指导，及时回应市场关切。坚持以人民为中心理念，从满足实务界日益增长的对准则实施指导的需要出发，不断优化企业会计准则快速反应机制，及时回应社会关切。建立健全并拓展企业会计准则实施问题收集渠道，及时广泛关注并收集准则实施问题。进一步细化准则实施问题解决路径，针对不同渠道、不同类型、不同层次问题分类、分层解决，提高问题解决的及时性、针对性、适用性。针对具有普遍性、代表性准则实施问题研究形成准则应用案例、实施问答，用于指导实务；针对难以通过案例或问答快速解决的问题，需要通过制定解释、修订准则解决的问题的，通过立项深入研究制定相关准则、解释。开展相关企业年报分析工作，系统了解企业会计准则实施质量，及时发现准则实施中的新情况、新问题，有效反映经济政策落地见效成果和宏观经济发展形势，为政策决策提供支持和参考。

3.继续发挥由政府监管部门、企业、会计师事务所、理论学者等多方参与的企业会计准则实施机制的作用，探索建立常态化联合解决问题机制，加强信息共享与沟通，提高企业会计准则执行效果。坚持兼听则明、广开言路的企业会计准则建设和实施理念，在准则实施中充分听取来自监管界、实务界、理论界的不同角度的准则建设和实施相关意见建议。继续发挥企业会计准则实施联席会议机制、企业会计准则实施技术联络小组机制等作用，探索建立准则实施重要问题沟通会商机制，加强信息共享与沟通，注重共商共建，加大准则实施重难点问题研究解决力度，充分发挥会计工作服务经济社会高质量发展的基础性作用。

四、落实具体举措的有关要求

（一）企业要认真学习理解并严格执行企业会计准则，从源头上夯实会计准则落地根基。

企业应当切实履行会计信息质量主体责任，建立健全会计信息质量治理架构，要及时根据财政部出台的企业会计准则的有关规定，结合本企业的经营特点和业务范围有针对性地完善本企业的内部会计核算办法，并做好新旧准则衔接工作，依据企业会计准则等国家统一的会计制度提供真实、完整的会计信息。企业负责人要高度重视并切实加强对会计工作的组织领导，对会计工作和会计资料的真实性、完整性负责，要亲自抓会计准则实施，制定实施计划，健全内部控制，落实主体责任。企业各级会计人员，包括总会计师、财务负责人、基层会计工作者，要认真学习理解会计准则，始终保持知识更新，持续提升专业能力，将准确执行会计准则作为财会工作的基本功与看家本领；要强化会计诚信意识，践行会计诚信文化，杜绝财务舞弊，有效防范风险，从源头上夯实企业执行会计准则的基础，推动会计准则有效落地实施。

（二）会计师事务所要提高审计质量，积极发挥审计在促进提升会计准则实施效果中的作用。

会计师事务所提供财务会计报告鉴证服务是推动会计准则有效实施的重要措施。会计师事务所应当认真学习、领会、贯彻《国务院办公厅关于进一步规范财务审计秩序　促进注册会计师行业健康发展的意见》（国办发〔2021〕30号），严格按照《会计法》《注册会计师法》《证券法》等法律法规以及企业会计准则的规定开展审计鉴证和服务工作，紧抓质量提升主线，守住诚信操守底线，筑牢法律法规红线，充分发挥审计鉴证作用，持续规范财务审计秩序，提高审计质量，积极发挥审计监督在提高会计信息质量中的作用。会计师事务所和注册会计师要持续加强自身诚信建设，牢固坚守诚信为本的理念，坚持良好的执业操守；要持续加强能力建设，加大准则学习培训力度，重点关注准则实施情况，抓住审计工作重点；要切实贯彻落实风险导向审计理念和方法，重点关注高风险行业和领域，严格执行审计程序，保证执业质量，发挥审计监督作用，进一步提升企业会计准则实施效果。

（三）各地财政部门要充分发挥在企业会计准则实施中的作用，共同推进企业会计准则有效实施。

企业会计准则的贯彻实施，离不开各级财政部门特别是会计管理机构的大力推动。各级财政部门要加强宣传培训，引导社会有关方面重视和支持会计工作。要加强与同级相关业务主管部门的沟通与协调，齐抓共管形成合力，推动辖区内有关企业贯彻实施国家统一的会计制度的督促指导。要加大调查研究力度，向财政部会计司及时反映企业会计准则实施情况，及时反馈企业会计准则实施问题，强化"上传下达"功能，上下联动，协力推进企业会计准则体系建设和实施。

（四）监督检查部门要加强协同配合，强化会计审计监管，全面提升会计信息质量。

财政部继续发挥企业会计准则建设实施中的主导作用，持续加强与国资委、银保监会、证监会等监管部门的协同配合，严厉打击财务造假行为，提高违法成本，针对会计准则实施中存在的不到位、有偏差问题，进一步完善部门间沟通协调机制，加强相关信息共享，形成监管合力，提高会计信息质量监管效能，形成全国上下一盘棋的会计准则实施监管格局，切实保证会计准则实施效果，全面提升企业会计信息质量。

（五）鼓励社会各界积极参与，营造企业会计准则建设实施的良好氛围。

鼓励社会各界积极参与企业会计准则研究、征求意见、实施等各个阶段，积极反馈实务做法、提出政策建议。鼓励专家学者、高校或研究机构等加强前瞻性学术研究，为企业会计准则建设实施提供理论支持和技术储备。鼓励社会各界加强对实务经验的总结和分享，共同营造企业会计准则建设实施的良好氛围。

规范秩序 优化服务 促进注册会计师行业持续健康发展

——《会计改革与发展"十四五"规划纲要》系列解读之四[①]

注册会计师审计是提高会计信息质量、维护市场秩序的重要制度安排。党中央、国务院高度重视注册会计师行业发展。习近平总书记多次对行业改革发展作出重要批示指示,并亲临行业视察。习近平总书记关于加强会计审计机构和专业化队伍建设、发挥财会监督作用等系列重要论述,为行业改革发展提供了根本遵循。扎实推进注册会计师行业各项改革,强化行业监管,优化行业服务,有效发挥注册会计师审计鉴证作用,是贯彻党中央、国务院有关部署的重要任务,是落实《会计改革与发展"十四五"规划纲要》(以下简称《规划纲要》)的重要内容,是维护市场经济秩序和公众利益的必然要求。

一、"十三五"时期注册会计师行业发展成果丰硕

在党中央、国务院领导亲切关怀下,在财政部党组正确领导下,在有关方面的共同支持下,经过40多年持续发展,我国注册会计师行业坚持服务国家建设,从无到有、由弱变强,从国内走向国际,体制机制不断优化,服务领域不断拓展,做强做大战略取得成效,行业发展总体呈向好态势,成为促进经济社会健康发展的重要力量。

---

① 资料来源:中华人民共和国财政部官方网站 http://kjs.mof.gov.cn/zhengcejiedu/202201/t20220120_3783840.htm。

（一）注册会计师行业管理制度体系日趋完善。

经国序民，正其制度。财政部始终将注册会计师行业管理制度体系建设摆在重要位置，紧紧围绕《中华人民共和国会计法》和《中华人民共和国注册会计师法》，不断加强行业管理制度体系建设。一是相继出台《会计师事务所执业许可和监督管理办法》、《注册会计师注册办法》等部门规章和《关于加强注册会计师行业监管有关事项的通知》、《关于加强会计师事务所执业管理　切实提高审计质量的实施意见》等文件，为规范会计师事务所和注册会计师执业，加强行业监管提供制度保障。二是相继出台或修订《对财务报表形成审计意见和出具审计报告》等28项审计准则和30项审计应用指南，制定或修订8项审计准则问题解答和5项专项业务指引，并根据资本市场改革发展和国际准则全面趋同要求全面修订职业道德守则，为规范和指导注册会计师开展实务工作，提升审计工作质量夯实执业基础。三是相继出台《会计师事务所审计档案管理办法》《关于大力支持香港澳门特别行政区会计专业人士担任内地会计师事务所合伙人有关问题的通知》《其他专业资格人员担任特殊普通合伙会计师事务所合伙人暂行办法》《关于推动有限责任会计师事务所转制为合伙制会计师事务所的暂行规定》《关于落实"证照分离"改革事项优化会计行业准入服务的通知》《境外会计师事务所从事全国银行间债券市场境外机构债券发行相关财务报告审计业务报备暂行办法》《关于认可英国会计师事务所从事沪伦通中国存托凭证相关审计业务有关事项的通知》《会计师事务所从事证券服务业务备案管理办法》《关于进一步规范银行函证及回函工作的通知》《关于推进会计师事务所函证数字化相关工作的指导意见》等文件，持续优化执业环境，深化注册会计师行业"放管服"改革，为会计师事务所做强做优营造良好的制度环境和氛围。

（二）注册会计师行业管理效能不断提升。

经过多年努力，形成了一套涉及会计师事务所设立及注册会计师注册备案、执业、退出及日常管理全过程的监管安排，有力推动了行业的规范发展，会计服务市场活力和竞争力日益增强。一是行业简政放权力度不断加大。配合行政审批制度改革，压缩会计师事务所及分支机构设立审批时限、精简审批材料，放宽准入条件、取消或下放部分审批事项，不断释放会计市场活力。2014年以来，财政部已先后取消境外事务所设立代表处审批，下放境外事务所临时执业审批，取消事务所跨省迁移审批，将会计师事务所从事证券服务业务由审批管理改为备案管理。二是行业日常管理不断强化。开展事务所持续符合执业资格、执业质量等日常及专项检查，依法整治会计师事务所无证经营、注册会计师挂名执业、网络售卖审计报告、超出胜任能力执业等各类违法违规行为，净化行业发展土壤，营造风清气正的执业环境。三是行业监管机制日益优化。切实发挥监管合力，形成财政行政监管与注协自律管理相互配合，各有侧重的监管体系，不断提升行业监管效能。四是行业信息化管理水平不断提升。财政会计行业管理系统升级优化，会计师事务所设立审批、年度报备、会计师事务所从事证券服务业务备案等事项全程网上办理，实现"让数据多跑路，让群众少跑腿"，便利群众办理行政业务，提升行业管理效率。

（三）注册会计师行业服务国家建设能力不断增强。

随着我国改革开放的不断深入和资本市场的持续发展，注册会计师审计鉴证、经济鉴证、社会监督和咨询服务等业务的市场需求不断扩大。我国注册会计师行业在改革开放大潮中乘势而起，围绕服务国家建设主题和诚信建设主线，会计师事务所做强做优、做专做精成效明显，行业业务收入结构不断优化，行业业务收入规模实现较快增长，行业服务领域不断拓展。截至2020年底，全国共有会计师事务所8 600余家（不含分所），行业年度业务收入超过1 000亿元，为4 000多家上市公司、1万多家新三板企业和420多万家企事业单位提供审计鉴证和其他专业服务，并深度参与国家"一带一路"

建设、为1.1万家中国企业在全球200多个国家和地区设点布局提供强有力的专业支持。

（四）注册会计师行业人才队伍不断发展壮大。

随着经济社会的快速发展，对注册会计师审计的需求不断增大，财政部加强注册会计师行业人才建设，注册会计师人才队伍持续发展壮大，人才资源总量稳步增长，人才素质持续提高，年龄结构不断优化，形成了一支素质优良、梯次合理、作用突出的行业人才队伍。截至2020年底，全国注册会计师行业共有人大代表政协委员829人、全国行业高端人才555人、从业人员超40万人，为提升会计信息质量和经济效率、维护资本市场秩序和社会公众利益方面发挥了不可或缺的重要作用，日益成为党和国家信赖和倚重的一支专业力量。

二、"十四五"时期注册会计师行业面临的形势和挑战

习近平总书记在深圳经济特区建立40周年庆祝大会上提出，要对标国际一流水平，大力发展会计等现代服务业，提升服务业发展能级和竞争力。社会主义市场经济的不断深化、"一带一路"等国际化战略的纵深推进、多层次资本市场的健全完善和社会事业的改革创新，为注册会计师行业"十四五"时期国内国际发展创造了更为广阔的市场空间，提供了新的发展机遇，也提出了更高要求。看到行业取得显著成绩和面临机遇的同时，我们也要清醒地认识到，由于起步较晚、基础薄弱等多种原因，注册会计师行业发展同党中央的要求相比、同全面建设社会主义现代化国家的需要相比、同社会公众的期待相比还存在一定差距，行业发展仍存在一些突出难题，影响着注册会计师审计鉴证作用的发挥，制约着行业长远健康发展，需要高度重视，并通过持续深化改革加以解决。

（一）满足市场对高质量审计服务的期望，需要进一步强化会计师事务所内部治理，整治行业"潜规则"。

当前，少数会计师事务所一味追求规模扩张，疏于内部治理，质量控制不严，收入分配、合伙人晋升等更多与业务承接挂钩，执业质量因素考虑不足，影响审计质量，为事务所持续健康发展埋下隐患，对行业整体品牌形象带来不利影响，需要加强政策引导，促进会计师事务所提升一体化管理水平，加强质量管理，保障整体审计质量。无证经营、挂名执业、网售审计报告、超出胜任能力执业等违法违规行为屡禁不止，严重扰乱审计秩序、败坏行业风气，需要形成长效机制，持续整治规管。

（二）解决行业发展机制性难题，需要进一步完善行业法律和基础制度体系。

1993年颁布、2014年局部修正的《注册会计师法》为注册会计师行业的恢复重建和规范发展提供了基本依据，对强化行业管理，发挥注册会计师在社会经济活动中的基础服务作用，作出了重要贡献。随着经济活动日趋复杂，注册会计师审计的重要性愈发凸显，关注度日益上升，财务造假中企业会计责任和会计师事务所审计责任区分、特定实体审计监管、行政处罚上限较低等问题日益成为行业和社会关注焦点，需要通过修订《注册会计师法》及配套规章制度予以解决。

（三）深化"放管服"改革，需要进一步强化行业日常监管。

经过多年的探索，财政部门已形成了一套行业日常监管体制机制，有力推动了行业的规范健康发展。但随着行业的快速发展和放宽行业前端准入的同时，也对创新监管机制，加强事中事后监管提出了更高要求。随着行业规模的不断扩大，业务种类的不断增多，需要进一步统筹监管资源，协调各级财政部门监管职责，完善监管协同机制，加大日常执法检查频次，加强从严执法力度。

（四）促进行业可持续发展，需要进一步优化执业环境。

函证工作是注册会计师审计的重要程序，近年来曝光的一些财务造假和审计失败案例反映出函证不实问题，特别是供应商、金融机构参与造假问题突出，引发市场和公众广泛关注，需要明确相关责任，加大相关责任追究力度，保障审计证据的可靠性。同时，注册会计师行业内存在低价恶性竞争，导致审计资源投入不足，审计质量低下，并长远影响行业的人才吸引力和持续健康发展，急需建立以质量为导向会计师事务所选聘机制，对违规企业和会计师事务所依法依规严肃处理。

三、"十四五"时期注册会计师行业管理工作重点及具体措施

2021年8月23日，国务院办公厅公布《关于进一步规范财务审计秩序　促进注册会计师行业健康发展的意见》（国办发〔2021〕30号，以下称国办发30号文），明确提出了规范财务审计秩序，促进注册会计师行业健康发展的总体要求、工作原则、具体措施。这是改革开放以来经国务院同意、由国务院办公厅直接印发的指导我国注册会计师行业发展的第一个文件，充分体现了党中央、国务院对新阶段注册会计师行业健康发展的关心和重视，为"十四五"和今后一段时期注册会计师行业发展指明了方向。《规划纲要》对"十四五"时期贯彻落实国办发30号文有关内容进行了进一步强调，紧抓质量提升主线，守住诚信操守底线，筑牢法律法规红线。坚持监管与服务并重、治标与治本结合，"十四五"时期注册会计师行业管理将重点做好以下工作。

（一）依法整治行业秩序。

1.依法加强从事证券业务的会计师事务所监管。加强会计师从事证券服

务业务备案管理，充实财会监督检查力量，推动形成专业化执法检查机制，对从事证券服务业务的会计师事务所开展有效日常监管。出台会计师事务所监督检查办法，建立分级分类监管机制、突出检查重点、提高检查频次、严格处理处罚。出台会计师事务所自查自纠报告管理办法，压实会计师事务所责任，建立自查自纠报告机制，引导会计师事务所防微杜渐，抓早抓小，持续规范健康发展。完善相关部门对从事证券业务的会计师事务所监管的协作机制，加强统筹协调，形成监管合力，对会计师事务所和上市公司从严监管，依法追究财务造假的审计责任、会计责任。

2. 严肃查处违法违规行为并曝光典型案例。加强对会计师事务所与企业串通违规造假行为的惩戒，对弄虚作假、配合企业蒙骗监管部门和投资者的会计师事务所和注册会计师严惩重罚。上下联动，持续加强会计师事务所无证经营、网络售卖审计报告、注册会计师挂名执业、注册会计师超出胜任能力执业等行业内较为突出违法违规行为的整治。聚焦注册会计师行业违法违规典型案件，依法依规严肃处理，坚决做到"零容忍"，对影响恶劣的重大案件从严从重处罚，对违法违规者形成有效震慑。加大典型案例曝光力度，对全社会、全行业形成警示。

3. 加快推进注册会计师行业法律和基础制度建设。制定并完善注册会计师行业基础性制度清单，及时跟进健全相关制度规定，建立健全制度化、常态化的长效机制。推动加快修订注册会计师法，进一步完善行政强制措施、丰富监管工具、细化处罚标准、加大处罚力度。合理区分财务造假的企业会计责任和会计师事务所审计责任，明确其他单位向注册会计师出具不实证明的法律责任。完善会计师事务所组织形式相关规定，明确公众利益实体审计要求。完善维护信息安全要求，明确境外机构和人员入境执业等相关监管规定。科学合理确定会计师事务所从事上市公司等特定实体审计业务的具体要求，统一公开相关标准。结合实际优化会计师事务所和注册会计师审计轮换机制。做好注册会计师法配套规章制度建设。推动完善会计师事务所和注册会计师法律责任相关司法解释。

4.建立健全监管合作机制。建立注册会计师行业年度工作会议和日常联席会议机制，整合力量、凝聚共识，切实形成监管合力，及时研究解决制约行业发展的突出问题，不断提升行业监管水平。依法依规开展跨境会计审计监管合作，维护国家经济信息安全和企业合法权益，增强国际公信力和影响力。

（二）强化行业日常管理。

1.全面深化注册会计师行业"放管服"改革。落实行政审批制度改革和简政放权要求，积极推进会计师事务所及其分所执业许可行政审批制度改革，贯彻《国务院关于深化"证照分离"改革 进一步激发市场活力的通知》（国发〔2021〕7号），切实做好注册会计师行业自贸区"证照分离"改革试点工作，同时，进一步简化会计师事务所、注册会计师审批业务流程、便利申请手续。

2.加强注册会计师行业信息化建设。构建注册会计师行业统一监管平台，坚持有利于统一监管、服务行业为目标导向，坚持有利于会计师事务所、注册会计师管理、方便信息上报为需求导向，系统地重塑业务需求。建立健全行业数据库，加强数据分析利用，打造"互联网＋注册会计师行业"监管服务模式，加强信息化监管，提供更便捷、高效的行业服务。

3.探索建立审计报告数据单一来源制度，推动实现全国范围"一码通"。对财政部系统已有业务报备功能进行优化，逐步实现审计报告在财政部系统报备上传、防伪贴码、加密存储、查询验证，从源头治理虚假审计报告问题，打击"无证经营"行为，遏制企业向不同部门和机构报送不同财务报告行为，规范财务审计秩序。

4.加强行业信用管理。出台注册会计师行业严重失信主体名单管理办法，依法依规共享和公开相关信息并实施联合惩戒。畅通投诉举报渠道，完善投诉举报办理机制,建立行业举报受理平台,做到"接诉必应、限时核查,查实必处、处则从严"。

5. 不断完善和有效实施注册会计师职业准则体系。立足我国注册会计师执业实践,结合准则国际趋同等需要,与时俱进完善注册会计师职业准则体系,充分发挥其对注册会计师专业服务的规范和引领作用。推动职业准则体系落地实施,指导会计师事务所完善审计程序,增强审计独立性,提高应对财务舞弊的执业能力。

(三)优化行业执业环境和能力。

1. 引导会计师事务所强化内部管理。加强会计师事务所一体化管理,出台一体化管理办法,建立可衡量、可比较的指标体系,引导会计师事务所在人员管理、财务管理、业务管理、技术标准和质量管理、信息化建设等方面实行统一管理,建立健全公开、透明、规范的一体化管理检查评估程序。

2. 推进以质量为导向的会计师事务所选聘机制建设。完善国有企业、上市公司选聘会计师事务所有关规定,压实企业审计委员会责任,科学设置选聘会计师事务所指标权重,提高质量因素权重,降低价格因素权重,完善报价因素评价方式,引导形成以质量为导向的选聘机制,从源头有效遏制注册会计师行业低价恶性竞争问题。

3. 提升会计师事务所审计风险承担能力。完善会计师事务所风险保障机制,采取建立风险保障基金和注册会计师执业责任保险等方式,督促会计师事务所提升风险防御能力。修订《会计师事务所职业责任保险暂行办法》,根据资本市场发展和证券业务现状,充分考虑会计师事务所客户群体、风险状况等客观差异,完善保险金额等相关要求。

4. 进一步规范银行函证业务。加强银行函证数字化平台建设,加快推进函证规范化、集约化、数字化进程,利用信息技术解决函证不实、效率低下、收费过高等问题,支持提升审计效率和质量。开展银行函证第三方平台试点工作，总结试点经验，形成工作指引，推动银行函证数字化平台规范、有序、安全运行。逐步在上市公司年报审计中推广银行函证数字化应用。

5.推广行业先进经验。结合大、中、小型会计师事务所特点，从一体化管理、信息化管理、"专精特"发展等方面树立典型示范，推广先进经验，引导会计师事务所比学赶超，共同发展。

四、加强组织实施，确保"十四五"时期注册会计师行业管理措施落地见效

（一）认真学习贯彻，全面推进行业管理工作。

财政部门要认真学习贯彻国办发30号文和《规划纲要》，充分认识推动注册会计师行业健康发展的重要性，牢牢把握行业发展难得机遇，将相关工作摆到重要议事日程。要突出监管重点、强化监管力度，对行业违法违规行为和"潜规则"依法整治规管，有效整顿审计秩序、整肃行业风气。要加强法治建设、制度建设和标准建设，从体制机制上解决行业发展存在的深层次问题。注册会计师协会要发挥作用，实施好《规划纲要》与《注册会计师行业发展规划（2021—2025年）》和《注册会计师行业信息化建设规划（2021—2025年）》有关工作任务。

（二）加强协同配合，确保各项措施落地见效。

财政部门作为行业主管部门，要持续加强与有关部门的协同配合，不断优化完善沟通协调工作机制，强化信息共享，形成监管合力，提升监管效能。注册会计师协会作为行业组织，要建立健全政策协调和工作协同机制，推动各项政策措施的落实。会计师事务所要全力支持配合行业管理工作，规范内部治理，树立质量优先导向，充分发挥审计鉴证作用，持续规范财务审计秩序，维护行业健康发展生态。广大从业人员要发挥主体意识和进取精

神,发挥主体作用,献智献志,形成促进行业发展的最大合力。

(三)加强宣传引导,营造行业健康发展良好氛围。

注册会计师行业的持续健康发展,离不开良好的舆论环境和社会环境,财政部门要建立行业舆情日常监测、会商研判以及中央和地方、政府部门和行业协会的分级分类响应机制,不断增强舆论引导能力和舆情应对水平。要加强对注册会计师行业法律法规、监管制度和日常监管行为的宣传,推动底线红线入脑入心入行;要加强对注册会计师行业正反两方面典型案例的宣传,推动形成认知认同;要加强对注册会计师行业价值和诚信文化的宣传,积极引导社会舆论和市场预期。要引导社会各界积极参与行业相关法律法规、制度研究,集思广益,共同推动行业发展。

加强新时代会计人才队伍建设
为高质量发展提供有力支撑

——《会计改革与发展"十四五"规划纲要》系列解读之五[①]

人才是实现民族振兴、赢得国际竞争主动的战略资源。2021年11月,财政部印发《会计改革与发展"十四五"规划纲要》(以下简称《规划纲要》)提出了"人才队伍结构持续优化"的总体目标和"培养造就高水平会计人才队伍"的主要任务。按照《规划纲要》的总体部署,2021年12月,财政部印发《会计行业人才发展规划(2021—2025年)》,进一步明确了"十四五"时期会计人才发展的4个具体目标、9项重点任务和5个重大工程。《规划纲要》和《会计人才规划》为新时代会计人才发展指明了方向,是做好当前和今后一段时期会计人才队伍建设工作的行动纲领。

一、"十三五"时期我国会计人才建设取得的主要成绩

"十三五"时期,财政部按照党中央、国务院关于人才工作的有关决策部署,加强会计人才制度建设、实施会计人才培养重大工程、营造会计人才发展良好环境。我国会计人才素质明显提升、人员队伍结构持续向好、会计人才在经济社会发展中的作用日益突出。

[①] 资料来源:中华人民共和国财政部官方网站 http://kjs.mof.gov.cn/zhengcejiedu/202201/t20220127_3785471.htm。

（一）会计人才制度不断健全。

会计人才制度建设是推动会计人才工作的重要前提，是促进会计人员提升专业能力和职业道德水平的有力保障。一是转变会计人员管理方式。落实"放管服"改革要求，取消会计从业资格，加强会计人员事中事后管理，制定《会计人员管理办法》《会计专业技术人员继续教育规定》《关于加强会计人员诚信建设的指导意见》等管理制度。二是推进会计职称制度改革。制定《关于深化会计人员职称制度改革的指导意见》，设立正高级会计师资格，形成初级、中级、高级（含副高级和正高级）等层次清晰、相互衔接、体系完整、逐级递进的会计专业技术资格体系，为经济社会发展培养、选拔不同层级的会计专业技术人才提供了重要依据。三是加强会计专业技术资格考试管理。修订《全国会计专业技术资格无纸化考试考务规则》《全国会计专业技术资格考试评卷工作规则》等考试制度，加强会计专业技术资格考务管理，实现初、中、高级会计资格考试无纸化，联合人力资源社会保障部、工业和信息化部、公安部防范和打击利用无线电设备等在会计资格考试中舞弊等行为，维护考试公平。四是完善高端会计人才培养制度。制定《全国会计领军人才培养工程发展规划》《全国大中型企事业单位总会计师培养（高端班）方案》《国际化高端会计人才培养工程实施方案》等人才培养规划或培养方案，统筹推进各类别高层次会计人才队伍建设。

（二）会计队伍素质明显提升。

我国会计人才队伍的整体素质明显改善，学历结构不断优化，专业能力不断提升。截至2020年底，我国共有670.20万人取得初级会计专业技术资格，242.02万人取得中级会计专业技术资格，20.57万人通过高级会计师资格考试，比2015年底分别增长79.3%、50.6%、73.3%；注册会计师行业从业人员近40万人，会计师事务所合伙人（股东）3.6万人。我国所有综合类高等院校均开设了会计专业课程，在开设本科以上学历教育的高等院校及科研单位中从事会计教育科研工作的人员超过1.3万人。

(三)人才培养工程成效显著。

一是实施高端会计人才培养工程。构建企业类、行政事业类、注册会计师类、学术类共同发展的高端会计人才培养体系,培养周期六年,截至2020年底共招收44个班1 802人,毕业1 071人,经过持续培养,学员的管理水平、专业能力和综合素质显著提升,很多学员已成长为单位分管财会工作的负责人,为推动提升会计工作发挥了积极作用。二是实施大中型企事业单位总会计师素质提升工程。组织对大中型企事业单位总会计师、财会负责人等进行轮训,为企事业单位培养了一批能够参与战略经营和管理决策、把握行业发展趋势、解决复杂经济问题、具有国际业务能力的高级会计人才,截至2020年底已组织培训6.7万人次;在素质提升工程中设立高端班,着力培养一批具有全球战略眼光、市场开拓精神、管理创新能力和社会责任感的总会计师及其后备人才队伍,已招收首期242名学员。三是实施国际化高端会计人才培养工程。着力培养一批谙熟国际规则、精通国际事务、符合我国会计工作国际交流合作需要的高端会计人才,截至2020年底共招收3期90名学员,推荐1名学员担任国际会计准则理事会中小主体国际财务报告准则实施工作组成员,组织2名学员通过线上远程方式参与英格兰及威尔士特许会计师协会的有关工作,安排6名学员赴会计准则委员会直接参与国际财务报告准则项目研究。四是实施会计名家培养工程。重点资助培养一批具备突出学术研究能力和完备知识结构,活跃于国际学术领域、具有国际水准的会计学术带头人,截至2020年底有70人入选会计名家培养工程,39人获得"会计名家"称号。五是加强应用型会计人才培养。促进会计学研究生教育逐步向应用型专业学位教育为主转变,全国会计硕士专业学位研究生培养单位从最初的24家发展到2020年底的269家;从年招生不足2 000人发展到年招生约2万人,截至2020年底已累计招生超过12万人,授予学位超过8万人;实施会计专业学位教育质量认证，17家培养单位成为质量认证A级成员单位。

（四）人才发展环境不断改善。

一是会计人才发展的社会环境明显改善。经济社会发展为会计人才成长与发展提供了广阔舞台，会计人才竞争优势不断提升，报名参加会计专业的学生逐年增加，素质明显提高，以会计硕士专业学位为例，全日制报录比稳定在7∶1，在管理类专业学位中位于前列。自1990年以来财政部先后9次依法开展全国先进会计工作者评选表彰活动，"十三五"时期，共有149人被评为全国先进会计工作者，在树立一批当代会计楷模的同时，也极大地激励了广大会计人员崇尚诚信、依法理财、锐意创新、敬业奉献的工作热情。二是会计人才发展的单位内部环境明显改善。随着会计人员参与单位经营管理活动的程度不断加深、作用不断显现，会计人才日益受到单位的重视和肯定，会计职能作用与地位得到进一步巩固和提高。三是会计人才培养重点基地建设规模和培训质量明显提高。北京、上海、厦门国家会计学院等会计人才培养重点基地，发挥不同区位优势，突出擅长领域及学科方向，承担政府部门组织的高端会计人才培训，注重打造学院精品培训项目，积极拓展培训领域，提高培训质量，三家学院每年培训会计人员达到17万人次；加强会计学科建设，三家学院均成为会计专业学位教育质量认证A级成员单位；有效发挥智库作用，服务财政会计事业发展，形成国家会计学院协同发展、相互支撑的整体格局。

二、"十四五"时期我国会计人才发展面临的形势和挑战

（一）党中央关于新时代人才工作的重大部署对会计人才建设提出新要求。

习近平总书记在2021年9月召开的中央人才工作会议上深刻阐述了新时代人才工作的一系列重大理论和实践问题，明确了指导思想、战略目标、重

点任务、政策举措，为做好新时代人才工作指明前进方向。会计人才建设工作要全面贯彻习近平总书记关于新时代人才工作的新理念新战略新举措，增强"四个意识"、坚定"四个自信"、做到"两个维护"，深入实施新时代人才强国战略，紧紧围绕建设世界重要人才中心和创新高地、深化人才发展体制机制改革、加快建设国家战略人才力量、全方位培养引进用好人才等重大部署，加强科学谋划，做好顶层设计，坚持向改革要动力、用改革增活力，坚决破除各种体制机制障碍，加快形成具有吸引力和国际竞争力的会计人才制度体系，以强烈的责任感使命感紧迫感推进各项任务落实，努力实现新时代会计人才工作高质量发展。

（二）以推动高质量发展为主题的经济社会发展对会计人才建设提出新要求。

当前，我国经济已从高速增长阶段转向高质量发展阶段，我国将加快建设现代化经济体系，加快构建以国内大循环为主体、国内国际双循环相互促进的新发展格局，需要广大会计人才不断提高贯彻新发展理念、构建新发展格局的能力和水平，在企业管理、政府治理、注册会计师审计、会计教学科研、会计国际交流合作等领域施展才华、积极作为，在推动经济社会高质量发展，推进国家治理体系和治理能力现代化，建设高水平开放型经济新体制中发挥更大作用。

（三）以"变革融合"为特征的会计改革发展趋势对会计人才建设提出新要求。

"十四五"时期是会计工作实现高质量发展的关键时期。大数据、人工智能、移动互联网、物联网、区块链等技术革新，催生新产业、新业态、新模式，进一步推动会计工作与经济业务深度融合、推动会计智能化发展，迫切需要一批既精通专业又熟悉信息技术，既具备战略思维又富有创新能力的复合型会计人才，推动会计工作适应数字化转型，实现"提质增效"的改革发展目标。

三、"十四五"时期推动我国会计人才队伍建设的总体思路和主要任务

会计事业发展依靠会计人才，会计人才工作在推进会计改革发展中具有举足轻重的作用。《规划纲要》将抓好《会计人才规划》等三个子规划的编制实施作为推动会计改革发展任务落地生效的重要措施。按照党中央关于新时代人才工作的有关决策部署和《规划纲要》的总体要求，在对会计人才工作进行全面总结、深入调研、充分研讨的基础上，我们研究起草了《规划纲要》的子规划《会计人才规划》，并组织开展了两次征求意见和一次专家论证会，第一次征求意见共收到不重复的意见132条，采纳或部分采纳68条；第二次征求意见和专家论证会共收到不重复的意见186条，采纳或部分采纳106条，对于未采纳的重要意见与反馈单位进行了充分沟通。

"十四五"时期的会计人才建设工作将着力构建一个体系、有序推动两个发展、积极打造三个平台、有效解决四个问题、重点实施五个工程。着力构建一个体系，即构建包括人才选拔、培养、评价、使用在内的会计人才工作体系，重点健全科学规范、开放包容、运行高效的会计人才培养体系，健全以诚信评价、专业评价、能力评价为维度的会计人才综合评价体系。有序推动两个发展，即通过完善高端会计人才培养机制，创新继续教育培养模式，推进会计学科与其他学科交叉融合等，推动会计人才向高素质专业化人才发展、向复合型国际化人才发展。积极打造三个平台，即打造会计人员管理服务平台、会计人员继续教育平台、会计人才资源共享平台。有效解决四个问题，即解决会计人员诚信机制建设滞后的问题，解决会计人员评价体系不健全的问题，解决高端会计人才供给不足的问题，解决基层会计人员教育培训需进一步加强的问题。重点实施五个工程，即实施大中型企业总会计师培养工程、行政事业单位财务负责人培养工程、会计师事务所合伙人培养工程、

会计教学科研人才培养工程、国际化高端会计人才培养工程。

落实到具体任务上，主要包括：持续推进会计诚信建设、健全会计人才评价体系、提高会计人员继续教育质量、抓好会计人才培养重大工程、推动学科发展和学历教育改革、加强会计人才培养基地建设等六个方面。

（一）持续推进会计诚信建设。

诚信是会计职业道德的重要内容，也是对会计行业的最基本要求。"十四五"时期将通过完善法律、建立机制、加强教育等手段，全面提升会计人员诚信意识和行业诚信水平。

1. 加强会计法治建设。通过修订会计法律制度、制定会计人员职业道德规范，修订完善注册会计师职业道德守则等，强化会计诚信意识，支持会计人员依法履职尽责，保护会计人员合法权益；完善会计法律责任体系，提高会计违法成本。

2. 建立涵盖事前、事中和事后全过程的会计诚信体系。建立会计人员信用信息管理制度，规范信用信息归集、评价、利用，探索诚信积分管理机制，加强与有关部门合作，实现信用信息的互换、互通和共享，将会计人员信用信息作为会计人才选拔、培养、评价、使用的重要依据。支持会计相关行业协会建立健全信用承诺制度，加强行业自律。

3. 加强会计法治教育、会计诚信教育和思政教育。将会计职业道德作为会计人才培养教育的重要内容，推动财会类专业教育加强职业道德和课程思政建设。加大会计诚信宣传，组织开展先进会计工作者评选表彰，健全评选表彰机制，宣传先进事迹，鼓励会计人才主动担负起时代赋予的使命责任；加强对典型失信案例的警示教育。

（二）健全会计人才评价体系。

建立科学的人才评价机制，对树立正确用人导向、激励引导人才职业发展、调动人才创新创业积极性具有重要作用。针对目前会计人才评价标准单

一、评价手段趋同等问题,提出完善会计人才评价体系的具体措施。

1. 探索建立以诚信评价、专业评价、能力评价为维度的会计人才综合评价体系。目前会计人才评价主要以会计专业技术资格考试评审为主,重点关注专业评价(会计专业技术资格考试)、能力评价(评审阶段对工作业绩进行评价),尚未将诚信情况纳入评价范畴中。"十四五"时期,将结合建立会计人员信用信息管理制度,将会计人员诚信情况作为会计人才评价的重要依据,充分发挥会计人才评价对会计人才教育培养的导向作用。

2. 完善会计专业技术资格考试评价制度。组织开展会计专业技术资格考试评价是会计人才评价的重要方式。科学的评价标准、有效的组织方式是做好会计人才评价的重要前提。"十四五"期间,将修订会计专业技术资格考试大纲,加强会计专业技术资格考试组织实施管理,探索推进初级会计专业技术资格考试一年多考;加大对高级和正高级会计专业技术资格评审工作的指导力度,向艰苦边远地区适当放宽评审标准;研究会计专业技术资格考试、评审与注册会计师等职业资格考试科目互认、与会计专业学位研究生教育衔接的机制、与高端会计人才培养衔接的机制,减少重复评价,畅通各类会计人才流动、提升的渠道。

(三)提高会计人员继续教育质量。

会计人员继续教育是实现会计人员更新知识、拓展技能、完善知识结构、提高能力素质的一项重要制度安排。我国会计法第三十九条规定"对会计人员的教育和培训工作应当加强。"党的十九大明确要求要"办好继续教育,加快建设学习型社会,大力提高国民素质。"针对目前继续教育标准不统一、学习质量难以有效保证等问题,提出具体措施。

1. 制定会计人员继续教育专业科目指南。《会计专业技术人员继续教育规定》第九条规定,"财政部会同人力资源社会保障部根据会计专业技术人员能力框架,定期发布继续教育公需科目指南、专业科目指南,对会计专业技术人员继续教育内容进行指导"。专业科目指南是指导会计人员继续教育的重要文件。"十四五"期间，将针对不同层次、不同类别的会计人才分别构建能力框架，以能力框架为指引，制定会计人员继续教育科目指南，突出继续教育的针对性、差异化、实用性和前瞻性。

2. 修订中国注册会计师胜任能力指南。为适应注册会计师行业发展的新形势，进一步提升注册会计师行业专业化水平，不断适应国家经济社会发展需要，在总结提炼国内新实践，学习借鉴国际新变化的基础上修订《中国注册会计师胜任能力指南》。新修订的《注册会计师胜任能力指南》将对注册会计师职业生涯胜任能力总框架、专业素质基本要素及核心内容、学历教育与职业教育内在联系以及实务经历在培养、保持和提升注册会计师胜任能力中的地位与作用等方面进行进一步明确和规范。

3. 丰富继续教育内容和方式。继续教育的内容要以服务会计人员为核心，满足经济社会发展对高素质复合型国际化人才的需要，要加强对最新财经法规和会计准则制度的学习，提高依法理财、准确执行会计准则的能力；要加强岗位能力培训，学习行业发展相关的新知识、新技术、新技能，提高实际工作能力和业务技能；要加强职业道德教育，提高会计人员职业道德水平。关于继续教育形式，考虑到工学矛盾、行业差异等因素，将对继续教育形式和学时认定采取更为便捷的方式，进一步丰富拓展继续教育渠道，充分利用云计算、大数据等新技术，推进继续教育信息化平台建设和应用，提供标准统一、内容规范、质量优秀的会计人员继续教育课程和注册会计师胜任能力全要素模块课程，开展继续教育师资库建设。

（四）抓好会计人才培养重大工程。

为培养各领域的高端会计人才，财政部将继续实施重大会计人才培养工程，培养符合新时代高质量发展要求的大中型企业高端会计人才，培养符合新时代行政事业单位管理要求的高端会计人才，培养符合国家建设要求的注册会计师，培养符合教育改革要求、贴近会计实务的会计教学科研人才和学术带头人，培养符合会计国际交流合作需要的国际化高端会计人才。

1. 大中型企业总会计师培养工程。对中央企业一二三级企业、省级国有企业一二级企业、上市公司和地方重点企业总会计师开展轮训，提升总会计师岗位能力素质，每年培训约 2 900 人，五年共培训约 14 500 人；选拔一批大中型企业优秀中青年会计人才进行重点培养，培养周期三年，每两年选拔 1 次，五年共选拔培养约 240 人。

2. 行政事业单位财务负责人培养工程。对国家和省级行政事业单位财务负责人开展轮训，提升财务负责人岗位能力素质，每年培训约 720 人，五年共培训约 3 600 人；选拔一批行政事业单位优秀中青年会计人才进行重点培养，培养周期三年，每两年选拔 1 次，五年共选拔培养约 120 人。

3. 会计师事务所合伙人培养工程。对会计师事务所合伙人开展轮训，提升会计师事务所合伙人执业能力和管理能力，每年培训约 1 000 人，五年共培训约 5 000 人；选拔一批会计师事务所优秀中青年人才进行重点培养，培养周期三年，每年选拔 1 次，五年共选拔培养约 180 人。

4. 会计教学科研人才培养工程。选拔一批从事会计教学科研工作的优秀中青年人才进行重点培养，培养周期三年，每两年选拔 1 次，五年共选拔培养约 120 人；实施会计名家工程，发现、培养、举荐约 15 名造诣高深、成就突出、影响广泛的杰出会计理论与实务工作者。

5. 国际化高端会计人才培养工程。选拔培养约 150 名国际化高端会计人才，通过参与国际会计标准制定和国际交流合作、发表会计专业意见、担任财政部企业会计准则咨询委员会委员等方式，为我国参与国际会计标准制定建言献策，提高我国在国际会计领域的话语权和影响力。

（五）推动学科发展和学历教育改革。

加强会计学科建设和学历教育，对于提升我国会计教育培训水平、增强人才发展核心竞争力具有十分重要的意义。"十四五"时期，将适应社会需求变化，进一步完善会计学科专业体系，优化培养结构，创新培养模式，提升教育质量。

1. 加强会计学科顶层设计。构建适应经济发展、产业结构调整、新技术革命、国家治理体系和治理能力现代化等新形势的会计学科专业体系，积极推进论证会计学一级学科申报和建设。把握数字化、网络化、智能化融合发展的契机，促进会计学科与其他学科的交叉融合。适当增加政府会计、管理会计、会计信息化相关课程内容的比重。

2. 深化会计学历教育改革。依托部分高校，聚焦直接影响会计学科专业体系建设的关键因素，从师资、课程、教材、教学内容、教学方式和实践基地等方面进行以战略思维、业财融合、数字智能为导向的教改研究和探索，推动产学研一体化发展。增强会计职业教育适应性，进一步完善培养机制。加强会计基础理论研究，争做国际学术前沿并行者乃至领跑者，开展战略性、全局性、前瞻性问题研究，创新科研组织模式，建立重点研究基地，打造一批新型高校智库，为重大会计政策制定提供支持。

3. 完善应用型人才培养体系。会同国家教育主管部门、人才主管部门，面向会计行业当前及未来人才重大需求，开展会计硕士专业学位核心课程建设、教材建设、教学案例库建设和教育质量认证等工作；积极推进会计硕士专业学位教育与会计专业技术中级资格的衔接；完善会计专业学位体系，研究会计博士专业学位研究生培养方案；优化跨院校的教师、学生之间的交流沟通学习平台，推进培养单位与实务部门在课程建设、实习实践和科学研究方面的合作。

（六）加强会计人才培养基地建设。

会计人才培养基地承担着对会计人员补充更新知识，拓展知识结构，提高综合素质和创新能力的重要职责，是培养培训会计人才的服务平台。要进一步发挥三家国家会计学院在培养高层次、急需紧缺会计人才方面的重要作用,并充分调动社会力量在会计人才培养方面的积极性。

1. 推动国家会计学院高质量发展。要进一步强化国家会计学院职能定位,推动国家会计学院坚守高端培训办学使命,开展高端会计人才培养、会计专业学位研究生教育,创新培养模式、提高师资水平,打造高端会计人才培养主阵地;要坚定特色发展办学方向,在高端会计人才培养、学位教育、智库建设中突出优势领域,形成差异定位协同发展新格局;要坚持整合资源办学策略,切实发挥学院董事会、战略咨询委员会的咨询和支持作用,加强高质量在线学习平台建设,共建携手共进合作共赢大平台。

2. 有效发挥其他培养平台作用。鼓励和引导企业、高校、科研院所等参与会计人才联合培养,注重发挥会计行业组织(团体)在会计人才培养方面的作用,支持会计行业组织(团体)搭建会计学术交流、实践交流平台。

四、落实重点任务的有关要求

(一)加强组织领导,提升会计人才工作水平。

财政部门和中央有关主管部门要坚持党管人才,加强组织领导,形成组织部门牵头抓总,职能部门各司其职、密切配合,社会力量广泛参与的会计人才工作格局;要树立强烈的人才意识,把推进会计人才发展纳入重要议题;要加强会计管理队伍建设,提升会计人才管理工作的能力和水平。各地财政部门和中央有关主管部门可以结合实际,制定本地区(部门)的会计人才发展规划或制定支持本地区(部门)会计人才发展的政策措施。

(二)完善工作机制,支持会计人才稳步发展。

财政部门和中央有关主管部门要加强政策协调,健全工作机制,立足实际、突出重点,解决人才反映强烈的实际问题,支持开展会计人才培养,切实抓好《规划纲要》和《会计人才规划》的贯彻落实，把人才优势转化为发展动能。各有关高校、国家会计学院、行业协会等人才培养单位要增强责任感和紧迫感，把全面开展高素质、专业化、复合型、国际化会计人才培训培养作为一项重要任务，认真组织实施。各用人单位要重视会计人才队伍建设，优化本单位会计人才发展环境，创造性做好育才、引才、用才工作，为会计人才成长提供必要的平台和经费支持，切实发挥会计人才作用。

（三）加大宣传引导，营造人才发展良好环境。

财政部门和中央有关主管部门要通过各种渠道和形式大力宣传《规划纲要》和《会计人才规划》，积极回应社会关切，广泛宣传人才工作新成果、新经验，讲好人才故事，强化典型示范，突出导向作用，引导社会各界关注会计人才，支持会计人才工作，推动形成全社会关心尊重会计人才、重视支持会计人才发展的良好环境。

（四）做好跟踪反馈，确保各项任务落实到位。

各地财政部门和中央有关主管部门要及时跟踪、总结《规划纲要》和《会计人才规划》实施情况，对于形成的先进经验、创新做法以及取得的成效等形成书面材料报财政部，财政部采取适当方式进行总结推广。财政部门和中央有关主管部门要及时了解规划实施中出现的情况和问题，及时调整完善政策措施，确保各项任务和要求落实到位。

加快会计数字化转型　支撑会计职能拓展 推动会计信息化工作向更高水平迈进

——《会计改革与发展"十四五"规划纲要》系列解读之六[①]

当前，新一轮科技革命和产业变革深入发展，数字化转型已经成为大势所趋。《中华人民共和国国民经济和社会发展第十四个五年规划和2035年远景目标纲要》提出，加快数字化发展，建设数字经济、数字社会、数字政府，营造良好数字生态，打造数字中国。国务院印发的《"十四五"数字经济发展规划》，就不断做强做优做大我国数字经济提出具体举措。数字时代对会计数字化转型提出了必然要求。加快推进会计数字化转型，一方面是贯彻落实国家信息化发展战略、推动数字经济和实体经济深度融合、建设数字中国的必然选择；另一方面对于推动会计职能拓展、提升我国会计工作水平和会计信息化水平具有重要意义。

财政部按照党中央、国务院决策部署，立足中国国情，坚持问题导向，加强对我国会计信息化工作的顶层设计。2021年11月，财政部印发《会计改革与发展"十四五"规划纲要》(以下简称《规划纲要》)提出了"以数字化技术为支撑，以会计审计工作数字化转型为抓手，推动会计职能实现拓展升级"的总体目标和"切实加快会计审计数字化转型步伐"的主要任务。按照

---

① 资料来源：中华人民共和国财政部官方网站 http://kjs.mof.gov.cn/zhengcejiedu/202202/t20220210_3786841.htm。

加快会计数字化转型　支撑会计职能拓展　推动会计信息化工作向更高水平迈进

《规划纲要》的总体部署，2021年12月，财政部印发了《会计信息化发展规划（2021—2025年）》（以下简称《信息化规划》），提出了符合新时代要求的国家会计信息化发展体系，明确了"十四五"时期会计信息化工作的6个具体目标和9项主要任务，是做好当前和今后一段时期会计信息化工作的具体行动指引。

一、"十三五"时期会计信息化工作回顾

"十三五"期间，财政部以创新引领会计信息化，助力会计工作转型升级为目标，有序推进各项会计信息化工作，建立健全会计信息化工作制度体系并推动其有效实施，取得积极成效。

（一）积极推动企事业单位会计信息化工作转型升级。

部分单位已开展会计工作的集中处理，通过共享服务等多种模式，建立会计信息资源共享机制，进一步促进单位会计核算、会计报告，以及管理会计、内部控制等会计工作的职责分工，推动会计工作从传统核算型向现代管理型转变，为会计工作转型提供了坚实基础。

（二）推动企事业单位会计信息系统与业务系统的有机融合。

我国企事业单位会计信息化经历了传统财务软件、企业资源计划（ERP）、以数据为核心的数据治理系统等阶段。传统财务软件的广泛普及，夯实了企事业单位全面反映会计核算工作的能力；ERP在企事业单位的逐步普及，更加精准反映会计核算等会计信息系统与采购、销售、库存等业务系统的有机融合；部分大型企事业单位尝试积极以自描述结构化数据为基础，提升内部管理信息标准化，进一步促进了会计信息系统与业务系统的全面融合，提升了企事业单位的服务管理效能和经营管理水平，实现资源共享、互联互通。

（三）新一代信息技术推动了会计工作的创新发展。

大数据、人工智能、移动互联、云计算、物联网、区块链等新技术在会计工作中得到初步应用。各企事业单位开始积极使用财务机器人处理会计核算、费用报销、会计报告、资金结算等会计工作；部分企事业单位已开始探索推动财务会计工作的智能化，提升了会计核算、会计报告、管理会计、内部控制等会计工作的效率。

（四）深化会计资料无纸化应用实践。

有效实施企业会计准则通用分类标准，推动监管部门在监管领域制定和实施监管扩展分类标准。修订《会计档案管理办法》，出台电子会计凭证报销入账归档相关规定，消除了会计资料无纸化的政策障碍；引导企事业单位建设符合自身实际需要的电子会计档案管理机制；通过积极推广电子会计资料应用实践，初步降低了会计信息的生产、传输和存储成本。

二、"十四五"时期会计信息化工作面临的形势与挑战

随着经济社会数字化转型不断发展和新技术创新迭代，会计信息化工作面临诸多机遇和挑战。

（一）经济社会数字化转型全面开启，会计工作数字化转型有待进一步加强。

我国正在经历第四次工业革命的科技发展及技术快速迭代时期，大数据、人工智能、移动互联、云计算、物联网、区块链等数字技术呈迅猛发展态势，应用场景也在不断深化，使经济社会数字化转型全面开启和深入推进，为新时期会计信息化应用场景全面转向数字化带来新的机遇，同时也带来了前所未有的挑战。运用新技术推动会计工作数字化转型，需要加快解决标准缺失、制度缺位、人才缺乏等问题。

（二）随着业务创新发展和新技术创新迭代，各单位业财融合需求更加迫切。

一方面，会计信息化应用水平程度较高的企事业单位对财务数据和业务数据进行标准化处理，初步实现了业财融合，同时业务创新发展和新技术创新迭代不断提出新的更高的业财融合需求；另一方面，多数企事业单位的业财融合仍然处在起步或局部应用阶段，对业财融合的需求非常迫切，也为会计数字化转型带来了困难。

（三）会计数据要素日益重要，数据治理工作任重而道远。

随着数字经济和数字社会发展，数据已经成为五大生产要素之一。会计数据要素是单位经营管理的重要资源，不仅能够帮助企事业单位更好地规划生产经营，更能有效地处理会计核算、会计报告、管理会计、内部控制等会计工作。通过将零散的、非结构化的会计数据转变为聚合的、结构化的会计数据要素，发挥其服务单位价值创造功能，是会计工作实现数字化转型的重要途径。进一步提升会计数据要素服务单位价值创造的能力是会计数字化转型面临的主要挑战。

（四）随着基于网络环境的会计信息系统的广泛应用，会计数据安全风险不容忽视。

网络时代，数据安全保障工作难度大大提高，基于网络环境的会计信息系统受到日益严重的网络安全威胁。会计数据在单位内部、各单位之间共享和使用，以及会计数据传输、存储等环节都存在数据泄露、篡改及损毁的风险，会计信息系统和会计数据安全风险不断上升，需要采取有效的防范措施。

三、"十四五"时期会计信息化工作的总体目标和主要任务

《信息化规划》在总结成绩、分析形势的基础上，提出了"十四五"时期

会计信息化工作的总体目标和主要任务。

"十四五"时期,我国会计信息化工作的总体目标是:服务我国经济社会发展大局和财政管理工作全局,以信息化支撑会计职能拓展为主线,以标准化为基础,以数字化为突破口,引导和规范我国会计信息化数据标准、管理制度、信息系统、人才建设等持续健康发展,积极推动会计数字化转型,构建符合新时代要求的国家会计信息化发展体系。具体包括会计数据标准体系基本建立、会计信息化制度规范持续完善、会计数字化转型升级加快推进、会计数据价值得到有效发挥、会计监管信息实现互通共享、会计信息化人才队伍不断壮大等六个子目标,以及加快建立会计数据标准体系等九项主要任务。

(一)加快建立会计数据标准体系,推动会计数据治理能力建设。

统筹规划、制定和实施覆盖会计信息系统输入、处理和输出等环节的会计数据标准,为会计数字化转型奠定基础。

1. 制定实施输入环节的会计数据标准。在输入环节,加快制定、试点和推广电子凭证会计数据标准,统筹解决电子票据接收、入账和归档全流程的自动化、无纸化问题。目前,税务发票、财政票据、铁路客票等各类原始凭证数据在各自领域已经实现数据标准化,但尚未建立国内广泛电子凭证的会计数据标准。财政部将联合有关部门,在统一电子凭证数据标准的前提下,解决电子票据在企事业单位实现接收、入账和归档全流程的自动化、无纸化。

2. 制定和实施处理环节的会计数据标准。在处理环节,探索制定财务会计软件底层会计数据标准,规范会计核算系统的业务规则和技术标准,并在一定范围对有关企事业单位进行试点,满足各单位对会计信息标准化的需求和相关监管部门穿透式获取会计数据系统底层数据的需求。

3. 制定和实施输出环节的会计数据标准。在输出环节,推广实施基于企业会计准则通用分类标准的企业财务报表会计数据标准，推动企业向不同监管部门报送的各种报表中的会计数据口径尽可能实现统一，降低编制及报送成本、提高报表信息质量，增强会计数据共享水平，提升监管效能。

（二）制定会计信息化工作规范和软件功能规范，进一步完善配套制度机制。

"十四五"期间，财政部将全面系统梳理现有各类会计信息化相关的法规、规范、制度，及时清理已实质失效或不再适用的会计信息化工作标准文件，确定会计信息化工作制度体系整体框架及各类制度之间的协调机制，确保各类会计信息化制度目标明确、功能清晰、内容完整、执行统一、相互协调。

1.推动修订《中华人民共和国会计法》。《会计法》明确提出了会计核算工作可以借助于电子计算机完成，使用电子计算机进行会计核算的，其软件及其生成的会计凭证、会计账簿、财务会计报告和其他会计资料，必须符合国家统一的会计制度的规定。"十四五"期间，财政部将加快推进《会计法》修订工作，进一步明确单位使用会计核算信息系统开展会计核算工作应当遵循会计信息化工作规范和统一的会计数据标准，为单位开展会计信息化建设、推动会计数字化转型提供法治保障。

2.制定完善会计信息化工作规范和软件功能规范。现行的《企业会计信息化工作规范》明确了企业使用的会计软件应当具备的基本功能，但未针对数字化环境下的会计工作实务进行更有针对性的规范。此外，目前很多会计软件的功能集中在会计核算工作领域，并未对管理会计等会计职能拓展领域作出原则性规定，适用范围也仅限于企业。"十四五"期间，财政部将在制定实施统一的会计数据标准的同时，完善会计信息化工作规范，制定软件功能规范，夯实规范信息化环境下的会计基础工作，提高财务软件质量，为会计数字化转型提供制度支撑。

3.探索建立会计信息化工作分级分类评估制度和财务软件功能第三方认证制度。财政部将根据会计信息化工作的特点，综合运用顶层设计、系统建设、应用实践等多维指标，探索建立企事业单位会计信息化工作分级分类评估制度。同时，探索建立由财政部门牵头的财务软件功能第三方认证制度，指导和帮助企事业单位执行财务软件功能规范或选择符合功能规范的财务软件，督促单位提升会计信息化水平，推动会计数据标准全面实施。

（三）深入推动单位业财融合和会计职能拓展，加快推进单位会计工作数字化转型。

1.深入推动单位业财融合建设。通过会计信息的标准化和数字化建设，推动企事业单位深入开展业财融合，充分运用各类信息技术，探索形成可扩展、可聚合、可比对的会计数据要素，提升数据治理水平。

2.深入推动单位会计职能拓展。积极引导单位借助会计信息化手段夯实应用管理会计的数据基础，推动单位开展个性化、有针对性的管理会计活动，探索在数字经济和新技术赋能单位管理会计的可行性，加强绩效管理，增强价值创造能力。完善新技术影响下的内部控制信息化配套建设，推动内部控制制度有效实施。推动乡镇街道等基层单位运用信息化手段，提升内部控制水平。

3.发挥会计信息化在可持续报告编报中的作用。积极推动企事业单位使用信息化手段开展可持续报告编报工作，提升单位可持续发展能力，加强社会责任管理，同时为可持续视角下的企业估值提供支撑，促进资源合理配置。

（四）加强函证数字化和注册会计师审计报告防伪等系统建设，积极推进审计工作数字化转型。

1.加快构建注册会计师行业数据标准体系。围绕注册会计师行业审计数据采集、审计报告电子化、行业管理服务数据、电子签章与证照等领域，构建注册会计师行业数据标准体系，发挥数据要素对注册会计师行业的创新引领作用。

2. 鼓励会计师事务所进行数字化转型，积极探索注册会计师审计工作数字化转型。在大数据、人工智能、区块链等新技术的影响下，推动审计工作信息系统数字化，鼓励会计师事务所积极探索全流程的审计作业数字化、智能化。

3. 推进审计函证数字化工作。制定、完善审计函证业务规范和数据标准，鼓励指导会计师事务所审计函证集中处理系统的建设，通过积极开展审计函证数字化试点工作，鼓励行业审计函证电子化平台发展和规范、有序、安全运行。

4. 建立审计报告单一来源制度。建立健全审计报告单一来源制度，积极推动实现全国范围"一码通"，相关监管部门可以获取单一来源的审计报告，从源头上治理虚假审计报告问题。

（五）优化整合各类会计管理服务平台，切实推动会计管理工作数字化转型。

1. 优化全国统一的会计人员管理服务平台。我国会计人员众多，会计人员信息是重要的数据资产。在目前全国会计人员管理服务平台以及各省会计人员管理服务平台的现有基础上，财政部将进一步优化全国统一的会计人员管理服务平台，健全机制，继续做好会计人员信息的采集、管理、维护和使用，有效发挥平台的监督管理和社会服务作用。

2. 构建注册会计师行业统一监管信息平台。借助于新技术，结合信息化和数字化手段，构建注册会计师行业统一监管信息平台，通过业务报备、电子证照和签章等手段，加强日常监测，提升监管效率和水平。此外，进一步加大会计师事务所信息披露力度，确保单位选聘会计师事务所所需信息的真实性和可靠性。

3. 升级全国代理记账机构管理系统。基于会计数字化转型，借助大数据、人工智能、知识图谱等新技术，升级全国代理记账机构管理系统，实现全国会计管理部门对行业发展的态势感知，确保各地会计管理部门对本地行业发展的实时掌握。同时，健全完善代理记账机构的信用信息公示制度，进一步提升代理记账行业事中事后监管效能。

4.系统重塑会计管理服务平台。会计管理服务平台是服务会计机构、会计人员的重要手段。"十四五"期间，财政部将在现有基础上系统地重塑会计管理服务平台，稳步推进会计行业管理信息化建设，运用会计行业管理大数据，为国家治理体系和治理能力现代化提供数据支撑。

（六）加速会计数据要素流通和利用，有效发挥会计信息在服务资源配置和宏观经济管理中的作用。

1.发挥会计信息在资源配置中的支撑作用。会计数据作为重要数据要素，在资源配置中发挥了重要作用。财政部以会计数据标准为抓手，支持各类票据电子化改革，解决会计数字化转型的输入数据瓶颈问题。同时，推进企业财务报表数字化，推动企业会计信息系统数据架构趋于一致，制定实施小微企业会计数据增信标准，助力缓解融资难、融资贵问题，促进会计数据要素的流通和利用，发挥会计信息在资源配置中的支撑作用。

2.发挥会计信息对宏观经济管理的服务作用。利用大数据等技术手段，加强会计数据与相关数据的整合分析，及时准确反映宏观经济总体运行状况及发展趋势，为财政政策、产业发展政策以及宏观经济管理决策提供参考，发挥会计信息对宏观经济管理的服务作用。

（七）探索建立会计数据共享平台和协同机制，推动会计监管信息的互通共享。

"十四五"期间，财政部将联合有关部门积极推动会计数据标准的实施工作，在安全可控的前提下，探索建立跨部门的会计信息交换机制和共享平台，初步实现会计监管信息在不同监管部门之间形成互通共享，消除部门间的会计信息孤岛。到"十四五"时期末,初步实现各监管部门在财务报表数据层面和关键数据交换层面上的数据共享和互认,基本实现财务报表数据的标准化、结构化和单一来源,有效降低各监管部门间数据交换和比对核实的成本,提升监管效能。

(八)健全安全管理制度和安全技术标准,加强会计信息安全和跨境会计信息监管。

1. 健全会计信息安全管理制度和安全技术标准。会计信息是企事业单位重要的数据资源,其安全可靠至关重要。坚持积极防御、综合防范的方针,财政部将联合相关部门在全面提高单位会计信息安全防护能力的同时,重点保障各部门监管系统中会计信息的安全。同时,针对不同类型的单位,积极建立健全会计信息分级分类安全管理制度、安全技术标准和监控体系,加强对会计信息系统的审计,建立信息安全的有效保障机制和应急处理机制。

2. 加强跨境会计信息监管。积极探索跨境会计信息监管标准,努力寻求跨境会计信息监管方法和技术,研究可行的跨境会计信息监管路径,从制度上防止境内外有关机构和个人通过违法违规和不当手段获取、传输会计信息,切实保障国家信息安全。

(九)加强会计信息化人才培养,繁荣会计信息化理论研究。

1. 加强会计信息化人才培养。会计数字化转型离不开高水平人才的支持。"十四五"期间,财政部将加大会计信息化人才培养力度,推动各单位加强复合型会计信息化人才培养,高等院校适当增加会计信息化课程内容的比重,在会计人员能力框架、会计专业技术资格考试大纲、会计专业高等和职业教育大纲中增加对会计信息化和会计数字化转型的能力要求的比重。

2. 繁荣会计信息化理论研究。理论与实践的相互融合发展是推动会计数字化转型的重要动力。"十四五"期间,财政部将推动理论界研究会计数字化转型的理论与实践、机遇与挑战、安全与伦理等基础问题,研究国家会计数据管理体系、国家会计信息化发展体系等重大课题，同时联合理论界和实务界开展会计信息化应用案例编写、交流、推广，形成一批能引领时代发展的会计信息化前沿研究成果。

四、强化实施保障，确保"十四五"时期各项任务取得实效

（一）强化组织领导，明确职责分工。

财政部门是会计信息化改革的主推手。财政部要加强与中央有关主管部门的统筹协调，建立健全与相关部门运行高效、职能明确、分工清晰的会计信息化工作机制，实现政策制定和政策实施的联动协调，形成推进合力，积极开展会计信息化宣传和贯彻实施工作。各地区（部门）是会计信息化改革的执行者。有条件的地区（部门）可以结合实际情况，制定本地区（部门）的会计信息化发展规划或实施方案，切实将《规划纲要》和《信息化规划》各项任务落到实处。注册会计师协会要以行业信息化战略为引领，指导和推动会计师事务所数字化转型，推进行业高质量发展。积极发挥全国会计信息化标准化技术委员会的智库作用，加快制定会计信息化国家标准。

（二）精心推动实施，形成工作合力。

建立健全会计信息化工作实施机制，充分发挥各企事业单位、各代理记账公司、财务软件公司、相关咨询机构、中国会计学会等专业学会协会和高等院校、科研院所等理论界的主体作用，推动会计信息化工作的全面有效实施。各企事业单位是会计信息化改革的落地实践者。各单位负责人是本单位会计信息化工作的第一责任人，总会计师（或分管财务会计工作负责人）和财务会计部门要落实分管责任和具体责任。各单位要高度重视会计信息化工作，结合本单位实际需要，制定会计信息化工作计划和方案，加强组织实

施和经费保障,切实推动本单位会计信息化工作。各代理记账公司、财务软件公司、相关咨询行业也是会计信息化改革的重要推动者。代理记账公司要积极探索会计资源共享服务理念,探索打造以会计数据为核心的数据聚合平台,支持中小微企业会计数据资产实现价值。财务软件公司和相关咨询行业要切实加强对会计信息化系列软件产品的研发,探索新技术在会计信息化工作中的具体应用场景,积极助力会计数字化转型。中国会计学会等专业学会协会和高等院校、科研院所等理论界要在保持科学严谨态度基础上,突出问题导向,加强会计信息化最新理论研究和前沿探索,为会计数字化转型提供智力支持。

(三)加强监督考核,确保落地见效。

会计信息化工作的落地实施,离不开各级财政部门和中央有关主管部门的大力支持。各级财政部门和中央有关主管部门要对《规划纲要》和《信息化规划》确定的会计信息化工作目标任务进行细化分解,明确"十四五"时期每个阶段的进度安排,落实财政部门和有关主管部门的责任划分,加强对会计信息化建设的指导、督促与落实。各级财政部门和中央有关主管部门要定期检查、评估《规划纲要》和《信息化规划》的落实情况,深度挖掘会计数字化、智能财务、财务机器人等会计信息化工作的最佳案例实践,及时推广先进成熟的经验做法,同时针对会计信息化落地实施中存在各类问题,及时采取有效措施,确保《规划纲要》和《信息化规划》确定的各项目标任务落到实处、取得实效。

强化法治理念　完善法制体系
依法推进会计改革与发展

——《会计改革与发展"十三五"规划纲要》系列解读之七[①]

社会主义市场经济本质上是法治经济。会计工作是市场经济活动的重要基础和重要组成，会计工作的规范化、法治化是市场经济对会计工作的必然要求。加强会计法制建设，依法开展会计工作、实施会计监管，是贯彻落实"全面依法治国"方略的根本要求，是"十三五"时期我国会计改革与发展的一项重要任务，关系到我国会计行业未来发展的战略布局和转型升级，涉及千万基层单位和广大会计人员的根本利益，必须抓紧、抓实、抓好。

一、我国会计法治工作取得的主要成绩

改革开放30多年来，经过各方面坚持不懈的努力，一个立足中国国情和实际、适应改革开放和社会主义现代化建设需要，以《会计法》《注册会计师法》两部法律为统领，以《总会计师条例》《企业财务会计报告条例》两部行政法规和规范会计核算、会计监督、会计人员、会计服务行业发展的若干部门规章为主干，以国家统一的会计准则制度和行业管理制度为重要组成部分，以地方会计法规制度为补充的中国特色社会主义会计法律法规体系基本形成，并在规范会计行为、提高会计信息质量、加强经济管理，维护社

---
① 资料来源：中华人民共和国财政部官方网站 http://kjs.mof.gov.cn/zhengcejiedu/202202/t20220223_3789420.htm。

会主义市场经济秩序和保护社会公众利益等方面发挥了重要作用。特别是"十二五"时期，财政部全面贯彻落实依法治国方略，主动适应经济发展新常态，积极落实全面深化改革新要求，不断健全和完善会计法律法规体系，我国会计法治工作取得明显成效。

（一）完成《注册会计师法》的专项修正案。

为贯彻党中央、国务院关于推进简政放权、深化行政审批制度改革的决策部署，2014年8月31日，习近平主席签署了第十四号主席令，对《注册会计师法》进行了修改，取消不必要或不再适用的行政审批事项，合理下放相关行政审批事项，进一步激发市场活力，同时切实加强事中事后监管，具体修改内容包括：一是删除中外合作会计师事务所相关规定，截至2012年底，原"四大"中外合作会计师事务所已全部完成本土化转制工作，中外合作会计师事务所已经退出历史舞台，《注册会计师法》相应删除相关规定。二是取消了对外国会计师事务所在中国内地设立常驻代表机构的审批，境外会计师事务所确需设立驻华代表机构的，或者已设立的驻华代表机构需要延期的，只需到工商登记机关办理相关手续，不再履行财政审批程序。三是将会计师事务所的设立审批权下放到省级财政部门，除法律有明确规定和国务院作出决定确需保留且由财政部直接审批的事项外，会计师事务所（含其分所）的设立审批等全部下放至省级财政部门。本次对《注册会计师法》的修改是基于支持、配合行政审批制度改革的专项修改、局部修改，修改内容虽然不多，但是对于落实简政放权精神，既发挥市场在资源配置中的决定作用，又更好地发挥政府作用具有重要意义和深远影响。

（二）推进一系列部门规章的修订工作。

一是修订发布《事业单位会计准则》，进一步规范包括事业单位会计目标，会计基本假设，会计核算基础，会计信息质量要求，会计要素的定义、项目构成及分类、一般确认计量原则，财务报告等基本事项。二是修改发布《企业会计准则——基本准则》，为适应我国企业和资本市场发展的实际需要，实现我国企业会计准则与国际财务报告准则的持续趋同，对"公允价值"的定义进行了修改。三是修订发布《会计档案管理办法》，明确了电子会计凭证的获取、报销、入账、归档保管的管理要求，推动电子会计凭证的在线传递和线上应用，促进电子会计数据的深度开发和利用，节约单位纸质成本，减少社会资源耗费。四是修订发布《代理记账管理办法》，按照"放管服"的改革要求，降低了代理记账行业准入门槛，建立了与"宽进严管"相配套的事中事后监管机制，强化代理记账机构信用约束，鼓励成立地方性行业组织，推动代理记账资格信息化管理，探索建立机构自治、行业自律、社会监督和政府监管的行业监管新模式。五是修订发布《会计从业资格管理办法》，根据会计从业资格管理的实践创新，修改完善有关管理要求，如考试各科目实行无纸化考试、考试各科目应当一次性通过、会计从业资格证书领取程序适当简化、会计从业资格证书实行6年定期换证制度等。六是制定发布《政府会计准则——基本准则》，明确了政府会计标准体系中需要解决的基本问题、基本原则和方法，构建了统一、科学、规范的政府会计概念体系，为整合现行政府预算会计制度体系，建立国家统一的政府会计标准体系奠定基础。七是推动修订《会计师事务所审批和监督暂行办法》，完善会计师事务所组织形式，修改简化事务所执业许可的申请条件和审批程序，加强会计师事务所事中事后监管，加大处理处罚力度等。

（三）加快完善各类会计标准体系。

在企业会计准则建设方面，推动落实《中国企业会计准则与国际财务报告准则持续趋同路线图》，先后修订发布了长期股权投资、职工薪酬、财务报表列报、合并财务报表、金融工具列报等5项准则，制定发布了公允价值计量、合营安排、在其他主体中权益的披露等3项准则，稳妥推进企业会计准则通用分类标准的建设与实施，为企业服务经济社会发展，贯彻落实"走出去"、"一带一路"以及"中国制造2025"等战略提供了会计技术支撑。在政府会计准则建设方面，与财政财务管理政策改革相适应，先后修订发布了《事业单位会计制度》《行政单位会计制度》和高等学校、中小学校、科学事业单位等行业事业单位会计制度；落实党的十八届三中全会《决定》提出的"建立权责发生制的政府综合财务报告制度"的部署和要求，按照国务院批转财政部的《权责发生制政府综合财务报告制度改革方案》，积极推动政府会计改革。在单位内控和管理会计标准建设方面，制定并印发了企业内部控制规范及其配套指引，就部分重点行业制定了分行业内部控制操作指南和产品成本核算制度；制定并全面有效实施行政事业单位内部控制规范，对行政事业单位加强内部控制建设和权力制约提出指导意见；就全面推进管理会计体系建设提出指导意见。在推进基层会计工作方面，为构建行为规范、运转协调、廉洁高效的市县区会计管理体制和运行机制，促进基层单位会计工作、基层会计服务市场适应经济社会发展需要，制定印发了《关于加强和改进基层会计管理工作的指导意见》。

（四）开展形式多样的普法活动。

为充分调动广大会计人员和相关人员关注、学习会计法规政策的积极性，"十二五"时期，财政部创新思路、拓宽渠道，努力营造知法懂法、守法用法的法制环境和诚信环境。如为强化内控理念，推动实施内控规范，先后举办了企业内部控制征文活动、知识竞赛、问卷调查和行政事业单位内部控制知识竞赛；为普及企业会计信息化相关知识，组织开展了企业会计信息化知识竞赛；为弘扬会计行业优秀文化、提炼会计精神，举办了会计文化建设征文活动。此外，积极配合财政"六五"普法工作，将会计人员参加全国财政"六五"普法法规知识竞赛纳入会计人员继续教育培训内容。与此同时，一些地方财政部门创新方式方法，积极推动本地区的会计普法工作。如海南将每年的6月份定为"会计宣传月"，集中宣传会计法律法规、推广国家新会计准则制度,宣传会计诚信理念;山西连续举办多届会计电算化应用技能大赛,将其打造为全省会计人员切磋技艺的盛会、展示会计信息化成果的窗口、检验会计信息化工作的平台。一些地方财政部门还开通了会计微信公众号,发布最新会计法规政策、通知公告,为会计人员提供成绩查询、继续教育等服务。

二、我国会计法治工作面临的形势与挑战

近年来,党中央、国务院高度重视法治工作。党的十八届三中全会专章部署"建设法治中国"。党的十八届四中全会专题研究"全面推进依法治国",对科学立法、严格执法、公正司法、全民守法等做出了全面、系统、科学的部署。2016年全国"两会"的政府工作报告又进一步强调"坚持依法履职,把政府活动全面纳入法治轨道。各级政府及其工作人员要严格遵守宪法和法律,自觉运用法治思维和法治方式推动工作,法定职责必须为,法无授权不可为。"党中央、国务院的一系列指示精神,为会计法治工作指明了方向,要求形成完备的法律规范体系、高效的法治实施体系、严密的法治监督体系、有力的法治保障体系。与之相比,目前我国会计法治建设还存在以下差距和不足:

(一)《会计法》《注册会计师法》滞后于会计改革与发展。

我国《会计法》于1985年颁布,并分别于1993年、1999年进行了修正和修订,距今已有17年;《注册会计师法》于1993年颁布,至今23年尚未进行过全面修订。《会计法》《注册会计师法》未能及时对会计工作中出现的新情况、新问题、新特点予以反映和规范,如非公有经济的快速发展,权责发生制政府综合财务报告制度改革的加快推进,管理会计的兴起,内部控制制度的全面建立,互联网交易模式下电子发票、电子会计档案的推广应用,等等。此外,现行法律对会计违法违规行为的处罚手段较为单一、处罚力度

明显偏轻、民事法律责任缺失，导致问责机制偏软、违法成本偏低、法律威慑不足，难以真正发挥法律的约束作用，有效遏制会计违法违规行为。

（二）我国会计监管体系有待进一步完善。

按照《会计法》的有关要求，经过各方的探索努力，我国逐步形成了单位内部监督、社会监督和政府监管"三位一体"的会计监管体系。但从实际执行情况看，会计监管工作存在单位内部监督薄弱、社会监督乏力、政府监管分散等问题。在单位内部监督方面，《会计法》虽赋予会计人员监督本单位经济活动的职权，但由于会计人员在单位负责人领导下工作，其监督职能受到较大程度的制约。在社会监督方面，我国目前的社会监督主要依托注册会计师审计，但由于会计师事务所与客户存在着经济利益关系，在委托代理关系中处于弱势地位，其独立性受到较大影响，会计责任与审计责任边界模糊，注册会计师的审计鉴证作用难以有效发挥。在政府监管方面，"九龙治水"问题长期存在，财政部主管全国会计工作，相关部门依照有关法律、行政法规规定的职责，对有关单位的会计资料实施监督检查，但各部门之间缺乏有效的工作机制，多头监管、责任不明的问题较为突出，一定程度上削弱了监管效能。

（三）整个社会的会计法制意识和诚信意识有待加强。

尽管我国会计法律法规体系逐步健全，会计准则制度、行业管理制度不断完善，但在整个社会的法治环境和诚信氛围尚未形成的大环境下，一些单位负责人的守法意识和诚信意识依然淡薄，有的甚至任性地违反法律法规，指示、强令会计人员在会计数据上做文章，虚构交易、调节利润、设置多套账或提供口径不一致的财务报表，以达到欺诈上市、骗取贷款、违规发债、粉饰业绩、偷逃税收等非法目的；有的会计人员受利益驱使，背弃职守、通同作弊；一些注册会计师罔顾职业操守、背离执业原则，配合被审计单位舞弊造假或挂名虚假执业等。这些违法违规问题受到社会广泛关注，严重扰乱了正常的经济社会秩序，降低了会计审计质量，损害了会计行业整体的声誉形象。

三、"十三五"时期我国会计法治工作的主要任务

我国会计法律体系建设，是在深入总结改革开放和现代化建设丰富实践经验的基础上进行的，其中很多会计制度都是经过实践反复验证、行之有效的经验成果。当前，我国处于并将长期处于社会主义初级阶段，整个国家正进入全面深化改革和社会转型时期，社会主义制度还在不断自我完善和发展，决定了会计法律体系也需要不断丰富完善、创新发展。《会计改革与发展"十三五"规划纲要》提出了"会计法制和会计标准体系更加科学"的总体目标，明确了完善会计法律体系，广泛开展会计普法教育，加强会计监督检查等任务。"十三五"时期，我们将围绕会计法制建设目标和主要任务，运用法治思维和法治方式，科学立法、严格执法，依法推进会计改革与发展，积极营造有法可依、有法必依、执法必严、违法必究的会计法治环境。

（一）科学立法，形成完善的会计法律法规体系。

1.加强顶层设计。《会计法》在我国会计法律体系中具有最高的法律效力，一切会计行政法规和地方性法规的制定都必须以《会计法》为依据，遵循《会计法》的基本原则。现行《会计法》于1999年修订出台，适应当时的经济社会发展背景，侧重于对微观主体会计行为的规范和管理，对于会计核算等操作层面的条款着墨较多。当前，全面深化改革要求市场在资源配置中起决定性作用，政府对于微观主体的经济管理活动不应干预过多过细。《会计法》作为规范和调整会计行为的法律，其法律条款应更侧重于会计法律关系、会计监督、会计机构和会计人员、会计法律责任等社会属性的内容，进一步完善会计责任体系和责任追究机制，建立与经济发展水平相适应的处罚标准，明确会计监管部门的执法地位和职责权限，为建立统一的市场规则、

公平的市场环境夯实法制基础。同时，配合《会计法》修订，财政部将抓紧修订《会计基础工作规范》等配套规章制度等。

2. 坚持与时俱进。我国会计法律体系建设与改革开放相伴而生、相伴而行、相互促进。党的十八大以来，党中央、国务院加快转变政府职能，大力推进简政放权、优化服务改革。2016年5月23日，国务院印发的《2016年推进简政放权放管结合优化服务改革工作要点》提出"使市场在资源配置中起决定性作用和更好发挥政府作用，破除制约企业和群众办事创业的体制机制障碍，着力降低制度性交易成本，优化营商环境，激发市场活力和社会创造力"。作为会计行业主管部门，财政部将全面落实"放管服"改革要求，通过立法、修法，一方面，积极落实"简政放权"要求，大力提高信息化管理，为会计服务行业松绑、注能，推动会计服务行业加快发展；另一方面，强化后续管理与日常监管，优化行政服务职能，为会计服务行业健康、规范、可持续发展提供更为强大的法制保障和更为优化的社会环境。

3. 推进科学民主立法。严格落实《立法法》《财政部立法规则》等关于立法工作的有关要求，建立健全会计立法立项、起草、论证、协调、审议机制，完善社会公众参与立法的工作机制，增强立法的及时性、系统性、有效性，提高立法的科学性、合理性，增强会计法律法规的可操作性。一是加强会计法治理论研究，依托中国会计学会、有关高校和科研机构，深入开展会计法治相关课题研究，为推进会计工作法治化提供理论支撑和决策参考，形成研究成果有效转化的相关机制。二是建立健全专家咨询机制，不断完善会计准则委员会、内部控制委员会、会计信息化委员会、管理会计咨询专家等工作机制，充分发挥企业会计准则、政府会计准则、内部控制、会计信息化、管理会计等领域咨询专家在推进会计法制建设中的"智库"作用。三是探索公众参与立法的有效途径，扩大公众参与程度，利用现代信息技术手段，采用网络问卷调查、网上征求意见，组织召开专项座谈会、专家论证会等等多种方式和渠道，广泛听取各方意见，使会计立法更加体现广大人民群众的正确意愿,更好地维护社会公众的合法权益。四是健全会计法律法规清理工作机制,对社会反映强烈、不符合全面深化改革要求或被实践证明已经过时的规定,应及时修改或者废止;对会计工作涉及的新领域和新内容,应及时在法律层面加以规范和指导。

(二)严格执法,形成高效的法律法规实施体系。

法律的生命力在于实施,法律的权威性也在于实施。全面推进依法治国,重点就在于保证法律严格实施,做到严格执法。

1. 做好法规政策解读,加强跟踪与指导。按照中办、国办《关于全面推进政务公开工作的意见》的有关要求,做好会计法规政策的解读工作,探索运用数字化、图表图解、音频视频等多种方式,提高会计法规政策解读的科学性、权威性、针对性和可理解性,对涉及面广、社会关注度高、实施难度大、专业性强的会计法规政策,通过新闻发布、政策吹风、接受访谈、发表文章等方式做好解读。密切跟踪会计准则制度执行情况,建立基层单位联系点制度,动态监测分析上市公司和其他企业执行准则的进展和效果,继续研究形成有关准则制度、内控规范的执行情况年度分析报告,并向社会公布。采用问题解答、案例示范、在线咨询等多种方式及时规范和解决企业会计准则执行过程中出现的新情况、新问题。

2. 加强会计监督检查,形成会计监管合力。认真开展对《会计法》及会计准则制度执行情况的监督检查,按照定期随机抽查与不定期专项检查相结合的方式,创新监管手段,主动公开检查结果,严肃查处违法会计行为,切实做到有法必依、执法必严、违法必究。理顺会计监管机制,整合会计监管资源,形成会计监管合力。

(三)全民守法,营造会计法治环境和诚实守信氛围。

卢梭说过,一切法律中最重要的法律,既不是刻在大理石上,也不是刻在铜表上,而是铭刻在公民的内心里。法治的力量来源于民众对法治的信仰和拥护。遵照党的十八届四中全会提出的实现"全民守法"的目标要求，"十三五"时期，要进一步强化会计法治意识，积极营造信法守法环境。

1.加强普法宣传教育。普法宣传是全民守法的必由之路。2016年财政部开展了《会计法》修订问卷调查，全国共有90.6万人提交了问卷，其中75%的人员从事会计工作，但仅有15%的人员表示对《会计法》非常熟悉。可以说，会计普法宣传工作依然任重而道远。"十三五"时期，将按照中宣部、司法部《关于在公民中开展法治宣传教育的第七个五年规划（2016—2020年）》的统一部署和要求，以《会计法》《注册会计师法》两部法律的修订为契机，采取灵活多样的形式，畅通普法传导渠道，加大普法传递力度，扩大会计法律法规和规章制度的覆盖率、知晓率，结合普法教育向社会有关方面广泛宣传依法支持会计工作的重要意义，弘扬会计法治精神，营造会计法治环境，促进单位负责人重视和支持依法开展会计工作，引导广大会计人员通过合法渠道反映利益诉求和维护自身权益。

2.推进诚信文化建设。诚信是中华民族的传统美德，是社会主义核心价值观的道德基石。近日，中办、国办印发的《关于进一步把社会主义核心价值观融入法治建设的指导意见》提出，要运用法律法规和公共政策向社会传导正确价值取向，把社会主义核心价值观融入法治建设。诚实守信是对会计工作最基本也是最根本的要求，是关系到社会主义市场经济能否有效运行和健康发展的关键因素。"十三五"时期，要加强会计职业道德建设，明确会计人员的道德要求、职业规范、惩戒标准，并通过立法予以规范；研究建立会计诚信档案制度和会计"黑名单"制度，将会计人员和注册会计师的诚信记录以及违法违规会计单位纳入全国信用信息共享平台，增强职业诚信纪律的约束力和威慑力；把会计诚信建设与表彰奖励制度有机结合起来，褒扬诚信、惩戒失信，弘扬正气、打击邪气，促使会计人员更好地履行岗位职责，遵守诚信为本的职业道德，将会计诚信文化融入社会生活的各个方面。

扎实推进企业和行政事业单位内部控制建设 为推进国家治理体系和治理能力现代化提供重要支撑

——《会计改革与发展"十四五"规划纲要》系列解读之八[①]

内部控制是企业和行政事业单位有效防范风险、规范权力运行的主要手段，也是会计职能拓展升级的重要支撑，更是推进国家治理体系和治理能力现代化的长效保障机制。贯彻落实党的十八届四中全会、十九届四中全会关于"强化内部流程控制，防止权力滥用""健全分事行权、分岗设权、分级授权、定期轮岗制度"等决策部署，《会计改革与发展"十四五"规划纲要》（以下简称《规划纲要》）明确提出"修订完善内部控制规范体系，加强内部控制规范实施的政策指导和监督检查，强化上市公司、国有企业、行政事业单位建立并有效实施内部控制的责任"的改革任务，为做好当前和今后一段时期内部控制规范建设与实施工作指明了方向，提供了根本遵循。

一、"十三五"时期内部控制规范体系建立与实施工作取得的主要成绩

"十三五"期间，财政部建立健全我国企业和行政事业单位内部控制标准

[①] 资料来源：中华人民共和国财政部官方网站 http://kjs.mof.gov.cn/zhengcejiedu/202203/t20220310_3794174.htm。

体系，联合有关部门大力推动主板上市公司、中央企业、行政事业单位等各类型组织实施内部控制规范，积极发挥内部控制在规范单位内部运行、有效防范舞弊、保证会计信息真实完整、提升经营管理水平和风险防范能力等方面的重要作用。

（一）行政事业单位内部控制建设逐步加强。

贯彻落实《关于全面推进行政事业单位内部控制建设的指导意见》提出的"建立内控报告制度"要求，2017年1月，财政部印发了《行政事业单位内部控制报告管理制度（试行）》，并连续五年组织开展了行政事业单位内部控制报告编报工作，通过"以报促建"的方式，指导督促各级各类行政事业单位加强内部控制建设。截至2020年底，全国56万多家行政事业单位编制并报送单位年度内部控制报告。各级各类行政事业单位的内控意识逐步提高，内控体系逐步完善，内部控制在防范行政事业单位内外部风险、保证会计信息真实完整等方面发挥了积极作用。

（二）企业内部控制规范稳步实施。

"十三五"期间，财政部会同证监会积极推动上市公司实施企业内部控制规范，披露内部控制评价报告和审计报告，并连续五年对上市公司执行企业内部控制规范情况进行监测分析，发布相关分析报告，引起资本市场的广泛关注。2016年至2020年间，我国披露内部控制评价报告的上市公司从2 900家增加至4 000家，聘请会计师事务所对内部控制有效性进行审计并出具审计报告的上市公司数量从2 300家增加至3 000家。上市公司实施企业内部控制规范的数量逐年增加，实施效果逐渐提高。内部控制在提高上市公司信息披露质量、保护投资者合法权益等方面发挥了重要作用。

此外，财政部还会同国务院国资委等部门，积极推动中央企业实施企业内部控制规范，完善内部控制体系。截至2020年底，全部中央企业基本建立起规范、完善的内部控制体系，提高了国有企业治理水平，增强了国有经济的抗风险能力。

（三）小企业内部控制规范初步建立。

为提高小企业经营管理水平和风险防范能力，2017年7月，财政部印发了《小企业内部控制规范（试行）》，紧扣我国小企业面临的主要风险和管理困难，引导小企业加强内部控制建设，推动广大小企业的规范健康发展。同时，财政部通过宣传培训、编写上报信息、刊发解读性材料等方式，多措并举指导小企业建立健全内部控制体系，助力小企业经营管理者逐步提升内部控制意识和风险防范能力。

二、"十四五"时期内部控制规范体系建设与实施面临的形势和挑战

随着全面依法治国深入推进和经济社会蓬勃发展，企业和行政事业单位内部控制规范体系建设与实施工作面临诸多机遇和挑战。

（一）全面依法治国要求持续深入开展内部控制规范体系建设与实施工作。

党的十九大把坚持全面依法治国作为新时代坚持和发展中国特色社会主义的基本方略之一。党的十八届四中全会对依法治国提出了全方位的论述，明确提出加强对内部权力的制约，要求"对财政资金分配使用、国有资产监管、政府投资、政府采购、公共资源转让、公共工程建设等权力集中的部门和岗位实行分事行权、分岗设权、分级授权，定期轮岗，强化内部流程控制，防止权力滥用"。党的十九届四中全会进一步提出"健全分事行权、分岗设权、分级授权、定期轮岗制度，明晰权力边界，规范工作流程，强化权力制约"。这就要求我们持续完善内部控制规范体系，进一步推动各单位强化内部控制，形成科学有效的权力制约和协调机制，把权力关进制度的笼子里，用制度管权管事管人，确保各单位按照法定的权限和规定的程序行使权力。

（二）强化财会监督要求充分发挥内部控制的全过程监督作用。

十九届中央纪委四次全会首次将财会监督纳入党和国家监督体系，并对财会监督与其他形式的监督有机贯通、相互协调提出明确要求。内部控制作为财会监督的重要手段，将制衡机制、授权审批等控制措施有效嵌入单位日常管理活动之中，可以实现"控制关口"前移，有助于发现问题、纠正偏差，具有事前、事中和事后全过程监督的特点。这就要求我们充分发挥内部控制的全流程监督作用，联合证监会、国资委和各行业主管部门，建立权威高效的内部控制规范执行机制，加强对上市公司、国有企业和各级行政事业单位建立健全并有效实施内部控制规范的评价和监督，逐步提高内部控制规范的实施效果。

（三）会计职能的拓展升级对内部控制规范体系建设与实施提出更高要求。

长期以来，会计工作侧重于会计核算，主要是为外部相关单位和人员提供并解释历史会计信息，考虑外部投资者、社会公众和外部审计较多，而利用会计信息参与内部经营管理决策、加强风险管控等较少。随着经济转型升级和创新发展，会计工作的职能职责发生着重大变化，会计的管理职能作用有待拓展升级。这就要求我们进一步强化内部控制规范的建设与实施，充分发挥内部控制在辅助管理决策、风险管控等方面的职能作用，助力会计工作的转型升级。

（四）经济社会的不断发展对完善内部控制规范体系提出迫切要求。

伴随着经济社会蓬勃发展，各种新技术、新业态、新模式不断涌现，对内部控制提出了新的挑战。相比之下，现行的内部控制规范对新商业模式、新交易类型的内部控制支撑不足，对大数据、人工智能、区块链等新一代信息技术环境下的内部控制应对不及时，内部控制规范服务经济社会发展的能力亟待增强。这就要求我们持续健全完善内部控制规范体系，一方面完善企业内部控制规范，增加与新技术、新业务相关的内部控制指引；另一方面，健全行政事业单位内部控制规范，更好地发挥内部控制在服务财政中心工作、推进国家治理体系和治理能力现代化中的重要支撑作用。

三、"十四五"时期内部控制规范体系建设与实施工作重点及具体措施

"十四五"时期是我国由全面建成小康社会向基本实现社会主义现代化迈进的关键时期，我国内部控制规范体系建设与实施工作面临着新的更高要求。《规划纲要》在总结成绩、分析形势的基础上，从完善内部控制规范体系、加强内部控制规范贯彻实施、强化各单位内部控制责任等方面，提出了"十四五"时期内部控制规范体系建设与实施工作的具体举措。"十四五"期间，财政部将围绕服务推进国家治理体系和治理能力现代化，结合国内外内部控制理论与实践界的不断发展，持续增强我国内部控制规范体系的权威性和指导性，推动我国内部控制规范体系建设与实施工作取得新的更大发展。

（一）加强内部控制相关法治建设。

法治建设是内部控制规范体系持续建立健全并有效实施的重要保障。"十四五"期间，财政部将加强内部控制相关法治建设，积极推动修订《会计法》《注册会计师法》《公司法》《行政单位财务规则》《事业单位财务规则》等法律法规和部门规章，明确相关单位建立健全内部控制体系的要求，压实单位负责人的责任，强化对虚假披露内部控制信息的处罚力度，将内部控制审计纳入注册会计师法定业务。

（二）进一步健全完善并有效实施企业内部控制规范。

1. 系统梳理修订企业内部控制规范体系。立足我国企业实际，坚持问题

导向和系统思维，系统梳理现行企业内部控制规范体系，加强对特殊行业、特定业务事项及特定类型企业内部控制的研究，修订完善《企业内部控制基本规范》及其配套指引，以更好指导企业开展内部控制体系建设。

2. 推动上市公司有效实施企业内部控制规范。"十四五"期间，财政部将会同证监会等监管部门，进一步扩大上市公司实施内部控制规范的范围，加强对上市公司实施企业内部控制规范的管理、指导和监督，不断提高上市公司治理水平和信息披露质量，保护投资者合法权益，促进我国资本市场健康发展。一是扩大实施范围。在原中小板上市公司并入主板实施企业内部控制规范的基础上，进一步扩大上市公司实施内部控制规范的范围。二是加强政策指导。针对当前高发的上市公司财务造假案例，印发《关于进一步提升上市公司财务报告内部控制有效性的通知》，加强对上市公司实施企业内部控制规范的政策指导，规范会计师事务所内部控制审计行为，提升上市公司财务报告内部控制的有效性和会计信息质量。三是强化监督检查。会同证监会等部门，形成监管合力，加强对上市公司执行企业内部控制规范情况，特别是上市公司内部控制有效性和内部控制重大缺陷认定及整改情况的监督检查，持续提升内部控制监管效能。

3. 推动国有企业有效实施企业内部控制规范。国有企业作为国民经济的重要支柱，应当在贯彻实施企业内部控制规范中发挥表率作用。"十四五"期间，财政部门将会同各级国有资产监管机构推动国有企业有效实施企业内部控制规范。一是针对国有企业的投融资、金融衍生交易、境外投资等高风险业务，指导国有企业完善决策机制、优化业务流程，健全内控措施，强化监督检查，有针对性地加强对国有企业执行企业内部控制规范的政策指导。二是在中央企业实施企业内部控制规范的基础上，适时推动其他类型国有企业和地方国有企业执行企业内部控制规范，全面提高我国国有企业经营管理水平和风险防范能力。

（三）持续修订完善并有效实施行政事业单位内部控制规范。

1.建立行政事业单位内部控制规范体系。财政部门和各行业主管部门加强统筹协调、明确职责分工，加强对行政事业单位内部控制规范体系建设的分类指导，逐步完善行政事业单位内部控制规范体系。建立"制订完善—指导实施—监督评价"的闭环管理机制，提高行政事业单位内部控制规范的实施效果。

2.完善行政事业单位内部控制报告制度。在优化完善并适度简化报送要求的前提下，持续开展行政事业单位内部控制报告编报工作，并对行政事业单位执行内部控制规范情况进行分析，形成相关分析报告，为完善行政事业单位内部控制规范体系提供基础数据支撑。鼓励各地区、各部门开展内部控制报告分析应用、内部控制监督检查等工作。

3.强化行政事业单位内部控制规范的落地实施。各级行政事业单位要不断完善新技术影响下的内部控制信息化配套建设，充分利用信息化手段，将各项控制措施嵌入信息系统中，推动内部控制规范的有效实施，不断提升单位内部控制水平。各级财政部门要总结提炼行政事业单位内部控制建设典型案例和先进经验，开展行政事业单位内部控制案例库建设，供有关行政事业单位开展内部控制建设时参考借鉴，不断提高行政事业单位内部控制规范实施效果。

四、强化实施保障，确保"十四五"时期各项任务取得实效

内部控制规范体系建设与实施工作是一项长期复杂的系统工程，需要各地区、各部门、各单位上下一心、通力合作、统筹谋划、协同推进。

（一）加强组织领导，明确主体责任。

一分部署，九分落实。财政部要继续发挥内部控制规范体系建设与实施的主导作用，加强与证监会、国资委等监管部门和各行业主管部门的协同配

合，齐抓共管形成合力。各地区、各部门要高度重视本地区（部门）内部控制工作，提高政治站位，加强组织协调，积极推进内部控制规范体系在本地区（部门）全面有效贯彻落实。各单位负责人要切实加强对内控工作的组织领导，推动本单位内控体系建设与实施工作，同时以身作则、以上率下，带头遵守和执行内部控制规定，并对单位内部控制的有效性承担主体责任。

（二）开展监督评价，确保有效实施。

加强对单位内部控制建设与实施工作的监督检查，是内部控制规范体系有效实施的重要保障。各地区、各部门应当加强对各单位内部控制建立与实施情况的监督检查，对于发现的问题和薄弱环节，要督促各单位及时加以整改落实，同时推动内部控制与审计、巡视、纪检监察等其他监督方式的有效贯通，形成监督合力。各单位应当建立健全内部控制的监督检查和自我评价制度，通过日常监督和专项监督，检查内部控制建设与实施过程中存在的突出问题和内控缺陷，并有针对性地制定整改措施，明确整改时限和要求，进一步改进和加强单位内部控制。

（三）坚持问题导向，强化成果运用。

内部控制建设与实施工作要坚持问题导向，各单位要针对重点业务领域和关键岗位，明确权责分工，优化业务流程，查找存在的薄弱环节和风险隐患，开展风险评估，完善内控措施，提高内部控制的针对性和有效性，充分发挥内部控制在单位发展中的保驾护航作用。各地区、各部门应当加强内部控制评价结果、内部控制审计意见、内部控制报告等监督评价结果的有效运用，将内部控制监督评价结果作为预算安排、绩效考核评价、责任追究等工作的重要参考。

（四）加强宣传培训，营造良好氛围。

各地区、各部门、各单位要加大宣传教育和培训力度，把内部控制建设与实施工作与全面依法治国、惩治和预防腐败、推进国家治理体系和治理能力现代化等党中央的决策部署相衔接，广泛宣传加强单位内控体系建设的必要性和紧迫性，广泛宣传内部控制相关先进经验和典型做法，引导单位广大干部职工自觉提高风险防范和抵制权力滥用意识，为全面推进内部控制规范体系建设与实施工作营造良好的环境和氛围。

全面深化管理会计应用
积极推动会计职能拓展

——《会计改革与发展"十四五"规划纲要》系列解读之九[①]

管理会计工作是会计工作的重要组成部分。全面深化管理会计应用，是增强企业价值创造力，推动企业高质量发展的内在需要；是推进行政事业单位预算绩效管理、建立事业单位法人治理结构的基本要求；是建立现代财政制度、推进国家治理体系和治理能力现代化的重要举措。2021年11月，财政部印发《会计改革与发展"十四五"规划纲要》，提出了"推动会计职能对内拓展"的主要任务，而全面深化管理会计应用，即是推动会计职能对内拓展的重要任务之一。

一、"十三五"时期管理会计工作取得的主要成绩

"十三五"期间，财政部立足国情，创新机制，以发展与我国社会主义市场经济体制相适应的管理会计为目标，加强管理会计体系建设，推动管理会计指引体系实施，积极提升会计工作管理效能。以管理会计基本指引为统领、以管理会计应用指引为具体指导、以管理会计案例示范为补充的管理会计指引体系基本建成，管理会计理论研究成果不断丰富，管理会计信息化支撑蓬勃发展，管理会计人才队伍培养和建设不断加强。

---

① 资料来源：中华人民共和国财政部官方网站 http://kjs.mof.gov.cn/zhengcejiedu/202203/t20220325_3798431.htm。

（一）管理会计指引体系基本建成并发挥效用。

为贯彻落实《财政部关于全面推进管理会计体系建设的指导意见》，按照"入企业、入学术、入院校、入国际"的根本要求，"十三五"时期，财政部积极构建管理会计指引体系。一是建立储备，开展专项课题研究。2016年、2017年连续两年，财政部在积极宣传管理会计理念的同时，推动管理会计指引体系与实践相结合，认真引导开展管理会计研究，完成了47项管理会计专项课题研究，开展管理会计征文和案例征集活动，共收到征文1 095篇，案例近700个，为构建统一、科学、有效的管理会计指引体系做好技术储备。二是奠定基础，发布管理会计基本指引。管理会计基本指引是建立指引体系的首要工作，也是制定应用指引和案例库的基础，对应用指引、案例库起到统驭作用。2016年，为推进管理会计指引体系建设，切实指导管理会计实践，立足国情、借鉴国际，财政部制定发布了《管理会计基本指引》，将管理会计普遍规律上升到标准，对管理会计应用的核心内容进行总结、提炼，为管理会计体系建设提供了保障。三是搭建主体，发布管理会计应用指引。在管理会计指引体系中，应用指引居于主体地位，是对单位如何正确、有效地选择和应用管理会计工具方法提供的具体指导。本着"先急后缓，先一般业务后特殊业务，成熟一批、发布一批"的原则，2017年以来，财政部分批发布系列管理会计应用指引，并随着实践的发展而不断丰富完善。2017年9月29日，发布《管理会计应用指引第100号——战略管理》（财会〔2017〕24号）等首批22项管理会计应用指引。2018年8月17日，发布《管理会计应用指引第202号——零基预算》（财会〔2018〕22号）等7项管理会计应用指引。2018年12月27日，发布《管理会计应用指引第204号——作业预算》（财会〔2018〕38号）等第三批5项管理会计应用指引。截至2018年底，共制定印发了34项管理会计应用指引，包括7项概括性指引和27项工具方法指引，概括性指引主要介绍本领域内相关管理会计工具方法的共性内容，工具方法指引主要介绍相关工具方法的应用环境、应用程序和应用评价等。

至此，标志着我国管理会计指引体系基本建成。该指引体系包括1项管理会计基本指引和34项应用指引，分别按照战略管理、预算管理、成本管理、营运管理、投融资管理、绩效管理和其他领域，介绍了不同领域的管理会计工具方法，精准施策，切实增强标准的针对性、指导性、操作性。管理会计指引体系开创了国际管理会计领域先河，起到了优化资源配置、降低要素成本、提高管理效率的重要作用。

（二）管理会计理论研究成果不断丰富。

一是指导实践，建立开放式管理会计案例库。案例库是管理会计指引体系的重要组成部分，是管理会计指引指导实践的有效途径。财政部自2016年初开始建设管理会计案例库，发布"案例库的开发与构建研究"专项课题，以建立中国管理会计实践操作示范为目标，以培养管理会计人才为目的，确定了管理会计案例库的基本目标、功能定位及其实现机制、示范案例的写作规范等。印发了《关于开展管理会计案例征集活动的通知》（财办会〔2016〕4号），在全国范围开展案例征集活动，历经案例征集、案例初评、示范案例交流培训、专家评审和案例修改等阶段，建立了开放式管理会计案例库，第一批收录54个案例。入库案例具备较高的规范性、典型性和示范性，总结、推广了我国管理会计实践经验，推进单位对管理会计应用指引的理解和应用，达到了为管理会计应用指引提供实例示范的要求。2019年出版了《管理会计案例示范集》，具体展示了相关管理会计工具方法在不同行业、不同性质、不同规模单位中的应用，帮助相关人员全面理解和掌握管理会计应用指引，为单位应用相关管理会计工具方法提供参考。同时，充分利用管理会计专项课题、部校长期共建课题等研究成果，多渠道增加示范案例，不断充实丰富案例库。实践证明，管理会计案例库作为管理会计指引体系的重要组成部分，对管理会计各项指引的落地实施，以及推动管理会计实践创新，起到重要的示范引领作用。二是巩固管理会计咨询专家机制成效。管理会计咨询专家机制自建立以来，充分发挥了服务管理会计政策制定的智库作用，有效连接了管理会计理论界和实务界，推动了管理会计各项工作加快发展，为管理会计体系建设提供了有力机制保障。为巩固咨询专家机制作用，团结专家队伍、凝聚专家力量、发挥专家优势，财政部于2016年、2019年公开选聘了财政部第二、三届管理会计咨询专家，达到了凝聚发展管理会计的思想共识，扩大管理会计影响力的效果。三是开展管理会计行业研究。2018年印发《企业产品成本核算制度——电网经营行业》，规范电网经营企业产品成本核算，促进电网经营企业加强成本管理。2020年，财政部及时组织管理会计咨询专家研究分析疫情对各行业单位的影响，组成十个专家小组，分产业分行业开展调研和访谈，向社会公开发布五辑"管理会计行业调研报告及案例"，该调研报告将各行业灵活运用管理会计加强与改进单位管理、对冲疫情影响的经验做法以案例形式公布，供各行业单位进行参考，助力行业单位提质增效。四是加强管理会计国际交流和宣传。为借鉴国际管理会计发展经验，推动和宣传我国管理会计体系建设，财政部从2019年起获得国际会计师联合会下属工商业界职业会计师委员会委员席位，深入参与工商业界会计人员面临新技术的挑战及其对财务职能发展趋势的影响、风险管理、业绩管理等管理会计议题，并积极介绍和宣传我国推进管理会计工作的成果，加强我国在国际管理会计研究和制定领域的话语权。

（三）管理会计信息化支撑蓬勃发展。

一是国内大型企业基本都建立了共享服务中心。自建立管理会计指引体系以来，越来越多的企业开始重视管理会计信息化建设，借助先进的信息技术，建立起财务和业务共享的信息平台，推进财务工作不断向业务领域全过程延伸，促进公司管控能力的提升。通过业务系统与财务系统的高度集成和融合，实现信息的自动传递和转化，从而支持企业核算的自动处理和信息存储,产生管理决策所需要的会计信息,支撑企业管理决策,促进了业财融合和管理会计应用。二是以信息化手段为企业管理决策提供服务。将会计信息系统与企业的业务信息系统融会贯通,"十三五"时期,以云计算为基础的"软件即服务"模式(SAAS)已占中小企业财务软件市场70%以上,其中包含经济活动分析等基本的管理会计功能;60%以上的大型企业集团利用了云技术,为管理会计应用奠定了良好的数据基础和信息化环境。

(四)管理会计人才队伍培养和建设不断加强。

建设有中国特色的管理会计体系,关键在于人才。管理会计人才培养是其他各项建设的依托,管理会计在实践中的运用、管理会计研究、案例库建设等管理会计各项工作都需要由管理会计人才予以实施。"十三五"时期,财政部在会计人才培养框架下,实施一系列管理会计人才培养项目,加强对企业总会计师、行政事业单位财务负责人的培养,发挥高端会计人才的引领辐射作用。截至2020年底,共有1 802人入选全国高端会计人才培养工程,毕业1 071人;实施大中型企事业单位总会计师素质提升工程,培训6.7万人次。北京、上海、厦门三家国家会计学院管理会计面授50余万人次,在线培训人次60余万人次;总会计师协会管理会计培训20余万人次。

二、"十四五"时期面临的形势和挑战

一方面,新发展阶段为管理会计提供重要机遇。"十四五"时期是我国由全面建成小康社会向基本实现社会主义现代化迈进的关键时期,《中共中央关于制定国民经济和社会发展第十四个五年规划和二〇三五年远景目标的建议》明确要求,把新发展理念贯穿发展全过程和各领域,构建新发展格局,切实转变发展方式,推动质量变革、效率变革、动力变革,实现更高质量、更有效率、更加公平、更可持续、更为安全的发展。加快构建以国内大循环为主体、国内国际双循环相互促进的新发展格局,推进国家治理体系和治理

能力现代化。发展动力要从主要依靠资源和低成本劳动力等要素投入转向创新驱动，必须牢固树立和贯彻落实创新、协调、绿色、开放、共享的发展理念，坚持以供给侧结构性改革为主线，提高发展质量和效益。传统产业转型升级、现代产业体系协同发展，新形势、新任务、新要求都需要进一步提高对管理会计重要性的认识，贯彻新发展理念，推动高质量发展，更好开启现代化新征程，是管理会计应用在"十四五"时期取得突破的重要机遇。在这样的形势下，大力加强管理会计应用和实践，对于推进国家治理体系和治理能力现代化，建立完善现代企业制度、增强核心竞争力和价值创造力，为财政部门深化会计改革，推动会计职能对内对外双向拓展，推进会计行业提质增效都有着十分重要的意义。这就要求我们，要不断加强管理会计工作，激发管理活力，从管理会计应用层面进行创新，在宏观经济治理和微观财务管理中体现更多担当，在助力会计工作提质增效中发挥更大作用。

另一方面，数字化时代对会计工作产生深远影响。习近平总书记指出"数字技术正以新理念、新业态、新模式全面融入人类经济、政治、文化、社会、生态文明建设各领域和全过程，给人类生产生活带来广泛而深刻的影响。"数字化逐渐成为支撑社会经济运转的重要方式。当今世界，新产业革命、技术革命方兴未艾，5G、人工智能、大数据、物联网、生物工程、新能源为代表的新技术、新产业迅速崛起，对传统的会计组织方式、会计职能手段等产生了重大而深远的影响，传统的财务会计职能已无法应对管理层对财务信息的多元化需求，已从单纯的记账报账核算扩展到利用有关信息来预测发展前景、制定战略规划、参与管理决策、评价经济活动等多方面。数字化时代越来越依据分析结果做决策，需要通过管理会计梳理、过滤、捕捉有价值的信息，并将其转化为生产力。市场竞争日趋激烈，企业对财务信息和非财务信息的整合性、及时性和准确性提出了更高的要求，管理会计逐步走到了业务前端，发挥其在战略制定、事前预测、事中管控中的重要角色。随着数字化时代的到来，新兴技术的不断涌现也为管理会计信息化建设提供了新的契机和前景，为管理会计的发展壮大创造了良好的基础环境，新技术与管理创新融合，为管理会计注入了新的活力，充实了新的内涵。

相较于国内外经济形势的变化、数字经济的发展和推动贯彻落实新发展理念的要求，整体而言，目前管理会计在企事业单位的应用还存在着思想认识不到位、发展不平衡、应用落地难、人才支撑不匹配、工具方法的理论与实践应用仍存在脱节等诸多问题。从某种意义上说，化解挑战就是机遇。管理会计的生命力在于应用，本质是通过收集、处理财务和业务信息，分析过去、管控现在、预测未来，服务单位的价值创造和效能提升。"十四五"时期，要以全面深化管理会计应用为着力点，积极推动会计职能拓展。

三、"十四五"时期全面深化管理会计应用的主要举措

《会计改革与发展"十四五"规划纲要》指出，推动会计职能对内拓展要加强对企业管理会计应用的政策指导、经验总结和应用推广，推进管理会计在加速完善中国特色现代企业制度、促进企业有效实施经营战略、提高管理水平和经济效益等方面发挥积极作用。加强管理会计在行政事业单位的政策指导、经验总结和应用推广，为行政事业单位提升内部治理水平作出有益探索。

（一）研究出台进一步深化管理会计应用的指导意见。

管理会计在企业中围绕提升绩效，在行政事业单位中围绕提升综合效能，提供各种决策支持，与会计工作、会计人员、会计管理的转型升级紧密相关，是"十四五"时期会计职能对内拓展的重要领域。财政部将出台进一步深化管理会计应用的指导意见，作为继《财政部关于全面推进管理会计体系建设的指导意见》之后的又一基础性政策安排，主要目标是聚焦管理会计应用，深入推进管理会计理论创新，推广管理会计应用方法，加强管理会计人才队伍建设，提升面向管理会计的信息系统建设水平，全面提高我国管理

会计体系建设质量。解决制约管理会计发展的重点难点问题，增强企事业单位的内生动力，实现我国管理会计跨越式发展。推动会计行业进一步向专业化和价值链高端延伸，进一步发挥政府、社会、单位协同机制，以管理会计人才建设为依托，统筹推进管理会计各项建设，为新时代我国经济社会高质量发展提供有力支持。

（二）研究制定管理会计应用指南。

管理会计实践具有鲜明的开放性、灵活性和差异化特征，管理会计内容涵盖单位各个方面，不同类型的单位推进管理会计的侧重点和步骤有所不同，管理会计理论和工具方法要与单位的具体实际相结合，不同行业、不同企业、不同发展阶段，在管理会计应用上要有不同侧重，选择适用的工具方法。针对这一推动管理会计应用的难点，财政部将加强分类指导，针对具体行业、重点领域、常用工具，适时组织编写应用指南，在管理会计指引与企事业单位管理会计实务之间架设桥梁，既要总结普遍规律，加以推广应用，又要根据不同情况，从实际出发，有计划、分情况地稳妥实施，解决实务当中的问题，加强管理会计指引的可操作性和应用落地，促进管理会计工作的实践推广。

（三）加大管理会计人才培养力度。

针对管理会计应用的需要，财政部将扩大具有管理会计技能的高端会计人才培养规模，完善高端会计人才的能力框架。在会计专业技术资格考试大纲中加大管理会计权重，将管理会计纳入会计相关资格考试和会计人员后续教育体系，提升现有会计人员综合素质和能力。适当增加信息化技术的考试内容。财政部将继续依托现有全国高端会计人才培养工程、总会计师素质提升工程、国际化高端会计人才培养计划等，推进管理会计高端人才培养；同时，鼓励国家会计学院以及各高等院校等强化管理会计课程体系和师资队伍建设，加强管理会计专业方向建设和管理会计人才培养。鼓励并支持各单位立足本单位的实际情况，根据实务需要，开展管理会计学习培训，为深化管理会计应用提供良好的人才基础。

（四）建立常态化案例库建设机制。

建立管理会计案例库建设的长效机制是全面深化管理会计应用目标的重要手段。财政部将从案例库建设的规划与组织机制、开发机制、评审机制、使用机制、激励机制和保障机制等多个方面进行系统的规划和设计，实现案例库建设的完整闭环管理，以形成一个常态化和可持续性的长效机制。同时，继续推动将实践中经验和做法总结提炼为典型案例，丰富完善管理会计案例库。继续推动各级财政部门和企事业单位开展管理会计应用试点，探索管理会计工具方法与单位管理实务结合的最佳做法，及时跟踪试点单位实施情况并总结试点经验，逐步形成并扩大试点单位的良好示范效应，带动更多单位推进管理会计应用，提升管理水平。通过案例总结提炼中国管理会计实践经验模式，形成可复制、可操作的应用模式。切实服务于各单位管理水平的提升，实现单位高质量发展，进而推动中国管理会计实践经验的体系化与常态化。

（五）全面提升管理会计信息化水平。

单位的信息化建设是管理会计工作开展的重要基础。为满足精细化管理、科学化决策和有效防控风险的要求，财政部将主动适应数字化变革的时代趋势，把提质增效与数字化转型相结合，以会计数据标准为先导，以数字化技术为支撑，加快构建国家统一的会计数据标准体系，加快制定试点推广会计数据标准，为单位应用管理会计提供良好的基础和环境。同时，进一步指导单位夯实管理会计应用的数据基础，完善业财融合的信息系统架构，拓宽会计信息化服务领域，进一步提升面向管理会计的信息系统建设水平，推进财务信息系统与业务信息系统的深度融合。鼓励单位建立面向管理会计的信息系统,以管理会计理念和技术方法为基础,以信息化和标准化为支撑,有效整合财务和非财务信息,借助互联网、人工智能、大数据等新技术,实现会计与业务活动的有机融合,从源头上防止"烟囱林立、孤岛遍地",为推动管理会计应用落地和发挥管理会计功效提供技术支撑。此外,鼓励具有一定规模的单位建立并深化运用财务共享服务中心,推动会计职能从核算向管理拓展。鼓励会计软件公司和有关中介服务机构积极拓展管理会计信息化服务领域,为信息化和管理会计深度融合发展提供助力。

四、落实重要举措的有关要求

(一)政府部门大力推动。

财政部作为会计工作的主管部门,做好顶层设计,结合我国管理会计理论与实践经验,大力推动管理会计应用;各级财政部门要立足行业管理职能,切实履行职责,加强统筹,继续做好组织、协调和指导工作,努力厚植管理会计发展优势;相关会计监管部门要结合本部门实际,探索采取各种务实举措,推动管理会计在本监管领域的应用;通过广泛宣传报道和多层次、多领域培训,形成社会各界普遍认同和拥护支持的良好氛围。

(二)社会各界积极联动。

会计理论界可探索中国特色管理会计的理论创新,并根植于实践,使管理会计在企事业单位逐步形成务实管用的实际效应;有关高等院校和科研院所要立足理论联系实际,做好管理会计理论研究,切实把实务中好的经验总结、提炼、升华出来,为我国管理会计发展提供强大理论支持;会计团体要立足行业发展,发挥在管理会计体系建设中的桥梁和纽带作用,要通过多种途径融入管理会计体系建设,通过搭建产学研平台、举办研讨会、论坛等多种形式，宣传推广管理会计；中介机构、咨询机构、软件厂商可针对企事业单位应用管理会计的短板，围绕顶层设计、工具方法、数据支撑等方面，助推管理会计切实发挥服务企事业单位的实际效用。

（三）企事业单位主动行动。

各单位要高度重视管理会计应用，切实把管理会计嵌入单位管理和发展战略规划，不断拓展管理会计工具方法应用范围，增强实施管理会计的自信心和内动力，为管理会计应用创造良好的内部环境；制定贴合单位实际、务实管用的指导思想和行动计划，在单位上下统一思想、形成共识，加强机构设置、职能岗位和人员配备；同时，大力提升管理会计的信息系统建设，推动管理会计功能的发挥，切实提升单位价值创造能力；广大会计人员要立足业务岗位，不断学习管理会计新理论、新知识，在实务中进行创新应用，提升管理会计专业技术水平。

加强会计理论与实务研究
推动经济社会高质量发展

——《会计改革与发展"十四五"规划纲要》系列解读之十 [①]

《会计改革与发展"十四五"规划纲要》(以下简称会计"十四五"规划)明确提出要加强会计理论和实务研究,为有关政策的制定完善及有效实施提供科学论证和决策参考;完善理论研究及成果转化应用机制,形成会计理论研究体系;深化国际学术交流,全面提升中国会计的国际影响力;加强会计人才培养,发挥高端会计人才智力优势。这一系列要求为新发展阶段的会计理论与实务研究、会计学术国际交流工作指明了方向,并提供了政策指导。

一、"十三五"时期会计研究成果丰硕

"十三五"时期,我国会计研究工作以十八届五中全会、十九大和十九届历次全会精神为指引,推动理论创新和实务创新,在理论研究与成果转化、会计教育与人才培养等方面取得显著成效。

(一)理论研究与实践运用的有机结合机制逐渐完善。

"十三五"时期,财政部立足中国国情,逐步完善理论研究与服务实践的

---

① 资料来源:中华人民共和国财政部官方网站 http://kjs.mof.gov.cn/zhengcejiedu/202204/t20220421_3804563.htm。

有效结合机制,全面提升了理论成果转化效率,国家经济社会发展中与会计相关的重大问题理论攻关取得新突破,研究成果运用取得新成效。

一是贯彻"创新、协调、绿色、开放、共享"五大发展理念,组织开展重点领域会计理论研究,形成系列研究成果,为主管机关开展相关工作提供了有益参考。

二是根据"四个全面"战略布局要求,围绕会计法治、"一带一路"建设、脱贫与资金绩效、治理体系和治理能力现代化相关会计问题等主题,组织团队开展研究,形成了《"一带一路"建设相关会计问题调研报告》等系列成果,为会计行业主管部门完善法规制度提供决策参考。

三是推动行业建设,加强财会监督相关研究。针对市场体系和监管体系培育完善过程中出现的新情况新问题,系统梳理近年来财务造假典型案例及相关法律制度,从企业和会计师事务所两类主体入手,结合《会计法》和《注册会计师法》修订需要,组织学术力量开展系统研究,为做好顶层制度建设、发挥监管部门职责作用,进行科学论证。

四是开展"金砖国家会计趋同、等效与监管"专题研究,为金砖国家会计合作机制及会计准则趋同等效等相关问题提供智力服务。

五是加强与高校、研究机构的交流,实现政、产、研、学的有机结合,完成了"中国内部控制研究中心""中国企业营运资金管理研究中心"研究工作,发布了"中国上市公司营运资金管理调查"年度报告。

(二)高层次学术人才队伍持续壮大。

财政部组织实施高层次会计人才工程,为"十三五"会计理论研究夯实了高端学术人才基础。

一是组织全国高端会计人才(学术类)选拔培养工作,"十三五"时期共选拔62位学员,开展集中培训、项目支持、主题行动等培养工作,为会计改革发展输送中青年骨干人才。

二是积极推进会计名家培养工程相关工作，选拔40位会计名家培养对象，提高会计名家工程的工作质量和学术影响，充分发挥高层次学术人才项目在会计人才队伍建设中的"高端引领、整体开发"作用。

三是创新工作方式，举办会计骨干人才培训班。围绕会计改革发展和社会的需求，根据会计相关工作重点、难点、热点问题，探索分行业、分领域、分层次的精准培训，努力提高培训班办学质量；探索开展线上线下融合发展的专业培训新路径和新模式；进一步完善网站系统相关功能，提高人才培训工作效率。

四是支持资助学术人才脱颖而出，激发学术创新活力。切实做好我国会计领域第一个奖学金——"杨纪琬奖学金"的征选评选，激励全国会计理论工作者，尤其是青年才俊继承和弘扬老一辈会计学家严谨的治学精神，促进我国会计理论研究的繁荣和会计人才的培养。

（三）经济社会发展相关重大问题研究取得新进展。

从会计管理部门与实务界的需求出发，聚焦经济社会发展重大议题，组织全国会计科研力量开展理论攻关，积极建言献策，供有关部门参考。

一是结合第四次科技革命成果，聚焦会计理论研究创新、数字化智能化与财务报告未来模式研究、管理会计理论变革与中国情景应用、新形势下会计类学科专业的融合与重构研究、智能财务建设与业财融合研究、高质量发展与高质量会计信息供给等6个重点领域，形成一批具有较高学术价值的科研成果。

二是聚焦国家"双碳"战略部署，引导学术界开展"双碳"战略相关会计问题研究，形成自然资源、碳排放等的会计核算研究成果，为国家相关决策提供科学依据。

三是立足"两个一百年"奋斗目标的历史交汇点，组织开展革命根据地会计研究，探索了新中国会计对革命根据地会计的传承和对接，为党史学习，特别是为全国财务会计人员的党史学习和红色传统教育，提供有专业适应性的资料。

四是争取全国哲学社会科学工作办公室支持，组织开展"重大公共卫生事件下的企业会计问题及其应对"等重大问题研究，形成丰硕成果，为疫情应对和推进有关工作提供会计解决方案。

（四）多领域、多层次的学术活动全面推进。

财政部发挥中国会计学会的纽带作用，规范分支机构管理，开展各类学术年会、专题研讨会，不断丰富学术内容、提高学术交流效果。

一是汇总专项课题成果、教学科研经验等进行专题报告，充分传播了理论研究形成的学术思想与理论贡献，推动会计学科体系、理论体系、教材体系不断完善。

二是根据疫情防控要求和学术活动特点，创新学术活动组织机制和组织形式，开展线上线下相结合的学术交流，组织更广泛范围的会计人员参与研讨，做实做精学术交流工作。

三是鼓励不同地区、行业和专业领域结合自身特点，组织开展特色鲜明的各类活动，引导青年学子积极参与，激发学术活力，营造百花齐放、百家争鸣的学术氛围。

（五）国际学术交流活动卓有成效。

"十三五"时期，财政部在构建会计学术话语体系、传播中国会计学术声音、塑造中国会计学术形象等方面，做出了积极努力。

一是中国会计学会主办的英文期刊——《China Journal of Accounting Studies》进入英国商学院协会发布的"2018年高质量学术期刊指南"，并被Scopus数据库和DOAJ数据库收录。每年定期举办的两次CJAS学术研讨会，为国际学术思想交流、会计成果共享和会计方法展示提供了良好平台，彰显了中国会计学术水平和国际影响力。

二是组织中国会计学者积极参与国际会议和国际学术交流活动，委托中国会计学会对外会计学术交流专业委员会相关成员在欧洲会计学会学术年会、澳大利亚新西兰会计学会学术年会发表演讲，展示中国会计理论研究成果，同时增进国内学术界对相关领域的国际前沿动态的了解。

二、"十四五"时期会计研究面临的形势与挑战

时代是思想之母，实践是理论之源。我们正经历着我国历史上最为广泛而深刻的社会变革，也正在进行着人类历史上最为宏大而独特的实践创新，会计面临的新情况更复杂、新挑战更严峻。会计改革需要正确的理论指导，会计理论要在改革的实践中不断丰富和发展。

（一）高质量发展对会计理论和方法体系提出新要求。

"十四五"时期，我们进入以"变革融合、提质增效"为特征的会计改革发展新阶段。作为宏观经济管理和市场资源配置的基础性工作，会计在中国全面深化改革和深度融入经济全球化的进程中的重要性正日益凸显。传统的会计理论研究聚焦的是经济的效率与效益，缺乏对高质量发展相关问题进行深入研究的内在动力。新发展理念的提出和高质量发展目标的确定，极大丰富了会计实践活动，需要理论界探索重构相应的会计理论和方法体系，系统严谨阐释会计服务高质量发展的作用原理、机制机理、方式方法，具体表现等，为实现高质量发展目标提供政策制定、实务工作方面的指导和参考依据。

（二）党和国家监督体系不断完善为会计理论研究提出新课题。

财会监督是我国会计理论和实践最具特色的内容之一。在十九届中央纪委四次全会上，习近平总书记提出将财会监督一并纳入党和国家监督体系，这不仅是对中国特色财会监督地位和作用的充分肯定，更是对财会监督未来改革发展提出的重大课题。系统梳理财会监督的演变脉络，准确界定财会监

督的内涵与外延，客观分析财会监督的成效和问题，科学谋划财会监督的改革和发展，是时代赋予的重任，也是中国特色财会监督发扬光大的内在要求，是会计工作在促进国家治理体系和治理能力现代化过程中更好发挥作用的重要方面。

（三）信息技术发展和会计实践创新给会计理论与实务带来新挑战。

科技发展日新月异，是新时代的一个重要特征。在政策和技术的双重加持下，"大智移云物区"在会计审计领域得到广泛应用，以财务云、电子发票、电子档案、RPA（机器人流程自动化）、在线审计为代表的会计信息技术等快步向前，正处于方兴未艾之时。2020年4月，中共中央、国务院关于构建更加完善的要素市场化配置体制机制的意见发布，数据作为一种新型生产要素写入文件。作为与社会财富相关的一种管理活动、一个信息系统，会计的重要性不断凸显。在数字经济时代，会计与信息技术的深度融合，为行业转型升级提供了新动能，也给已有会计理论研究带来了新冲击。新时代的会计理论需要直面时代要求和实践难题，持续提升解释力和指导力，以促进会计事业更好更快发展。

（四）高水平对外开放需要为会计学术国际交流构建新格局。

习近平总书记在全国哲学社会科学工作座谈会上强调："这是一个需要理论而且一定能够产生理论的时代，这是一个需要思想而且一定能够产生思想的时代。我们不能辜负了这个时代。"他提出，在解读中国实践、构建中国理论上，我们应该最有发言权，但实际上我国哲学社会科学在国际上的声音还比较小，还处于有理说不出、说了传不开的境地。随着我国日益走向世界舞台的中央，会计学术国际交流与合作也需要统筹规划，做好顶层设计、构建新的发展格局。一方面，要深入中国会计改革与发展的具体实践，总结提炼具有中国特色的会计理论成果，将切实可行的中国方案和导向鲜明的学理主张展示给全球同行，塑造良好的中国会计学术形象。另一方面，要重视世界各国会计理论、方法和实践经验的研究，借鉴其中体现一般规律，并且适合我国国情的经验，实现"研究主题本土化"和"研究范式国际化"，不断完善和发展我国会计理论。

三、"十四五"时期推进会计理论和实务研究的任务和措施

会计改革是我国经济社会发展中的重要组成部分，包括会计理论方法体系的构建，会计、审计准则的制定实施与国际趋同，会计信息质量保证等核心问题。会计理论研究应该为会计规范建设、会计实务创新和会计教育改革提供支持。加强会计理论研究对于促进会计标准建设、提高我国会计界的国际话语权和影响力、维护我国国家利益和投资者合法权益等都具有积极意义。

"十四五"时期，财政部将根据中央关于经济社会发展重大决策的相关要求，组织深入调研，根据实际工作需要开展会计理论与实务研究，推动会计事业发展进步。

（一）组织会计理论攻关。

坚持实践导向，从中国国情出发，紧紧围绕党中央与国家的重大战略部署，选择具有创新性、前瞻性、战略性的重点难点课题进行招标，并做好课题评标、立项和跟踪管理工作，引导会计学术力量更好地开展重点领域理论攻关，加快推出系列成果。

一是提高政治站位，开展服务经济社会发展和会计改革需要的问题导向研究。

二是提高学术水准，推动理论创新的前瞻性研究。将会计研究工作与"五位一体"发展要求、业界学界需求相结合，围绕会计法规制度建设、会计行业转型发展等会计理论研究中的现实问题，结合经济社会发展和会计改革的要求，为会计改革重大问题研究夯实理论和方法基础。

三是聚焦"十四五"时期的重大选题，关注会计理论和实务发展的重点

领域，重点研究会计与国家治理、会计与宏观经济运行、会计与财政金融政策、会计与资本市场、会计与新技术发展、会计与人才培养、会计与企业高质量发展、会计与国际协调发展等问题，引领学术发展潮流，切实做好会计理论攻关工作。

（二）促进研究成果转化应用。

"十四五"时期我国经济和企事业单位的发展目标和任务中明确提出，会计改革与发展应明确自身的新要求，着眼于促进企事业单位的发展战略，推动"十四五"规划的顺利实施。

一是在充分了解当前会计工作的新要求新使命的基础上，以解决实际问题为目标组织开展研究工作，促使会计理论为实践提供指导，推动理论成果转化为现实的生产力，为有关政策的制定完善和有效实施提供科学论证和决策参考。

二是"十四五"时期，中国会计学会将更好发挥联系主管机关、理论界、实务界的桥梁纽带作用，团结并带领全国会计科研力量，加强对会计基础理论问题和会计实务问题的研究，增强理论成果对解决实务问题的针对性。

三是开展实务问题专题研究，积极组织理论和实务界专家挖掘实际工作中的问题，从实务角度对会计理论研究成果进行深化，进一步对初步研究成果进行完善，并对成型研究成果加以应用，切实使会计理论研究发挥促进会计改革与会计工作的作用。

（三）加强高端人才培养，建设专业智库平台。

着力推动会计专业智库建设，更好利用会计专家的智力优势，发挥会计专家在科研、教育和人才培养等方面的引领辐射作用，推动会计学科和会计行业发展。

一是用好会计名家培养工程平台，积极开展科普宣传、基层调研、跨学科交流等社会活动，发挥名家在科研、教育和人才培养方面的引领作用。

二是做好高层次财会人才素质提升工程（学术类）培养工作，通过优化培训课程设计、组织重点课题研究等方式提高培养工作的质量，引导组织青年学者关注会计改革中的实际问题，更好地服务中国财政会计改革实践。

三是突出一线科研工作的主体地位，广泛动员会计教学和实务工作的基层人员参与会计理论研究。按照"产、学、研"一体化的发展思路，通过多元化的教育、培训等方式，利用线上线下的灵活技术手段，优化人才培养结构，完善人才培养机制，为社会提供理论基础扎实、实践经验丰富的会计人才。

四是通过研究专报、成果要报、专栏专题等形式，为会计人才提供展示研究成果的平台。一方面，为国家和社会了解经济社会发展和财政会计改革相关科研进展提供多元化的渠道；另一方面，为国家有关政策、制度和措施的制定实施服务，提升会计理论的指导能力和监督效果，并且力图有新的突破。

五是引领人才培养转型。发展的新阶段面临新的任务和挑战，涌现的新技术和新方法也为新时期的会计研究工作提供了技术基础，重视新技术发展带来的人才需求的变化，积极优化人才培养机制，促进会计人才转型，为会计理论和实务界输出新时代的会计人才。

（四）完善理论研究机制。

1. 完善学术活动机制。

聚焦新时期的重大、难点问题，坚持问题导向，积极举办各项学术活动，完善学术年会、专题研讨，专门论坛等学术活动机制，进一步创新理论研究成果的转化应用机制。

一是组织理论学者和会计实务工作者，开展各类学术和科研活动，明确学术活动主题，针对学术界普遍关注的热点问题和当前会计改革发展的重难点问题，推出具有理论引领意义和应用价值的研究成果，推动建立会计理论创新和发展的学术交流平台。

二是组织相关领域的人才针对会计标准体系建设、会计准则趋同等对实践具有指导意义的选题开展深入研究与专题研讨，不断创新、积极进取，推动先进理论的建立和验证。

2. 优化学术评价机制。

会计科研成果的评价应坚持为会计发展服务的原则，提高评价体系的科学性，完善成果评价标准，倡导会计学术创新。

一是优化学术期刊选稿用稿工作，进一步提高稿件质量，扩大稿件来源，在全面考虑稿件工作质量、学术水平、应用价值等方面的基础上给予客观的评价。发挥权威学术期刊的导向和引领作用，配合会计改革中的重点问题，刊登理论研究成果，调动研究的积极性，从而推进会计理论与实务研究加速发展。

二是论文评选呈报方面，将不断完善科研成果评价体系，积极推动优秀论文、杨纪琬会计学奖学金等奖项的评选与宣传工作，推动优良学风建立。积极组织相关领域的专家对重点学术研究成果进行严格评审，对专家评价较高的成果进行整理汇编，向相关部门进行推荐，进一步促进科研成果转化。

三是人才选拔与推荐方面，进一步完善"全国高端会计人才培养工程""会计名家培养工程"等人才培养机制，加强人才制度建设，不断壮大人才队伍，造就与会计改革发展相适应的人才队伍。

3. 创新学术工作机制。

财政部将监督和引导国家会计学院和会计行业组织（社团）的自身建设，创新工作机制。

一是推动国家会计学院、会计行业组织（社团）的相互配合，加强各组织之间的沟通交流，进一步密切工作关系，在完善现有以中国会计学会为主体，地方会计学会为支撑，各级各类专业会计学会为补充的会计学术组织体系的基础上，建立各类会计学会及其所属机构分工合作的学术工作机制，逐步形成以中国会计学会为引领,服务全国、协同高效的会计理论研究体系。

二是积极拓展研究领域,创新研究方法,推动会计理论与实务研究的进步,结合会计改革发展进程组织开展案例研究,讲好中国故事。

(五)深化国际学术交流。

1. 发挥国际学术交流平台作用。

充分发挥中国会计学会、国家会计学院等有条件的专业组织、科研院校在深化会计国际学术交流中的平台作用。

一是"十四五"时期,财政部将采用更加多元化的学术交流模式,不断完善对外交流开放平台,形成国际化的运行机制和理念,积极开展全球学术交流和合作,对外传播中国会计改革发展模式、中国会计理论成果和学术人才。

二是在着力解决我国会计实践与会计改革发展中的重大问题的同时,聚焦关系人类共同命运的全球问题,推动中国的会计人才和研究成果走向世界,为人类会计事业的发展提出中国方案,贡献中国智慧。

2. 有效运用国际合作机制。

配合国家对外开放发展战略开展学术交流合作,积极运用"一带一路"财经发展研究中心、亚太财经与发展研究中心等国际合作机制,与其他国家建立起经常性的联络和对话,并就最新研究成果、准则制定进展等重要问题进行定期交流与探讨,不断提高我国在国际会计准则制定中的话语权与影响力,更好地促进经贸往来和资本流动。

全面参与会计国际治理
持续深化会计国际合作

——《会计改革与发展"十四五"规划纲要》系列解读之十一[①]

《会计改革与发展"十四五"规划纲要》明确提出要全面参与企业会计准则国际治理体系建设,实现在企业会计准则国际治理体系各个层级中有中方代表参与、在双边多边会计交流合作国际场合中反映中国声音、在支撑参与国际治理的各项基础能力建设工作中夯实制度基础;持续深化多边双边会计交流合作,积极发展全球会计领域伙伴关系,不断扩大会计国际交流合作范围等。这一目标顺应了国际会计发展趋势和我国会计改革发展实际,既是我国持续深化改革开放和促进资本市场发展的客观需要,也是我国积极参与全球治理体系改革和建设、不断提升我国在国际会计领域话语权和影响力的内在要求。

一、"十三五"期间我国参与会计国际治理的主要成绩

"十三五"期间,我国紧紧围绕《会计改革与发展"十三五"规划纲要》确定的目标任务,从服务经济社会发展大局、财政中心工作和会计改革发展的需要出发,持续推进企业会计准则国际趋同和等效认可,积极参与会计国际治理,不断深化会计对外交流合作,会计国际化进程取得新的突破,在国际会计舞台发挥着更为重要的作用。

---

① 资料来源:中华人民共和国财政部官方网站 http://jsz.mof.gov.cn/zhengcefagui/202204/t20220428_3807180.htm。

（一）全方位参与会计国际治理。

"十三五"期间，我们通过多种渠道和方式进一步巩固和增强我国在会计国际治理各层级各机制中的力量，全方位参与国际财务报告准则基金会的治理结构改革、发展战略调整，以及国际财务报告准则、国际公共部门会计准则等标准制定工作。

一是积极参与国际财务报告准则基金会治理改革。国际财务报告准则基金会监督委员会和受托人是会计国际治理体系中的最高层级，直接引领国际会计发展方向。2016年，我国成为基金会监督委员会成员单位，在基金会治理层的影响力不断提升。同时，我国自2005年起在基金会受托人中拥有中方代表，在基金会治理层的话语权不断巩固。

二是深度参与国际财务报告准则基金会战略制定。近年来国际财务报告准则咨询委员会的职责调整为向基金会和国际会计准则理事会提供战略咨询意见。自2002年以来，我国在咨询委员会中一直拥有席位，自2012年起中方代表增加至2位，全面参与了基金会有关国际财务报告准则制定以及向可持续披露准则领域拓展等重大战略决策的讨论。

三是全面参与国际财务报告准则制定技术讨论。通过多方面努力，目前我国在国际会计准则理事会、国际财务报告准则解释委员会、会计准则咨询论坛等核心技术层均有代表，能够直接参与各项准则制定。同时我国多位会计专家分别加入了全球财务报表编制者论坛、资本市场咨询委员会、国际财务报告准则分类标准咨询组、中小主体实施小组以及保险合同过渡工作组等，进一步增强了中方在国际财务报告准则制定中的参与度和影响力。

四是多渠道加强国际财务报告准则制定意见反馈。通过邀请国际会计准则理事会来华调研、举办技术圆桌会议、定期会谈等多种形式，继续与理事会保持全方位、多层次的沟通交流。同时，就国际财务报告准则的相关修订，积极组织企业开展测试、广泛听取国内利益相关方的意见，形成中方意见并及时向理事会反馈。此外，积极动员国内企业、学术界等以自身名义向理事会反馈意见，进一步增强中方在国际财务报告准则制定中的声音。

五是积极参与国际公共部门会计准则制定。我国代表在担任国际公共部门会计准则理事会理事、技术顾问期间认真履行职责，就相关技术项目议题充分发表中方意见，就理事会有关战略和工作计划咨询文件在国内组织征求意见并反馈，通过多种方式积极反映我国政府会计改革最新进展，不断提升我国在国际公共部门会计标准制定中的话语权和影响力。参加国际公共部门会计准则理事会圆桌会和能力建设论坛，与各国代表分享交流政府会计准则建设实施经验。组织翻译印刷《国际公共部门会计准则汇编》，在推进我国政府会计改革中借鉴国际经验。

（二）持续深化多双边会计交流与合作。

"十三五"期间，积极配合"一带一路"倡议实施和提升参与全球治理能力等需要，我们与多个国家和地区的会计准则制定机构及区域性会计组织等建立了对话合作和日常联络机制，多双边会计交流合作持续深化，为我国全面参与会计国际治理提供了良好环境和有力支撑。

一是推动建立"一带一路"国家会计准则合作机制。2019年4月，在中国财政部的推动下，我国与老挝、蒙古国、尼泊尔、新西兰、巴基斯坦、俄罗斯、沙特阿拉伯、叙利亚、越南等10个国家的会计准则制定机构共同发起了《"一带一路"国家关于加强会计准则合作的倡议》。柬埔寨国家会计准则委员会随后加入。自2019年以来，倡议参与各方已成功召开三届"一带一路"国家会计准则合作论坛，该机制成为"一带一路"国家会计交流合作新的重要平台。

二是积极推动新兴经济体国家共同参与国际准则制定。作为国际会计准则理事会新兴经济体工作组副主席国及联络办公室，我国扎实做好联络办公室各项工作，每年组织召开两次年度会议，并于2019年在厦门成功举办国际会计准则理事会新兴经济体工作组第十八次会议，积极协调新兴经济体国家结合自身实际情况，对保险合同、租赁、同一控制下企业合并等技术议题展开深入讨论并提出建设性意见，为国际财务报告准则的修订完善提供有益建议。

三是引领亚大会计准则制定机构组参与国际准则制定。2017至2019年，我国担任亚洲－大洋洲会计准则制定机构组的主席国。在此期间，我国充分发挥主席国及秘书处作用，组织承办各类会议，领导亚大会计组织完善了内部职能、扩充了组织成员，提升了亚太地区会计准则制定机构能力建设，加深了亚大会计组织与国际财务报告准则基金会及国际会计准则理事会的合作交流，深化了亚太地区对国际财务报告准则应用实施问题的研究等，推动亚大会计组织成为全球统一高质量会计准则制定的重要力量。

四是继续巩固中日韩及其他多双边合作机制。充分利用中日韩三国准则制定机构会议机制，与日本、韩国会计准则制定机构开展定期沟通交流，共享会计准则建设情况，共商热点难点技术问题，积极协调立场，为国际财务报告准则的修订完善和一致应用建言献策。此外，在继续巩固与美国、欧盟、法国等会计准则制定机构合作机制的基础上，积极拓展中俄、中英、中澳等双边会计交流合作。

（三）积极稳妥推进会计准则等效互认。

为适应我国持续深化对外开放水平、深入实施"请进来"和"走出去"战略的需要，我们在会计准则国际趋同的基础上，积极开展与世界主要经济体的会计准则等效互认磋商，并取得积极成果。

一是巩固内地与香港和中欧等效成果。自2007年内地与香港实现会计准则等效互认以来，两地一直保持密切沟通和合作，不断完善双方会计准则，实现内地与香港会计准则的持续等效。自2012年欧盟委员会和中国财政部相互认可会计准则最终等效之后，双方就各自会计准则修订及实施等问题保持密切沟通和联系，积极巩固等效互认成果，为便利中欧企业到对方资本市场上市、推动双边经贸往来和资本流动提供技术支撑。

二是推动中俄、中英会计准则等效互认。为加强中俄会计合作、促进双方经贸关系发展，在相互评估和多轮磋商的基础上，中俄双方于2019年第八次中俄财长对话会议期间签署《中华人民共和国财政部与俄罗斯联邦财政部会计准则合作备忘录》，在跨境资本市场债券发行领域，相互认可对方会计准则实质性等效。2020年，为积极应对英国脱欧影响，中英双方经沟通协商决定延续中欧会计准则等效成果，分别认可对方会计准则，实现等效互认。

（四）适时研究制定资本市场对外开放会计政策。

为满足我国资本市场对外开放和加强境内外资本市场互联互通的需要，我们积极参与资本市场对外开放政策制定，适时研究出台相关会计政策安排。

一是根据人民币国际化和境外机构来华发债的需要，认真研究有关会计准则政策安排，在广泛听取各方面意见的基础上，本着依法依规、互惠互利、规范统一的原则，配合人民银行制定发布了《全国银行间债券市场境外机构债券发行管理暂行办法》，为境外机构来华发债提供便利。

二是与证监会、人大法工委等单位密切沟通，深入试点红筹企业调查研究，协调解决创新试点红筹企业回归A股上市的有关会计问题。积极配合证监会研究推进沪伦通、中瑞通等有关会计准则政策安排。

三是开展中英两国审计准则等效互认评估工作，同时印发《关于认可英国会计师事务所从事沪伦通中国存托凭证相关审计业务有关事项的通知》，规范英国事务所从事沪伦通相关业务。

二、我国全面深度参与会计国际治理面临的形势

"十四五"时期，我国参与会计国际治理面临新的形势。随着全球经贸关系发展、资本市场互相开放以及跨境资本流动加速，会计作为国际通用商业语言的基础性作用日益重要，我国作为全球第二大经济体和世界上最大的发展中国家，在持续深化高水平对外开放的同时，也必然要求更广泛深入地参与全球会计治理。

（一）全面深度参与会计国际治理顺应时势。

一是中国是制定全球统一高质量会计准则不可或缺的重要力量。随着全球经济和资本市场融合的不断加深，会计信息作为公共信息资源和国际通用商业语言的基础性作用更加凸显，建立全球统一高质量会计准则的需求更加迫切。截至目前，国际财务报告准则已被 144 个国家或地区强制要求在上市公司或金融机构中采用，13 个国家或地区允许其国内企业采用，美国允许境外在美上市公司采用，我国企业会计准则自 2006 年以来与国际财务报告准则保持持续趋同。国际财务报告准则成为商业领域的重要基础设施，在促进全球经济健康发展和金融稳定方面发挥了积极作用。我国作为国际财务报告准则的重要利益相关方，过去多年来全方位参与国际财务报告准则制定，为全球统一高质量会计准则建设作出了重要贡献。当前，新一轮科技和产业革命方兴未艾，新经济、新模式、新业态层出不穷，数据资源、碳排放权等新型交易和事项引发了新的会计问题，需要各国共同研究解决，我国在数字经济、碳交易等方面的领先发展经验将为国际财务报告准则的修订完善提供有益参考。

二是参与会计国际治理是平衡国际趋同与我国国情的迫切需要。2006年，我国建成与国际财务报告准则全面趋同的企业会计准则体系并自此保持持续趋同。在此基础上，我们先后与香港、欧盟、俄罗斯、英国实现会计准则等效互认。企业会计准则国际趋同和等效互认大大降低了我国企业赴境外上市和融资的成本，极大地促进了双边贸易和资本流动，进一步优化了我国的投资环境，推动了我国市场经济的国际化。然而，作为在全球应用的会计标准，国际财务报告准则需要兼顾和平衡不同国家或地区、不同利益相关方的诉求，未必完全符合我国的国情实际。因此，一方面，我们要坚持"趋同不是简单地等同""趋同是一种互动"等原则，把握我国会计准则的制定权，保留我国会计准则的灵活性；另一方面，我们要全面深度参与国际财务报告准则的制定，立足我国国情，提出中方主张，推动国际准则修订有利于我，减少我国企业会计准则与国际财务报告准则保持持续趋同的障碍，继续为我国扩大双向开放提供会计技术支撑。

三是参与会计国际治理是我国参与全球治理改革的重要内容。在当前的国际竞争格局中，以"制度规则"协调关系和利益已成为主要方式。推动国际规则重塑、更加公平合理地反映新兴经济体和发展中国家的利益诉求，是全球治理体系改革和建设的重要内容，也是我国参与全球治理的重要目标。会计标准作为国际商业领域的基础性规则，侧重从技术角度切入和解决问题，为各国加强协调合作、共同应对挑战、促进全球经贸发展和资本流动提供了重要平台。

（二）全面深度参与会计国际治理面临挑战。

一是国际财务报告准则最早由欧美国家主导制定，相关会计处理规定主要针对西方国家或地区的经济、法律环境下的相关交易和事项，会计准则的规范形式及语言表达也更契合西方的思维模式，对发展中国家的情况缺乏充分考虑。由于国际财务报告准则需兼顾各国的实际情况及利益诉求，而且目前其体系已经基本成熟，我们能够积极施加影响的主要是新制定或正在修订的准则项目，并受国际财务报告准则概念框架、体系体例等约束，因此，如何推动国际财务报告准则制定有利于我需要运用更高智慧，作出更多努力。

二是全面参与会计国际治理需要人才、机制等多方面支撑。参与会计国际治理是一项系统工程，涉及诸多基础能力和机制建设。当前，我们与国际财务报告准则基金会和国际会计准则理事会已经建立了多种沟通机制，可以多渠道、多方式、多层面参与国际财务报告准则制定，但也存在一些短板和不足，如对国际财务报告准则项目研究不够深入、缺乏前瞻性，熟悉我国企业会计准则、具有全球视野、能够熟练运用外语且精通国际财务报告准则及制定规则的专业人才储备不足，企业、行业协会、中介机构、学术界等自主参与国际准则意见反馈的积极性和主动性不高，涉外专家之间的沟通协同不够等，需要从人才培养、机制建设等方面加大力度，全面提升系统性支撑参与会计国际治理的能力。

三、"十四五"时期我国参与会计国际治理的主要任务和措施

"十四五"时期,我们将认真贯彻落实党的十九届六中全会"积极参与全球治理体系改革和建设"的要求,继续加强对国际国内新形势的研判,统筹协调各方面力量,加强前瞻性研究,增强参与会计国际治理的主动性和系统性,切实提升我国在会计国际治理中的话语权和影响力。

(一)深化重点准则项目前瞻性研究,提高参与会计国际治理的主动性。

扎根国内实务,加强前瞻性和高质量研究,靠前参与国际准则制定,及时提出反映我国实际、代表中方诉求、含金量高的意见建议。一是对于国内会计实务中存在的较为普遍和突出的问题,充分利用联系点制度、会计准则实施快速反应机制、会计准则咨询专家等收集意见,有针对性地向国际会计准则理事会、国际公共部门会计准则理事会提供和反馈,影响国际准则的制定修订,变被动应答为提早谋划。二是对于国际会计准则理事会、国际公共部门会计准则理事会发布的讨论稿、征求意见稿等咨询文件,深化前期研究,通过座谈研讨、实地调研等方式广泛听取国内相关方的意见,形成中方意见并及时反馈。三是密切跟踪国际会计动态,加大对国际会计准则理事会及其解释委员会、国际公共部门会计准则理事会等对国际准则相关技术问题研究讨论情况的宣传力度,提早关注国际准则制定动向并加强相关研究。

(二)广泛动员利用各方面技术力量,提高参与会计国际治理的协同性。

在维护和巩固我国在会计国际治理各层级现有代表的基础上,继续广泛动员各方面力量积极参与国际准则制定。一是密切跟踪相关国际职位空缺,鼓励动员更多中方学术界、实务界专家竞聘国际财务报告准则咨询委员会、解释委员会、全球报表编制者论坛、资本市场咨询委员会以及各具体准则项

目组等职位，进一步丰富中方参与国际准则制定的渠道。二是积极引导国内利益相关方关注和研究国际准则制定的前沿和热点问题，动员相关企业、行业协会、监管机构、会计师事务所等以自身名义向国际会计准则理事会反馈意见，鼓励学者、专家等对国际准则制定的理论问题、实施效果等开展研究，壮大中方参与会计国际治理的力量。

（三）加强人才培养和完善制度机制，增强参与会计国际治理的支撑力。

全面深度参与会计国际治理是一项系统工程，需要强有力的人才支撑和机制保障。一是大力推进国际化高端会计人才培养工程，优化人才选拔、完善培训机制，积极拓展境外研习渠道，助力学员积累参与国际会计标准制定的实践经验。加强财政部会计司和会计准则委员会人才队伍建设和岗位锻炼，提升参与会计国际事务的经验和能力。二是健全完善涉外工作沟通协调和保障机制，鼓励涉外专家组建工作团队，广泛收集国内相关企业、行业的意见，动员涉外专家所在单位对其履职给予有力支持；加强我部与涉外专家以及涉外专家之间的沟通联系，分享相关经验和最新情况，形成中方参与会计国际治理的合力。

（四）持续推进多双边会计交流合作，提升参与会计国际治理的影响力。

一是继续深化"一带一路"国家会计交流合作，维护好、举办好每年一度的合作论坛，不断增加论坛吸引力，为"一带一路"国家会计准则制定机构搭建互通、共享、交流建设和实施能力，更好地参与全球统一高质量会计准则的制定。二是充分利用国际会计准则理事会新兴经济体工作组这一平台，就新兴经济体特有会计问题开展研究，力争形成协调一致的意见并向理事会反馈，推动其更多考虑新兴经济体的实际情况。三是积极参与并引领亚洲－大洋洲会计准则制定机构组等区域机制的政策性和技术性工作，以整合的声音表达主张和关切，增强对国际准则制定的影响力。四是继续巩固与美国、欧盟、法国、俄罗斯、英国等会计准则制定机构及监管机构的沟通机制，就全球统一高质量会计准则建设、国际财务报告准则制定实施等交流经验和交换观点。五是配合我国持续深化对外开放和促进境内外资本市场互联互通的需要，稳步推进会计准则等效互认磋商，探索扩大与其他国家或地区的会计交流合作。

（五）积极参与国际可持续准则制定，抓住参与会计国际治理新机遇。

2021 年 11 月初，国际财务报告准则基金会在第 26 届联合国气候变化大会期间宣布新成立国际可持续准则理事会，旨在制定一套全球普遍认可的高质量可持续披露准则，助力全球共同应对气候变化等可持续发展问题。基金会的这一决定对会计国际治理带来深远而重大的影响。作为全球最大的发展中国家和新兴经济体，我国积极参与国际可持续准则理事会筹建、治理和准则制定工作，有利于推动基金会充分考虑发展中国家和新兴经济体的实际情况，确保其制定的可持续披露准则具有广泛的代表性和认可度，并为全球统一的高质量可持续披露准则的制定贡献中国力量。"十四五"时期，一是要全面参与国际可持续准则治理体系，充分发挥中方代表作用，加强我方参与国际可持续披露准则制定的影响力。二是研究国际可持续披露准则，密切跟踪国际可持续披露准则各阶段文稿，组织国内公开征求意见并形成中方反馈意见。三是根据国际可持续准则制定相关工作进展，研究制定我国的因应策略，构建我国可持续准则体系的实现路径。

当前国际会计格局正面临重大调整，《会计改革与发展"十四五"规划纲要》对指导我国全面深度参与国际会计治理、持续深化扩大对外开放指明了方向、目标和任务。"十四五"期间，我们要继续坚持国际趋同的策略，立足国内实际情况，深度参与国际财务报告准则和可持续披露准则的制定，持续深化会计国际交流合作，全面提升我国参与会计国际治理的能力，更好地满足我国经济社会发展需要，切实维护国家利益。